轨道交通通信 电源运行和维护

主　编　袁秀红　庄文学

副主编　王国庆　张宏亮　苏志勋　陈　越

参　编　周继武

主　审　诸叶刚　李玉斌

北京理工大学出版社

BEIJING INSTITUTE OF TECHNOLOGY PRESS

内 容 提 要

本书基于轨道交通通信维护岗位中通信电源和动力环境监控系统维护工作内容、职业能力的分析，以岗位典型工作任务编写学习项目和任务，采用"单元—项目—任务"三级体例结构编写成新形态活页式教材。全书共分七个单元，主要包括：轨道交通通信电源系统认知、交流配电屏运行与维护、UPS 设备运行与维护、高频开关电源运行与维护、蓄电池运行与维护、接地和防雷系统维护及动力和环境监控系统运行与维护等日常保养、小修及故障处理等相关知识、技能与素养内容。

本书可作为高等院校相关专业的教材，也可供从事通信行业一线专业技术人员，特别是从事轨道交通通信维护和检修的人员开展岗位能力提升培训或参考学习。

图书在版编目（CIP）数据

轨道交通通信电源运行和维护 / 袁秀红，庄文学主编 .-- 北京：北京理工大学出版社，2023.12
　　ISBN 978-7-5763-3269-8

　　Ⅰ . ①轨…　Ⅱ . ①袁…　②庄…　Ⅲ . ①铁路通信—电源—设备管理　Ⅳ . ① U285.6

中国国家版本馆 CIP 数据核字（2024）第 005384 号

文案编辑：高雪梅	责任编辑：高雪梅
责任校对：周瑞红	责任印制：李志强

出版发行 / 北京理工大学出版社有限责任公司
社　　址 / 北京市丰台区四合庄路 6 号
邮　　编 / 100070
电　　话 / （010）68914026（教材售后服务热线）
　　　　　　（010）68944437（课件资源服务热线）
网　　址 / http：//www.bitpress.com.cn

版 印 次 / 2023 年 12 月第 1 版第 1 次印刷
印　　刷 / 河北鑫彩博图印刷有限公司
开　　本 / 787 mm×1092 mm　1/16
印　　张 / 17.5
字　　数 / 383 千字
定　　价 / 95.00 元

前 言

习近平总书记在党的二十大报告中指出，建设现代化产业体系，坚持把发展经济的着力点放在实体经济上，推进新型工业化，加快建设制造强国、质量强国、航天强国、交通强国、网络强国、数字中国。为贯彻落实党的二十大精神，落实立德树人根本任务，适应当前经济社会对先进制造业、现代服务业、战略性新兴产业高素质劳动者和技术技能人才的需求，旨在为建设交通强国培养一大批掌握理论知识与维护技能、德才兼备的高素质技术技能人才，深化产教融合，校企合作，推动人才培养模式改革及信息化教学革新，我们组织了南京铁道职业技术学院、中国铁路上海局集团有限公司、南京地铁运营有限责任公司、无锡地铁运营有限公司等专兼职教师共同编写了本书。期望在行业企业深度参与下编写的新形态教材可以兼顾学历教育与职业培训，促进职业院校加强专业建设、提高师资水平、深化课程改革、增强实训内容，全面提升教育教学质量。

随着高速铁路及城市轨道交通的飞速发展，通信设备大量增加，同时不断更新换代，通信电源技术也逐渐发展，成为一门多学科互相渗透的综合性技术学科，发生了革命性的跃变，主要体现在：标准的制（修）定、供电系统可用性的提升、供电方式的完善、技术装备水平的提高、维护方式的变革及智能化监控管理的实施等。

通信电源系统设备繁多、维护复杂，上岗作业的铁路通信维护人员既要有扎实的理论知识，又要有很强的实作技能，更要有高度的责任感和使命感，熟悉通信电源运用维护管理实施细则，增强劳动安全意识与安全风险意识。

轨道交通通信电源系统（以下简称"通信电源系统"）是轨道交通通信系统（本书中特指铁路通信系统和城市轨道交通通信系统，以下统称"通信系统"）中的重要组成部分，虽然属于基础设施，但起到"动脉"与"心脏"的作用。通信电源系统为通信系统中所有的通信设备提供电力，是通信系统中必不可少的基础设施之一，为轨道交通通信中传输、数据、移动通信、调度通信、电话、视频、图像等提供能源的综合保障。

全书共分为七个单元，内容涵盖轨道交通通信检修人员主要运行和维护的交直流供电系统、接地防雷、蓄电池、动力环境监控等领域。主要内容包括轨道交通通信电源系统认知、交流配电屏运行与维护、UPS设备运行与维护、高频开关电源运行与维护、蓄

电池运行与维护、接地和防雷系统维护、动力和环境监控系统运行与维护。

全书从轨道交通通信设备用电的要求开始，分项目、具体到通信维护人员的作业任务，详细介绍了保障通信设备正常运行的交流供电系统、直流供电系统、接地系统及动力环境监控系统各部分的相关知识与维护内容，包括日常保养、小修及故障处理等工作任务，为读者搭建起轨道交通企业通信电源系统的完整的运行和维护内容，实现学习与工作零距离完美结合。

本书提供丰富的数字化教学资源，包括 PPT 教学课件、微课、参考资料等，读者可访问 www.icve.com.cn（职业教育数字化学习中心）观看或下载。微课等视频类数字资源及拓展阅读等选学内容配有二维码，读者可以通过手机等移动终端随扫随学。每单元后的"知识测试"栏目可供读者随时通过手机等移动终端进行学习效果的自我检测，并获取答案。每个任务后可扫描二维码进行任务评价，可完成学生自评、学生互评和教师评价等。

本书实现了"纸质教材＋数字课程"的结合，借助"智慧职教"在线教学平台，学生不仅可以基于本书完成传统的课堂学习任务，还可以通过书中标注的资源开展自主拓展学习；教师则可以根据实际需要构建适合自己的小规模专属在线课程（SPOC），开展线上线下混合式教学，翻转课堂，让学生成为学习的主角，提升学生的学习效果。"智慧职教"在线教学平台的具体使用方法详见"智慧职教服务指南"。

本书的编写团队由高等院校的一线教师及轨道交通通信行业的技术专家组成，具体编写分工如下：单元 1 由袁秀红编写；单元 2 由王国庆编写；单元 3 由陈越、王国庆、张宏亮编写；单元 4 由苏志勋编写；单元 5 由张宏亮编写；单元 6 由庄文学编写；单元 7 由庄文学、周继武编写。全书由袁秀红统稿。

在本书的编写过程中，吸取和借鉴了中国国家铁路集团有限公司、中国铁路上海局集团有限公司及多家地铁运营公司的技术标准和维护标准、作业指南等，也参考了国内外电源技术文献的相关内容，得到了中国铁路上海局集团有限公司、南京地铁运营有限责任公司、无锡地铁运营有限公司、南通地铁运营有限公司、徐州地铁运营有限公司等单位及个人的鼎力支持与无私帮助，谨在此表示衷心的感谢！

通信电源知识涉及面广及深，近年来高速铁路和城市轨道交通技术发展迅速，编者的水平和精力有限，书中难免存在疏漏之处，敬请广大读者及行业专家、学者批评、指正，我们将不胜感激，以便编者在后续版本中不断改进和完善。

编　者

目　录

单元 1

轨道交通通信电源系统认知

📖 **单元描述**

习近平总书记在党的二十大报告中指出，建设现代化产业体系，坚持把发展经济的着力点放在实体经济上，推进新型工业化，加快建设制造强国、质量强国、航天强国、交通强国、网络强国、数字中国。

近10年中国交通发生了天翻地覆的变化，交通强国，铁路先行，中国铁路向着更安全、更经济、更舒适的方向不断努力，用科技让旅客乘车体验更美好，获得更多的幸福感。中国高铁当之无愧地成为一张靓丽的国家名片。

轨道交通通信电源系统（以下简称"通信电源系统"）是轨道交通通信系统（本书中特指铁路通信系统和城市轨道交通通信系统，以下统称"通信系统"）中的重要组成部分，虽然其属于基础设施，但起到"动脉"与"心脏"的作用。通信电源系统为通信系统中所有的通信设备提供电力，是通信系统中必不可少的基础设施之一，为轨道交通通信中传输数据、移动通信、调度通信、电话、视频、图像等提供能源的综合保障。

　　通信电源系统为通信系统各种设备提供直流电或交流电的电能源，也提供保障通信设备运行的环境，在通信系统中不可或缺，是保证通信畅通的基石。通信电源系统和设备稳定、可靠地运行和优质供电，是保证通信网络正常运行的重要条件。如果电源供电发生故障，则通信设备无法正常运行，轻则通信质量劣化，重则可能造成整个通信系统的中断和瘫痪，从而影响行车，造成难以估计的损失。总之，没有高质量的通信电源保障，就没有高质量的通信业务供给，通信电源的重要性不亚于建筑物的地基。因此，做好通信电源的运行和维护工作，保证通信网络的良好运行状态，提高通信设备的使用寿命，是铁路通信工的职责和使命。

项目 1.1　轨道交通通信电源系统认知

项目概述

通信电源系统为通信设备提供不间断的交流和直流供电，是通信系统中不可或缺的子系统，一旦通信电源发生故障而停止供电，必将造成通信各子系统中断工作，从而直接影响轨道交通的安全运营。因此，通信电源系统的可靠性极为重要。必须保证能提供不间断、无瞬变、稳定的供电，同时又要确保人身安全和通信设备安全而正常地工作。

通信电源系统的主要设备包括交流配电设备、高频开关整流设备、UPS（不间断电源）系统、直流配电设备、发电机、接地防雷系统、动力和环境监控系统、蓄电池等。

随着高速铁路及城市轨道交通的飞速发展，通信设备大量增加，同时也不断更新换代，通信电源技术也逐渐发展，成为一门多学科互相渗透的综合性技术学科，发生了革命性的跃变，主要体现在标准的制定和修订、供电系统可用性的提升、供电方式的完善、技术装备水平的提高、维护方式的变革，以及智能化监控管理的实施等。

通信电源系统设备繁多、维护复杂，具备上岗作业的铁路通信维护人员既要有扎实的理论知识，又要有很强的实际操作技能，更要有高度的责任感和使命感，熟悉通信电源运用维护管理实施细则，增强劳动安全意识与安全风险意识。

在从事通信电源系统运营维护工作之前，是否了解电源系统输入的外接电源是什么类型的？对外接供电有要求吗？不同通信设备对通信电源供电有哪些要求？通信机房还有哪些供电要求？通信电源是否可以工作在任何环境下？不同的通信机房的电源设备种类和数量都相同吗？组网运行方式是否一致？电源系统有哪些主要的设备和关键的器件？在接下来的学习任务中寻找答案吧。

任务 1.1.1　轨道交通通信电源需求分析

任务描述

本任务通过了解轨道交通通信机房及通信设备供电要求，分析用电需求，学习通信电源系统组成、通信电源分类和供电质量要求，提高岗位认同，立足岗位做贡献。

📖 学习目标

1. 培养守纪律、讲规矩、明底线、知敬畏的素养；
2. 养成"爱岗、敬业、诚信、友善"的社会主义核心价值观；
3. 提升查阅资料、获取信息的能力；
4. 增强团队协作、沟通交流的能力；
5. 能阐述通信电源系统的组成、分类及其供电标准；
6. 能描述通信电源系统的通信负载；
7. 能根据供电需求绘制通信电源系统组成框图；
8. 掌握通信电源系统的组成、分类及供电要求。

👤 任务分析

通信电源系统向通信设备提供直流电或交流电的电能源，是任何通信系统得以正常运行的重要组成部分。

铁路通信网是铁路的重要基础设施，主要功能是实现行车和机车车辆作业的统一调度与指挥，在保障铁路运输安全、提高生产管理效率、提升经济效益和社会效益、推动铁路高质量发展等方面发挥着重要作用。铁路通信网主要提供语音、图像和数据传送等业务，其服务对象涵盖各级管理机构、各生产单位，可以说，每个铁路管理生产岗位都与铁路通信密切相关，每个信息系统都与铁路通信密不可分，铁路通信无时不有、无处不在。除了面对面地直接交流以外，远程实时的信息沟通都离不开通信网络的支撑。

城市轨道交通通信网也是城市轨道交通的重要基础设施，其作用与铁路通信网类似，在正常情况下，通信系统是城市轨道交通内部公务联络的主要通道，为运营管理、指挥调度、监控等提供通信联络的手段，为乘客提供周密的服务；在突发灾害、事故或恐怖活动的情况下，能够集中通信资源，保证有足够的容量以满足应急处理、抢险救灾的特殊通信需求。

不同通信设备对电源供电的需求不同，基础电源及其参数也不同。

📝 知识准备

一、通信局（站）的分类

通信局（站）根据其重要性、规模大小分为以下几类：

（1）一类局（站）：具有承载国际、省际等全网性业务的机房、集中为全省提供业务及支撑的机房、超大型和大型数据中心机房等的局（站）。

（2）二类局（站）：具有承载本地网业务的机房、集中为全本地网提供业务及支撑的机房、中型数据中心机房等的局（站）。

（3）三类局（站）：具有承载本地网内区域性业务及支撑的机房和小型数据中心机房等的局（站）。

（4）四类局（站）：具有承载网络末梢接入业务的机房和基站、室内分布站等站点的局（站）。

二、一般通信局（站）通信电源系统组成

通信局（站）电源系统应保证稳定、可靠、安全地供电。不同局（站）的电源系统有不同的结构方式和系统类型。通信电源系统一般应至少由一路市电供电，重要的局（站）可设两路市电供电，有些局（站）可根据实际需求配置移动油机设备等。

一般综合通信局（站）电源系统组成示意如图 1-1 所示。

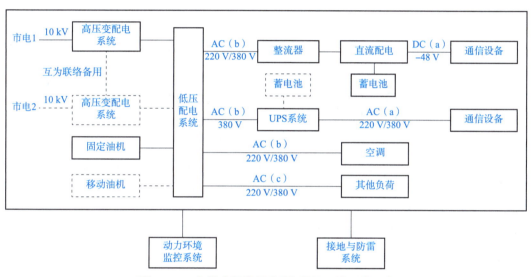

图 1-1 一般综合通信局（站）电源系统组成示意
（a）—不间断；（b）—可短时间中断；（c）—允许中断

三、电源系统组成

1. 系统组成

通信局（站）电源系统是对局（站）内各种通信设备及建筑负荷等提供用电的设备及保证这些设备正常运行的附属设备的总称。电源系统由交流供电系统、直流供电系统、接地与防雷系统、监控系统组成。

（1）交流供电系统。交流供电系统包括变配电系统、备用电源系统、不间断电源系统（UPS）及相应的交流配电系统。变配电系统包括高压配电设备、低压配电设备、变压器、操作电源；备用电源系统包括发电机组及附属设备；不间断电源系统（UPS）包括UPS 设备、输入和输出配电柜（屏、箱）、蓄电池组。

（2）直流供电系统。直流供电系统由交流输入配电、整流器、蓄电池组、直流输出配电、直流－直流变换设备组成。直流供电系统的电压等级为 -48 V、240 V、336 V 等。

（3）接地与防雷系统。

1）接地系统由接地体、接地引入线、汇集排、楼层接地排、工作及保护接地线组成。

2）防雷系统由接闪器、雷电引下线、接地体、等电位联结、各级防雷保护器件（防雷器、防雷隔离变压器等）等组成。

（4）监控系统。监控系统由各种采集设备、网络传输设备、监控终端等组成，包括对通信电源系统及工作环境的监控。

2. 常用的多能源供电方式电源系统类型

图1-2所示为多能源供电方式电源系统示意。

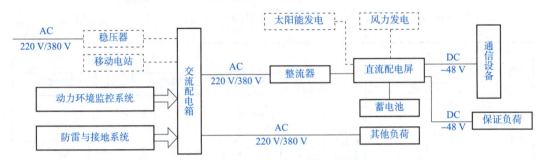

图1-2　多能源供电方式电源系统示意

多能源供电系统采用交流电源和太阳能发电（或风力发电）相结合的供电方式。该系统由太阳能发电、风力发电、低压市电、蓄电池组、整流及配电设备和移动电站组成。对微波无人值守中继站，若通信负荷较大，不宜采用太阳能供电时，可采用市电与固定的无人值守自动化柴油发电机组及可靠性高的交、直流电源设备组成电源系统。

3. 移动通信基站供电系统类型

图1-3所示为移动通信基站供电系统示意，其中的开关电源具备低电压二级切断功能（二次下电）。此种供电方式适合移动通信的宏基站。

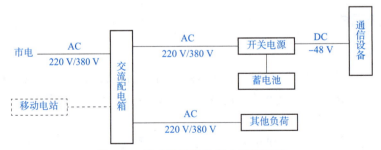

图1-3　移动通信基站供电系统示意

4. 小型站常用的一体化组合电源系统类型

一体化组合电源系统包括一体化UPS电源和一体化直流电源两种类型。

（1）一体化UPS电源是指交流配电箱、UPS模块、蓄电池组和监控单元组合在同一个机架内，如图1-4所示。

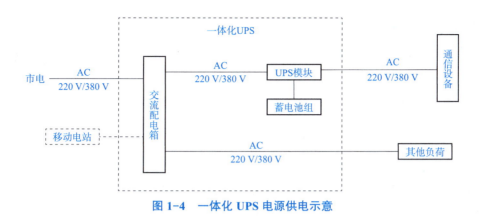

图 1-4 一体化 UPS 电源供电示意

（2）一体化直流电源是指交流配电箱、直流配电、整流、蓄电池组和监控单元组合在同一个机架内，如图 1-5 所示。

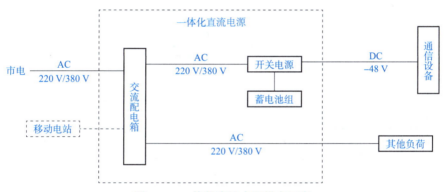

图 1-5 一体化直流电源供电示意

此种方式适合小型通信站，如接入网站、室内分布站、室外小基站等。

容量较小的室外小基站采用一体化电源时，可采用铅酸或锂离子电池作为备用电源。

5. 小型站常用的直流远供电源系统类型

直流远供电源系统自移动通信宏基站组合开关电源取用 DC −48 V，升压为 DC 380 V，远距离传输，再变换为 DC −48 V 输出为小型移动通信基站通信设备供电。直流远供电源系统由直流远供局端模块、远距离专用电缆和直流远供远端模块组成，如图 1-6 所示。远端设备输出电压满足 −48 V 直流基础电源的要求。

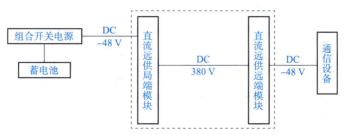

图 1-6 直流远供电源供电示意

四、通信电源分类

通信电源可分为基础电源（一次电源）和机架电源（二次电源）。

1. 基础电源（一次电源）

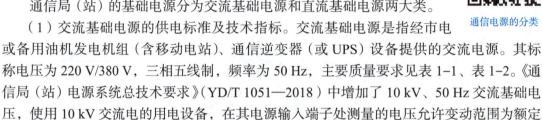
通信电源的分类

通信局（站）的基础电源分为交流基础电源和直流基础电源两大类。

（1）交流基础电源的供电标准及技术指标。交流基础电源是指经市电或备用油机发电机组（含移动电站）、通信逆变器（或 UPS）设备提供的交流电源。其标称电压为 220 V/380 V，三相五线制，频率为 50 Hz，主要质量要求见表 1-1、表 1-2。《通信局（站）电源系统总技术要求》（YD/T 1051—2018）中增加了 10 kV、50 Hz 交流基础电压，使用 10 kV 交流电的用电设备，在其电源输入端子处测量的电压允许变动范围为额定电压值 × （1±10%）。

交流基础电源的频率允许变动范围为额定值 × （1±4%）。

电压波形正弦畸变率不应大于 5%。

表 1-1　市电交流引入电源供电标准

标准电压 /V	设备受电端子上电压变动范围 /V	频率变动范围 /Hz
220	187 ～ 242	50±2
380	323 ～ 418	50±2

表 1-2　交流发电机组供电标准

标准电压 /V	设备受电端子上电压变动范围 /V	频率变动范围 /Hz
220	209 ～ 231（±5%）	50±1
380	361 ～ 399（±5%）	50±1

（2）直流基础电源的供电标准及技术指标。用于向各种通信设备和二次变换电源设备或装置提供直流电压的电源为直流基础电源。通信局（站）用直流基础电源的电压种类有 -48 V、240 V 和 336 V 三种。通信网络接入侧站点采用 -48 V 直流供电或交流供电。通信网络侧局（站）优先采用 240 V、336 V 直流基础电源。原有 -48 V 直流基础电源逐步向 240 V、336 V 直流基础电源过渡。通信网络侧 ICT（信息通信技术）设备随着电源设备技术和通信设备技术的协调发展，可以采用由低压交流基础电源与 240 V、336 V 直流基础电源组成的双路混合供电方式。目前，轨道交通领域主要使用的直流基础电源的电压为 -48 V。对其的质量要求见表 1-3。

表 1-3　直流供电标准

标准电压 /V	通信设备受电端子上电压变动范围 /V	供电回路全程最大允许压降 /V
-48	-57 ～ -40	3

2.机架电源（二次电源）

（1）直流机架电源。通过直流变换器将 –48 V 的基础电源转换成所需的各种直流电压（+3.3 V、+5 V、+12 V 等）。这些低压电源装置在通信设备机架上，通常称为机架电源，也可称为二次电源。

（2）交流机架电源。通过逆变器将 –48 V 的基础电源转换成所需的各种交流电压（铁路类通信如机架内的振铃电源等）。

五、通信机房分类

1.铁路类通信机房

通信机房按机房内设备在通信网的地位分为以下三类：

一类通信机房：铁路总公司、铁路局通信枢纽设备机房和网管中心等机房；调度所调度交换机、GSM-R 核心节点、数据网骨干网及区域网核心节点等设备所在机房。铁路类通信机房示意如图 1-7（a）所示。

二类通信机房：传输网骨干层节点、数据网汇聚节点、GSM-R 网 BSC 节点等设备所在机房。

三类通信机房：除一、二类外的其他机房。

2.城市轨道交通通信机房

城市轨道交通通信机房包括控制中心通信设备机房、控制中心网管中心机房、车辆段通信设备机房、正线车站通信设备机房、停车场通信设备机房及安防机房等。小型通信机房和蓄电池组布置区域示意如图 1-7（b）、（c）所示。

（a）

（b）

（c）

图 1-7 轨道交通通信机房示意
（a）铁路一类通信机房（多台直流配电柜示意）；（b）小型通信机房；（c）蓄电池组布置区域

六、通信设备对电源系统的要求

通信设备应按一级负荷供电，其对电源系统提出的基本要求是可靠性高、稳定性强、电磁兼容性好、高效率。更高更新的要求是智能化、模块化、小型化，适用于分散供电，

便于安装和维护，节能、扩容灵活等。

1. 通信设备对电源系统的一般要求

（1）可靠性高。一般的通信设备发生故障影响面较小，是局部性的。如果电源系统发生直流供电中断故障，其影响是灾难性的，往往会造成电信局、通信枢纽的全部通信中断。对于数字通信设备，电源电压不允许有瞬

通信设备对电源
系统的要求

间的中断。通信电源系统要在各个环节多重备份，保证供电可靠。这就包括"多路、多种、多套"的备用电源。在暂时没有条件达到"三多"配置的地方，至少应有备用电池。

（2）稳定性高。各种通信设备都要求电源电压稳定，不允许超过容许的变化范围，尤其是计算机控制的通信设备，数字电路工作速度高、频带宽，对电压波动、杂音电压、瞬变电压等非常敏感。因此，供电系统必须有很高的稳定性。

（3）效率高。能源是宝贵的，在耗费巨资完成电信设备投资后，其日常的费用支出中，电费是一笔比重很大的开支。尤其随着通信容量的增大，效率问题就特别突出。这就要求电源设备（主要指整流电源）应有较高的转换效率，即要求电源设备的自耗要小。

2. 现代通信对电源系统的新要求

（1）低压、大电流，多组供电电压需求。功率密度大幅度提升，供电方案和电源应用方案设计呈现出的多样性。

（2）模块化、自由组合扩容互为备用。模块化有两个方面的含义：一方面是指功率器件的模块化；另一方面是指电源单元的模块化。实际上，由于频率的不断提高，致使引线寄生电感、寄生电容的影响更加严重，对器件造成更大的应力（表现为过电压、过电流毛刺）。为了提高系统的可靠性，将相关的部分做成模块。将开关器件的驱动、保护电路也装到功率模块，构成"智能化"功率模块（IPM），这既缩小了整机的体积，又方便了整机设计和制造。

多个独立的模块单元并联工作，采用均流技术，所有模块共同分担负载电流，一旦其中某个模块失效，其他模块再平均分担失效模块的负载电流。这样，不但提高了功率容量，在器件容量有限的情况下满足了大电流输出的要求，而且通过增加相对整个系统来说功率很小的冗余电源模块，便极大地提高了系统可靠性，即使万一出现单模块故障，也不会影响系统的正常工作，而且为修复提供了充分的时间。

现代电信要求高频开关电源采用分立式的模块结构，以便于不断扩容、分段投资，并降低备份成本。不能采用1+1的全备用（备份了100%的负载电流），而是要根据容量选择模块数 N，配置 $N+1$ 个模块（只备份了 $1/N$ 的负载电流）即可。

（3）能实现集中监控。现代电信运维体制要求动力机房的维护工作通过远程监测与控制来完成。这就要求电源自身具有监控功能，并配有标准通信接口，以便与后台计算机或与远程维护中心通过传输网络进行通信，交换数据，实现集中监控，从而提高维护的及时性，减小维护工作量和人力投入，提高维护工作的效率。

（4）自动化、智能化。要求电源能进行电池自动管理，故障自诊断，故障自动报警等，自备发电机应能自动开启和自动关闭。

（5）小型化。随着各种通信设备的日益集成化、小型化，这就要求电源设备也相应小型化，作为后备电源的蓄电池也应向免维护、全密封、小型化方面发展，以便将电源、蓄电池随小型通信设备布置在同一个机房，而不需要专门的电池室。

（6）新的供电方式。相应于电源小型化，供电方式应尽可能实行各机房分散供电，设备特别集中时才采用电力室集中供电，大型的高层通信大楼可采用分层供电（分层集中供电）。

3. 通信电源设备的电磁兼容性要求

电磁兼容（Electromagnetic Compatibility，EMC），简单来说就是指设备在共同的电磁环境中能一起执行各自功能，并且不对该环境中任何事物构成不能承受的电磁干扰（EMI）的能力。它包括以下三个方面的含义：

（1）电磁环境应是给定的或是可以预期的；

（2）设备、分系统或系统不应产生超过标准或规范所规定的电磁骚扰发射的限值要求；

（3）设备和分系统或系统应满足标准或规范所规定的电磁敏感性限值或抗扰度限值的要求。

通信电源的电磁兼容性是指在通信局（站）中，通信电源设备或系统能正常供电，并且不对通信设施或系统构成任何的不能承受的电磁干扰。也就是说，在既定的环境中，电子设备的电磁辐射要符合规定，同时，也要在符合规定的电磁辐射环境中正常工作和运行。

不难看出，形成电磁干扰必须具备电磁骚扰源、耦合途径和敏感设备三个基本要素。

（1）电磁骚扰源：任何形式的自然现象或电能装置所发射的电磁能量，能使周边环境的人或其他生物受到伤害，或使其他设备、分系统或系统发生电磁危害，导致性能降级或失效。

（2）耦合途径：传输电磁骚扰的通路或媒介。

（3）敏感设备：在受到电磁骚扰源所发射的电磁能量的作用时，会受到伤害的人或其他生物，以及会发生电磁危害、导致性能降级或失效的器件、设备，分系统或系统。一般情况下器件、设备、分系统或系统既是电磁骚扰源又是敏感设备。

实现电磁兼容，必须从这三个方面入手，运用技术措施（抑制骚扰源、消除或减弱骚扰的耦合、降低敏感设备对骚扰的响应或增加电磁敏感性电平）和组织措施（制定完整的技术标准、规范，进行电磁兼容管理）来加以解决。

4. 通信电源设备的可靠性要求

通信电源系统的可靠性极大地影响通信的可靠性，电源系统故障通常会导致通信中断或瘫痪。产品的可靠性是指产品在规定的环境条件下和规定的时间区间内完成规定功能的能力。可靠性的三要素为环境条件、时间区间和规定功能。

可靠性通过可靠度、故障率（或失效率）、平均无故障工作时间（平均故障间隔时间）、可用度和不可用度来表征。

（1）可靠度。可靠度是指产品在规定的环境条件下和规定的时间区间内完成规定功能的概率，在 0 和 1 之间。

（2）故障率（也称失效率）。故障率是指工作到时刻 t 的产品，在该时刻的单位时间

内发生故障的概率。

（3）平均故障间隔时间（Mean Time Between Failure，MTBF）。平均故障间隔时间是指可维修的设备或系统，在发生故障经修复后继续工作，从本次故障到下一次故障所经历的平均时间，即相邻两次故障之间的平均工作时间，是衡量一个产品（尤其是电器产品）的非常重要的可靠性指标，单位为小时。MTBF越长表示可靠性越高，正常工作能力越强。

（4）可用度。可用度表示可维修产品在规定的工作和维修条件下使用时，具有或维持规定功能的能力。能维持正常工作的概率为可用度；不能维持正常工作的概率为不可用度。可用度和不可用度之和为1。

电源供电的可靠性以电源不可用度、停电时间、停电次数作为表征。其中，电压、频率不符合通信设备要求的时间为不可用时间。

$$市电（或电源系统）不可用度 = \frac{不可用时间}{不可用时间 + 可用时间} \times 100\%$$

例如，可用度为99.999 9%，对应的不可用度就是1×10^{-6}。

任务准备

（1）进入通信设备房前按规定应穿好防静电工作服、绝缘鞋，防止触电伤害和对电子设备的影响。

（2）做好作业前登记和信息沟通。

（3）资料：通信设备检修记录本。

任务实施

任务场景：通信电源机房。

任务要求：通过观看现场机房视频、机房和设备图片资料，参观校内实训室通信电源设备，掌握通信电源分类和供电质量要求，能阐述通信电源系统的组成、分类及其供电标准，理解通信电源系统在轨道交通运输中的地位及作用，根据供电需求绘制通信电源系统组成框图。

任务安排：采用分组实施方式，4～8人为一组，通过学生自荐或推荐的方式选出组长，负责本团队的组织协调工作，带头示范、督促、帮助其他组员完成相应工作。

实施步骤：

一、通信电源系统组成和分类

通信电源系统在铁路通信机房和城轨全线范围内的控制中心、各车站、车辆段及停车场通信机房均有配置。

（1）图1-8所示为典型铁路通信电源系统组成。通信电源系统的外供电源（虚线框内），一般由电力专业设置，采用两路市电经高压变配电系统引入。柴油发电机用于应急供电。

车站、区间机房供电引入线路与供电部门的维护分界一般为供电引入线路的进线第一端子分界，端子以下由通信部门维护；当机房内设有电力、房建部门专属配电柜（箱、盒）时，以该配电柜（箱、盒）的出线端子分界，出线端子以下部分由通信部门维护。

通信电源系统的组成及作用

扫描二维码学习，结合图 1-1、图 1-8，通信电源系统由_____系统、_____系统、_____系统和_____系统四部分组成。

对通信设备的供电必须_____供电，按电源性质可分为_____供电和_____供电两种，其标称电压分别是_____和_____。

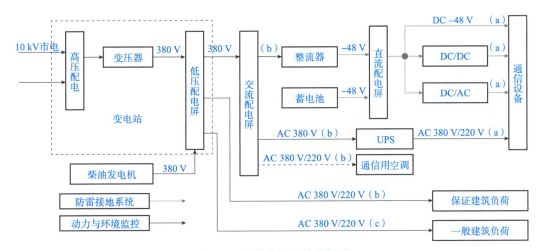

图 1-8　通信电源系统方框图
（a）—不间断；（b）—可短时间中断；（c）—允许中断

通信机房内部供电负荷按负荷的重要性可分为_____供电负荷〔标注为（a）〕、_____供电负荷〔标注为（b）〕及_____〔标注为（c）〕三类，不间断供电负荷包括 -48 V 直流负荷和 220 V/380 V 交流负荷；可短时间中断供电负荷包括机房空调设备和保证建筑负荷；其他机房照明设备、临时用电设备等为允许中断供电负荷。

分组讨论：

通信电源系统主要有哪些设备？大型通信机房和小型的基站机房有哪些区别？

_____

_____

（2）案例：南京地铁 ×× 地铁线路，通信电源系统。

为了保证通信设备在主电源中断或发生波动情况下，专用通信各子系统设备仍能可靠地工作，工程中专用通信电源系统在全线各车站将承担专用通信、OA、PIS 设备的供电；在车辆段承担专用通信设备供电；在控制中心承担专用通信、OA、PIS 设备供电。车辆基地视频监视系统单独设置 UPS。

工程各交流用电通信设备由 UPS 提供交流电源（AC 220 V），直流用电设备由高频开关电源提供直流电源（DC -48 V）。

　　工程电源系统在控制中心设置电源网管系统，电源网管系统须对 UPS、高频开关电源（直流配电模块）、交流配电屏、蓄电池（12 V）进行统一监测。

　　小贴士：专用通信子系统包括传输系统、公务电话系统、专用电话系统、无线通信系统、LTE 车地无线通信系统、车地无线高速转储系统及网管、时钟系统、通信电源系统及网管、视频监视系统、广播系统、乘客信息系统、集中录音系统、集中告警系统、安防系统等。

　　1）复习其他专业课学习内容，讨论通信系统中哪些设备使用交流供电？哪些使用直流供电？并填写空格。

　　使用交流供电的通信设备：＿＿＿＿＿＿＿＿＿＿＿＿＿＿＿＿＿＿＿＿＿＿＿＿

　　使用直流供电的通信设备：＿＿＿＿＿＿＿＿＿＿＿＿＿＿＿＿＿＿＿＿＿＿＿＿

　　2）结合上一问题和参考图 1-8，尝试绘制该地铁线路正线车站（或控制中心、车辆段、车辆基地）通信机房具体的供电系统图。完成后组间交流讨论。

二、通信电源分类及其供电标准

1. 通信电源分类

　　回顾复习图 1-8 或扫描二维码学习，经市电或备用油机发电机组（含移动电站）、通信 UPS（或逆变器）提供的 AC 380 V/220 V 称为＿＿＿＿＿＿电源（或交流＿＿＿＿＿＿电源）；经整流器和蓄电池并联浮充供电、直流配电屏提供的 -48 V 称为＿＿＿＿＿＿电源。图 1-8 中 DC/DC、DC/AC 提供的为＿＿＿＿＿电源（或＿＿＿＿＿电源）。

2. 交流电源供电标准

　　交流基础电源标称电压为 220 V 单相三线制 /380 V 三相五线制，电压允许波动范围为额定电压值的 -15% ～ +10%，频率为 50 Hz，允许波动范围为额定频率 ±2 Hz。

　　扫描二维码查阅标准，回答以下问题：

　　交流电源最主要的两项指标是＿＿＿＿＿＿＿＿＿＿和＿＿＿＿＿＿＿＿＿＿。

　　三相五线制中三相是指＿＿＿＿＿＿＿＿＿＿；五线是指＿＿＿＿＿＿＿＿＿＿＿＿

＿＿＿＿＿＿＿＿＿＿＿＿。

　　讨论：

　　（1）三相是否可以变换顺序？

　　＿＿＿＿＿＿＿＿＿＿＿＿＿＿＿＿＿＿＿＿＿＿＿＿＿＿＿＿＿＿＿＿＿＿＿＿

　　（2）五线颜色是否随意使用？

　　＿＿＿＿＿＿＿＿＿＿＿＿＿＿＿＿＿＿＿＿＿＿＿＿＿＿＿＿＿＿＿＿＿＿＿＿

　　（3）交流供电除电压和频率要求外还有其他什么要求？举例说明。

　　＿＿＿＿＿＿＿＿＿＿＿＿＿＿＿＿＿＿＿＿＿＿＿＿＿＿＿＿＿＿＿＿＿＿＿＿

3. 直流电源供电标准

　　由交流基础电源经过整流或后备电源向各种通信设备提供的 -48 V（24 V）直流电压的电源是指＿＿＿＿＿＿＿＿＿电源。直流供电回路全程最大允许压降为＿＿＿＿＿＿＿＿＿＿＿V。

思考：电压输出太低会有什么影响？

_____

讨论：

（1）通信电源直流供电为什么使用负电压？

_____

（2）举例说明机架使用的直流电压有哪些？

_____

三、通信设备对电源系统的要求

通信设备应按一级负荷供电，对电源系统提出的基本要求是可靠性高、稳定性强、电磁兼容性好、高效率。更高更新的要求是智能化、模块化、小型化，适用于分散供电，便于安装和维护，节能、扩容灵活等。

课后自行查阅资料，扫描二维码观看学习视频，讨论电源系统今后的发展趋势，阐述理由，并在班上分享讨论成果。

 任务评价

任务评价由自评（占 30%）、互评（占 30%）和师评（占 40%）组成，请扫描二维码对评价项目、相应评价指标进行打分。

轨道交通通信电源需求
分析任务评价表

任务 1.1.2　轨道交通通信电源系统组网运用

任务描述

本任务讨论学习地位、作用不同的通信机房通信电源的组网设计运行图。

学习目标

1. 增强学生团队协作、沟通交流的能力；
2. 提升学生发现问题、分析问题的能力；

3. 提升查阅资料、获取信息的能力；

4. 提升高质量发展本领，努力成为行家里手；

5. 具有质量意识、环保意识、故障 - 安全意识；

6. 掌握通信设备交流供电系统组成、工作原理及其不同工作模式；

7. 掌握通信设备直流供电系统组成、工作原理及其不同工作模式；

8. 能分辨和初步识别电源系统常见设备，并能简述其基本功能；

9. 能系统地、辩证地分析通信电源供电方式及其优缺点；

10. 能根据轨道交通通信设备用电需求，正确选用电源系统供电方式和工作模式。

任务分析

通信局（站）电源系统必须保证稳定、可靠、安全地供电。不同通信局（站）根据通信电源负荷不同、重要程度不同等，电源系统的供电方式也会不同，电源系统组网应用也就不同。典型的供电方式有集中供电、分散供电、混合供电。

组成通信电源系统的主要设备包括交流配电设备、高频开关整流设备、UPS、直流配电设备、蓄电池、发电机、防雷接地系统、动力和环境监控系统等。能识别和区分电源设备和电器元件是做好通信电源运行和维护最基本的要求。

知识准备

一、通信机房通信电源负荷种类

1. 铁路通信机房

铁路通信机房一般包含多条线路通信设备，或会存在多套甚至多种不同厂家、不同型号的同一通信子系统的通信设备。

（1）-48 V 直流通信电源负荷：通常包括铁路通信系统中的传输接入设备、交换设备、数据网设备、调度通信设备、GSM-R 设备、光纤在线监测系统、电源及机房环境监控系统的监控站设备等。这些设备由高频开关电源系统供电。

（2）220 V/380 V 交流通信电源负荷：通常包括部分 GSM-R 核心网设备、光纤直放远端站设备、综合视频监控系统设备、会议电视设备、电源环境监控系统监控中心设备、综合网管设备、电报网设备、各系统网管设备等。这些设备由 UPS 供电。

2. 城市轨道交通通信机房

城市轨道交通通信机房一般是服务于单条轨道交通线路的设备，其基本属于中小型机房。

（1）-48 V 直流通信电源负荷：传输系统、公务电话系统、专用电话系统、无线系统。这些系统由高频开关电源系统供电。

（2）220 V/380 V 交流通信电源负荷：数据通信设备、视频监控系统、广播系统、时钟系统、无线直放站设备、无线 MSO 设备、集中告警系统、综合监控系统、PIS 系统、车载视频系统、安防系统、环境与设备监控系统、信息网络系统 OA 交换机、蓄电池巡检仪设备、车控室通信终端设备、信号楼调度室通信终端设备，以及网管室终端设备等。还可能为同一物理地点的信号交换机、外专业机柜设备［电力数据采集与监视控制系统（SCADA）、自动售检票系统（AFC）、火灾自动报警系统（FAS）、楼宇自动化系统（BAS）、门禁系统］等。这些系统由 UPS 供电。

二、通信电源运用需求

为保障轨道交通通信网畅通运行和通信业务稳定运用，提高铁路通信电源系统的整体可靠性，通信电源外供引入及使用，通信设备交流、直流供电的基本供电方式和冗余供电有其基本原则。轨道交通通信电源系统组网运用应与前端供电设备、后端通信用电设备综合考虑，统一和简化供电系统，便于维护管理。

安装有通信行车设备的通信机房按照一级负荷供电，应由两路相对独立电源分别供电至用电设备或低压双电源切换装置处。

高速铁路通信电源设备应主用综合贯通电源，备用一级贯通电源。普速铁路应主用贯通电源，备用自闭或地方电源。当供电部门提供两路站馈电源时，应主用站馈一，备用站馈二。其他单位提供电源时，根据现场实际情况使用。

铁路通信枢纽、通信网管中心、调度所、GSM-R 网络核心节点等一类通信机房交流电源系统应采用独立双总线 UPS 供电工作模式。其他通信机房应根据通信设备可靠性等实际运用需求，合理选择采用独立双总线或采用单机 UPS 供电工作模式。

铁路一类、二类通信机房应采用直流双系统供电工作模式，三类机房中二等及以上客运车站和编组场站调楼机房应逐步实现直流双系统供电工作模式且第二套电源设备两路外电主用、备用接引应与第一套相反。其他通信机房应根据通信设备实际运用需求，合理选择直流双系统供电或直流单系统供电工作模式。

城市轨道交通每条线路通信机房内通信设备差异不大，按机房内设备在通信网的地位分类，从高到低依次为控制中心机房，其次是车辆段机房，然后是停车场机房，最后是正线车站机房。按可靠性要求等实际运用需求，供电方式会有所不同。

大中型通信楼宜采用 UPS、直流系统相对分散的供电方式。小型通信机房宜采用 UPS、直流系统集中供电方式。

三、通信电源的供电方式

通信局（站）电源系统必须保证稳定、可靠、安全地供电。不同通信局（站）由不同的电源系统组成。集中供电、分散供电、混合供电是三种比较典型的系统组成方式。

通信电源的供电方式

1. 集中供电电源系统

集中供电方式是在通信机房中配置公用的电源设备，集中给各种通信设备统一供电的供电方式。其优点是电源设备比较集中，维护比较方便，适用于规模较小的通信局

（站）；缺点是当直流电源系统发生故障时，将影响所有使用这一种电压的通信设备的正常工作。另外，直流供电馈线长，材料、施工费用高，线路压降大，电能损耗大，由于线路电感和耦合电容的存在，易引入干扰，会降低供电质量。

典型的集中供电电源系统组成如图1-9所示。

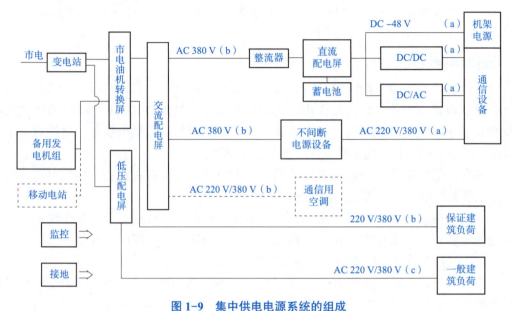

图1-9　集中供电电源系统的组成

（a）—不间断；（b）—可短时间中断；（c）—允许中断

通信机房外电引入由专用变电站、市电油机转换屏、低压配电屏、交流配电屏及备用发电机组组成。移动电站可提供应急用电。

直流供电系统由交流配电设备、整流设备、蓄电池组和直流配电设备组成。直流供电系统向各种通信设备提供直流电源。

交流供电系统由交流配电屏和不间断电源设备组成。不间断电源设备对通信设备及其附属设备提供不间断交流电源。

交流电源系统对通信局（站）提供一般用和保证用的建筑负荷用电。保证建筑负荷是指通信用空调设备、保证照明、消防电梯、消防水泵等，建筑一般负荷是指一般空调、一般照明及其他备用发电机组不保证的负荷。

通信用空调、保证照明也可由电力室交流配电屏供电。

2. 分散供电电源系统

分散供电方式是指将直流供电系统进行分散，即使用同一电压种类的通信设备采用两个以上的独立供电系统，并靠近通信设备安装进行供电的方式。

采用分散供电方式的优点：供电设备距离通信设备近，配电损耗相对小，系统效率高；配电电缆及安装费用也低；可靠性较高，当某一供电系统出现故障时，不会造成整个通信系统的瘫痪，缩小了故障的影响面。同时，分散供电方式降低了能耗和设备占地，而且能更合理地配置电源设备。这是今后供电方式的主要趋势。

典型的分散供电电源系统组成如图 1-10 所示。

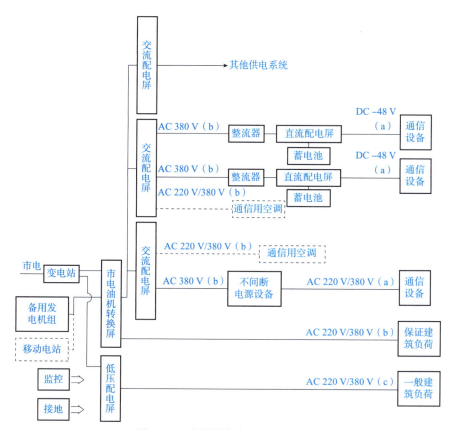

图 1-10 分散供电电源系统的组成

（a）—不间断；（b）—可短时间中断；（c）—允许中断

3. 混合供电电源系统

典型的混合供电电源系统组成如图 1-11 所示。

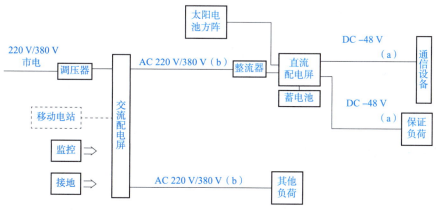

图 1-11 混合供电电源系统的组成

（a）—不间断；（b）—可短时间中断

混合供电由太阳电池方阵、低压市电、蓄电池组、整流、配电设备及移动电站组成。该系统在保证向负载供电的同时，还通过计算机实现了系统的自动控制、自动检测、自动诊断和自动告警。在正常情况下，由太阳电池方阵经直流配电屏（内含蓄电池充电控制器）对通信设备供电，同时给蓄电池充电。太阳光较弱和在夜间时，由市电经整流器给通信设备供电。太阳光较弱和在夜间时且市电故障时，由蓄电池放电给通信设备供电。

混合供电使用新型能源，非常符合我国目前大力提倡的节能减排的大原则，值得大力推广。其缺点是只有在阳光充足或风力充足的特殊情况下才使用，而且受到场地等诸多因素的限制，适用范围较小。

4. 一体化供电电源系统

对于小容量的供电系统（如分散供电系统）通常采用一体化供电方式，即由交流电源供电，将通信设备和通信电源设备集成安装在同一个机架内，电源系统一般由整流、配电、蓄电池组和监控单元组成。

 任务准备

（1）进入通信设备房前应按规定穿好防静电工作服、绝缘鞋，防止触电伤害和对电子设备的影响。

（2）做好作业前登记和信息沟通。

（3）资料：通信设备检修记录本。

任务实施

任务场景：通信电源机房。

任务要求：通过扫描二维码等方式学习、查看机房和设备图片资料，熟悉交流、直流供电系统组成、工作原理，交流讨论其不同工作模式的优缺点；能分辨和初步识别电源系统常见设备，并能简述其基本功能；能系统、辩证地分析通信电源供电方式及其优缺点；能根据轨道交通通信设备用电需求，正确选用电源系统供电方式和工作模式。

任务安排：采用分组实施方式，4～8人为一组，通过学生自荐或推荐的方式选出组长，负责本团队的组织协调工作，带头示范、督促、帮助其他组员完成相应工作。

实施步骤：

一、通信机房供电系统构成

通信机房供电系统包括外电引入配电（一般由电力专业设置）、备用电源（一般是燃油发电及其附属设备）、交流输入配电（含双路切换装置）、通信设备交流供电、通信设备直流供电及机房配套设备供电（指空调、照明、墙壁插座等）。总体结构示意如图1-12所示。

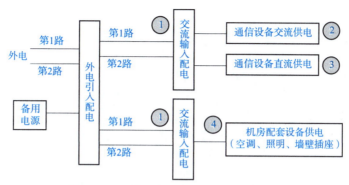

图 1-12 通信机房供电系统总体结构示意

回顾任务 1.1.1，填写表 1-4 通信电源系统输入、输出电源要求。

表 1-4 通信电源系统输入、输出电源要求

序号	1	2	3	4
电压 /V				
供电要求				

用于为通信设备供电的交流输入配电设备，应设置_____装置。

轨道交通通信电源系统组网运用

二、通信设备交流供电系统

1. 系统组成

通信设备交流供电系统主要包括交流输入配电、不间断电源系统（UPS）、蓄电池组及交流输出配电等设备，如图 1-13 所示。

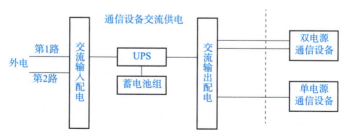

图 1-13 单机 UPS 供电工作模式

（1）交流配电屏。典型的交流配电屏前面板及背板示意如图 1-14 所示。

（2）UPS。典型的 UPS 前面板及背板示意如图 1-15 所示。

（3）蓄电池组。典型的蓄电池组安装示意如图 1-16 所示。蓄电池组巡检仪示意如图 1-17 所示。

（a）

（b）

（a）

（b）

图 1-14　典型的交流配电屏前面板、背板
（a）前面板；（b）背板

图 1-15　典型的 UPS 前面板、背板
（a）前面板；（b）背板

（a）

（b）

图 1-16　典型的蓄电池组安装示意
（a）卧式蓄电池组；（b）立式蓄电池组

图 1-17　蓄电池组巡检仪

2. 工作原理

UPS 设备采用在线式运行方式，即当外电输入正常时，UPS 设备跟踪外电并输出稳定的交流电；当外电输入中断时，由蓄电池组放电经逆变输出稳定的交流电（蓄电池组放电至截止电压时由旁路供电）。当 UPS 设备故障时，应自动由冗余 UPS 设备供电或转旁路。

通信设备的电源模块应能适应通信设备交流供电系统的各类切换时间，并应具有短路及输入电压过高保护功能。

3. 工作模式

UPS 设备供电主要有独立双总线、并联冗余、单机等工作模式。单机工作模式如图 1-13 所示。独立双总线供电工作模式如图 1-18、图 1-19 所示（图中连接线均已包含起止点相同的冗余线缆及端子，图中的方框除指明为设备外，均表示功能，下同）。并联冗余供电工作模式如图 1-20 所示，其中任一 UPS 设备应能支持全部通信设备的长期交流供电，双 UPS 设备在任何情况下不应造成电源短路。

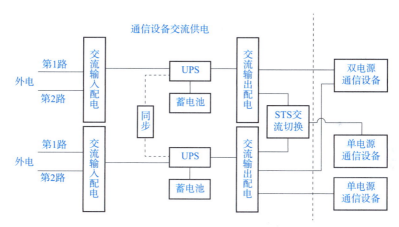

图 1-18　独立双总线 UPS 供电工作模式（一）

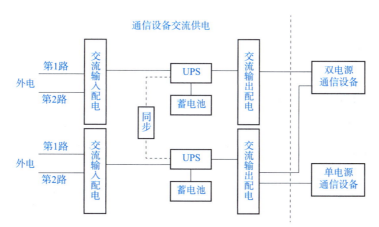

图 1-19　独立双总线 UPS 供电工作模式（二）

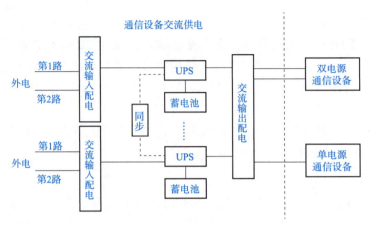

图 1-20　并联冗余 UPS 供电工作模式

4. 分组讨论

对比分析 UPS 各种供电工作模式的优缺点及适用场合，填写表 1-5 并完成思考题。

表 1-5　UPS 各种供电工作模式对比分析

UPS 供电工作模式	优点	缺点	适用场合
独立双总线（一）			
独立双总线（二）			
并联冗余			
单机			

5. 思考题

（1）铁路通信枢纽、通信网管中心、调度所、GSM-R 网络核心节点等一类通信机房通信电源系统应采用_____UPS 供电或_____UPS 供电工作模式，宜采用_____为重要的单电源通信设备供电。

（2）其他通信机房应根据通信设备可靠性等实际运用需求，合理选择采用_____UPS 供电、_____UPS 供电或_____UPS 供电工作模式。

三、通信设备直流供电系统

1. 系统组成

通信设备直流供电系统主要包括交流输入配电、高频开关整流柜、蓄电池组及直流输出配电等设备，如图 1-21 所示。

（1）高频开关整流柜。小容量直流供电系统一般将交流配电单元、整流单元、直流配电单元和监控模块设置在一个机柜中。典型的高频开关电源正面面板及背板示意如图 1-22 所示。

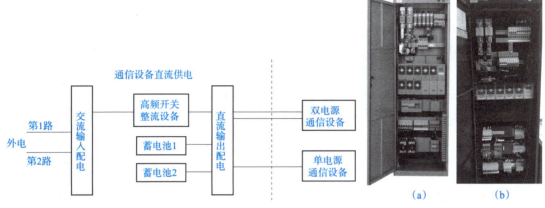

图 1-21 直流单系统供电工作模式

图 1-22 典型的高频开关电源
正面面板及背板示意
（a）正面；（b）背面

（2）高频开关电源蓄电池组。典型的高频开关电源蓄电池组安装示意如图 1-23 所示。

（a）   （b）

图 1-23 典型的高频开关电源蓄电池组安装示意
（a）不带电池监测；（b）带电池监测

（3）大容量直流系统交流、直流配电设备。大容量直流系统有独立的交流配电柜、整流柜和直流配电柜，如图 1-24 所示；同时，为减少配电连接压降，将整流柜与直流配电柜相互间隔布放，如图 1-25 所示。图 1-26 所示为大容量直流配电设备。

图 1-24 交流配电柜、整流柜、直流配电柜示意（一）

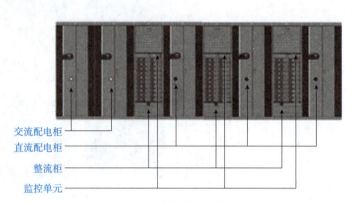

交流配电柜
直流配电柜
整流柜
监控单元

图1-25 交流配电柜、整流柜、直流配电柜示意（二）

图1-26 直流配电柜示意

2. 工作原理

直流供电采用全浮充方式，在交流电源正常时经由整流器与蓄电池组并联浮充工作，对通信设备供电。当交流电源停电时，由蓄电池组放电供电，在交流电恢复后，应实行带负荷恒压限流充电的供电方式。

通信设备的电源模块应能适应通信设备直流供电系统的各类切换时间，并应具有短路及输入电压过高保护功能。

3. 工作模式

轨道通信直流供电系统主要有直流双系统供电和直流单系统供电等工作模式。直流单系统供电工作模式如图1-21所示。直流双系统供电工作模式如图1-27所示，其中任一系统应能支持全部通信设备长期直流供电，双系统在任何情况下不应造成电源短路。

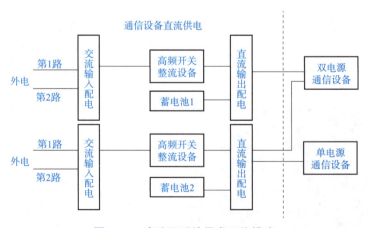

图1-27 直流双系统供电工作模式

4. 分组讨论

对比分析两种直流供电工作模式的优缺点及适用场合，填写表1-6，并完成思考题。

表 1-6 通信电源直流供电系统对比分析

直流供电工作模式	优点	缺点	适用场合
双系统			
单系统			

5. 思考题

（1）铁路通信枢纽、通信网管中心、调度所、GSM-R 网络核心节点等一类通信机房通信电源系统应采用_____供电工作模式。

（2）其他通信机房应根据通信设备可靠性等实际运用需求，合理选择采用_____供电或_____供电工作模式。

（3）集中设置的通信设备宜采用_____供电方式。

（4）铁路通信枢纽、通信网管中心、调度所、GSM-R 网络核心节点等一类通信机房可根据需要采用_____供电方式。

任务评价

任务评价由自评（占 30%）、互评（占 30%）和师评（占 40%）组成，请扫描二维码对评价项目、相应评价指标进行打分。

轨道交通通信电源系统组网运用任务评价表

项目 1.2 通信电源运行与维护管理

项目概述

为加强通信电源管理，明确通信电源的使用、维护职责范围，规范运行维护管理，保障通信电源运行安全，铁路通信段或城轨通号中心等相关部门均会制定通信电源运行维护管理具体实施的细则或规章，包括明确电源系统的分类及构成、维护机构与职责，划定通信与其他部门的维护分界，明晰运行维护的技术标准、维护管理的项目和维护周

期、维护工作流程，以及安全管理、故障管理等内容。电源系统分类及构成在本单元前一个项目中已详细阐述，各系统和设备运行维护的技术标准在后续单元中逐一分析，本项目重点强调轨道交通中段（或通号中心）、车间、工区三级管理的中车间、工区的职责，维护工作流程和安全管理，以及对通信维护人员的资质要求。

任务　通信电源运行与维护管理作业规范

任务描述

　　学习轨道交通企业通信电源运行维护管理具体实施的细则或规章，做好上岗作业前的准备；了解轨道交通通信维护工岗位职责、工作流程、强化安全风险意识。

学习目标

1. 了解轨道交通通信维护工岗位职责；
2. 熟悉通信电源系统运行维护工作流程；
3. 能牢记安全作业标准，强化安全风险意识；
4. 提升高质量发展本领，努力成为行家里手。

任务分析

　　轨道交通企业通信电源运行维护具有通信专业的特点，必须严格执行有关规章制度，实行标准化管理，保证行车、设备和人身安全。必须贯彻预防与整修相结合、以预防为主的原则，按期进行计划性维修，在维修中采取多种手段进行检测，根据设备状态参数进行早期设备故障诊断，并逐步从计划维修向状态维修的方向发展。通信专业设备的维修管理包括维修安全管理、维修计划管理、维修技术管理、维修质量管理、设备管理及维修统计管理。通信专业设备的修程分为"日常保养"（一级维修）、"二级保养"（二级维修）、"小修"（三级维修）、"中修"（四级维修）、"大修"（五级维修）、"故障维修"（故障处理）。在加强对系统设备的定期维修的同时，应加强对系统设备的管理。企业一般执行"三定"（定设备、定人、定维修周期）、"四化"（维修工作制度化、维修作业标准化、维修手段现代化、维修记录图表化）的设备维修制度。在进行系统设备维修的过程中应严格控制维修成本与维修质量，在确保维修质量的条件下减少不必要的浪费、合理安排人力和物料消耗。

　　轨道交通通信工主要职责如下：

（1）负责对管辖范围内的通信设备进行维修，保证其安全运行。

（2）根据检修计划从事管辖内设备维护和保养，保证通信设施处于完好状态。

（3）负责管辖范围内通信设备的抢修工作，以最快的速度恢复设备正常工作。

（4）做好各类原始记录，保证其准确性。

（5）做好管辖范围内通信设备的故障分析，提出合理化建议。

（6）严格履行与本岗位有关的质量、安全、环保职责。

📝 知识准备

一、通信电源系统运行维护资料准备

段（或通号中心）、车间（工区）应指派专人负责电源设备技术资料的日常管理，对设备的配置进行记载，遇有变动及时修订，并定期上报确保台账的准确性。各通信机房（工区）应具有以下基础资料：

（1）相关工程竣工资料、验收测试记录；

（2）机房交流、直流供电系统图；

（3）电源设备安装位置平面图；

（4）供电系统路径图和配线表（应标明电缆型号、规格、长度、条数、路径）；

（5）防雷、接地装置安装、埋设位置图和接地线分布图；

（6）设备技术资料（含高频开关电源、UPS 设备参数设置表、说明书、维护手册、操作手册等）；

（7）仪器仪表使用说明书；

（8）设备台账；

（9）应急预案；

（10）日常检修测试记录本、册；

（11）设备故障及处理记录，故障统计、分析月表。

二、通信电源系统运行维护注意事项

（1）按规定穿戴好绝缘鞋和防护服，做好劳动安全防护。

（2）作业前由作业负责人详细布置施工人员分工、作业要求、作业项目、试验内容及安全卡控措施等要求。

（3）作业前检查工具、仪表齐全良好并正确使用。

（4）严禁超范围作业。

（5）应急处置：出现突发情况，坚持"以人为本"的思路，在保障人身安全的情况下，坚持"先通后复"的故障处理原则，如实上报现场情况。

三、通信电源系统运行维护风险提示

（1）做好各部件工作指示灯检查、安装牢固度检查，防止设备失效。

（2）严格按照规定做好室内防护工作及相关劳动安全要求，防止作业人员触电造成人身伤害。

（3）作业时认真细致，作业后对作业处进行认真检查，并对相关材料、工具进行复核，防止现场遗留工具、材料。

（4）作业人员严禁佩戴戒指、手表等金属饰品。

（5）毛刷等工具、仪表金属部位使用绝缘胶布包裹。

（6）当有雷电时，应严格禁止进行测量工作。

四、一般工作流程

一般工作流程为作业前准备→登记联系→检修作业→销记汇报→小结。

（1）作业前准备。主要进行维修天窗或天窗点外作业计划核对，核对并确认应急预案，备齐作业用工具、材料、仪表、备品备件及通信设备检修记录本。

（2）登记联系。按规定在车站行车监控室《行车设备检车登记簿》登记，同时向调度和网管联系汇报，做好防护。

（3）检修作业。

1）收到防护员作业指令后，开始检修作业，作业过程中注意劳动安全，不要触电。

2）作业中发现任何异常，立即停止作业，向网调进行汇报。

3）检修完毕应进行复核，联系动环网管共同确认设备运行状态，填写检修记录。

（4）销记汇报。复核完毕，汇报网调后，在车站行车监控室《行车设备检查登记簿》销记。

（5）小结。作业完毕，及时汇报任务完成情况和设备质量情况，填写工作日志及工作台账，根据实际情况安排后续工作计划。

 任务准备

资料：通信电源运行维护管理具体实施的细则或技术规章、安全管理文件、职业道德法律法规文件。

任务实施

任务场景：通信电源机房。

任务要求：学习通信电源运行维护管理具体实施的细则或规章，扫描二维码完成相关理论考核，要求准确率达 95% 以上。

任务安排：独立完成资料和相关文件的学习，并完成理论试题的解答。

实施步骤：

一、安全管理学习

扫描右侧二维码完成试题。

安全管理知识
测试

二、技规、维规学习

扫描右侧二维码完成试题。

三、职业道德

扫描右侧二维码完成试题。

技规、维规知识
测试

职业道德知识
测试

任务评价

任务评价由自评（占 30%）、互评（占 30%）和师评（占 40%）组成，请扫描二维码对评价项目、相应评价指标进行打分。

通信电源运行与维护管理任务评价表

附表：通信电源检修项目及周期表（附表 1-1 ～ 附表 1-6）。

附表 1-1　高频开关电源检修项目及周期表

项目	类别	序号	项目与内容	周期	备注
高频开关电源	日常检修	1	运行情况巡检：检查指示灯、输出电压、电流、告警信息等	月	通过电源及机房环境监控系统巡视
		2	表面清扫及防尘滤网清洁	季	
		3	检查运行情况，记录输出电压、电流		
		4	转换开关、熔断器、断路器、接触器、防雷保护单元、风扇等元件外观及状态检查		
		5	输出电压、电流测试		并与设备监控单元、电源及机房环境监控系统显示数据核对
		6	时间检查校对		
		7	各整流模块并机工作均分负载性能检查		
		8	交流停电告警试验		
		9	两路交流电源转换功能试验		具备功能的进行测试
	集中检修	1	风扇清洁	年	

续表

项目	类别	序号	项目与内容	周期	备注
高频开关电源	集中检修	2	各连接处强度检查、配线整理、标签核对检查	年	
		3	直流工作地线、保护地线外观及连接强度检查		雷雨季节前（一季度完成）
		4	限流功能试验		
		5	直流负载电流测试及熔丝容量核对检查		纳入电源及机房环境监控系统的应与监控系统核对
		6	直流供电回路全程电压降测试		结合电池容量试验测试
		7	系统参数设置值检查核对		
		8	告警功能试验		1. 停电告警试验 2. 蓄电池放电告警试验 3. 整流模块告警试验 4. 负载熔丝中断告警试验
	重点整修	1	整流模块、元件扩容	根据需要	
		2	更换老化模块、元件		
		3	更换老化配线		

附表 1-2　UPS 和逆变器检修项目及周期表

项目	类别	序号	项目与内容	周期	备注
UPS 和逆变器	日常检修	1	运行情况巡检：检查输出电压、电流、告警信息等	月	日常通过电源及机房环境监控系统巡视
		2	表面清扫及防尘滤网清洁	季	
		3	检查运行情况，记录输出电压、电流		
		4	断路器、风扇、防雷保护单元等元件的外观及状态检查		
		5	输出电压、电流、频率测试		与设备监控单元、电源及机房环境监控系统显示数据核对
		6	时间检查校对		
		7	并机系统均分负载性能检查		
		8	两路交流电源转换功能试验		具备功能的进行测试

续表

项目	类别	序号	项目与内容	周期	备注
UPS 和逆变器	集中检修	1	风扇清洁	年	
		2	各连接处强度检查、配线整理、标签核对检查		
		3	保护地线外观及连接强度检查		雷雨季节前
		4	系统参数设置值检查核对		
		5	负载容量核对检查		
		6	告警功能试验		试验停电、旁路、电池供电等告警并与电源及机房环境监控系统核对
		7	逆变及旁路转换试验		与电源及机房环境监控系统配合核对
		8	测试输入电流谐波成分、输入功率因数、效率		一类机房执行
	重点整修	1	并机系统单机运行测试，双总线系统、单系统运行测试	根据需要	
		2	更换老化模块、元件		
		3	更换老化配线		

附表 1-3 阀控式密封铅酸蓄电池检修项目及周期表

项目	类别	序号	项目与内容	周期	备注
阀控式密封铅酸蓄电池	日常检修	1	电池组表面清扫	季	
		2	检查外壳是否有膨胀变形或破裂		
		3	检查是否有渗漏电解液或极柱周围爬酸现象		
		4	检查连接有无松动		
		5	电池组浮充总电压查看		
		6	电池组浮充电流查看		每季应现场测试（查看）一次，并与监控系统核对
		7	全组各电池单体浮充电压及温度测试		
		8	电池组均衡充电		
	集中检修	1	连接排电压降测试	年	

续表

项目	类别	序号	项目与内容	周期	备注
阀控式密封铅酸蓄电池	集中检修	2	核对性放电试验	年	2 V电池投入运行的前5年；12 V电池投入运行的前2年
		3	容量测试		2 V电池投入运行第6年起；12 V电池投入运行第3年起
	重点整修	1	蓄电池组更换	根据需要	

附表 1-4　交流配电柜（箱）及电源配线检修项目及周期表

项目	类别	序号	项目与内容	周期	备注
交流配电柜（箱）及电源配线	日常检修	1	表面清扫	季	具备告警功能的进行试验，并与电源及机房环境监控系统核对
		2	仪表显示、指示灯状态及转换开关位置检查		
		3	断路器、接触器外观状态检查		
		4	停电告警试验		
		5	两路交流电源转换功能试验		
		6	电缆架（沟）清扫及电源线外观检查		
	集中检修	1	各连接处强度检查、配线整理、标签核对检查	年	雷雨季节前
		2	接地线外观及连接强度检查		
		3	显示仪表校对		纳入电源及机房环境监控系统的还应与监控系统核对
		4	负荷电流测量及开关容量检查		
	重点整修	1	更换熔断器、断路器	根据需要	
		2	更换老化配线		
		3	馈电线绝缘测试		
		4	仪表修理		
		5	内部检查清扫（停电进行）		

附表 1-5　直流配电柜（箱）及电源配线检修项目及周期表

项目	类别	序号	项目与内容	周期	备注
直流配电柜（箱）及电源配线	日常检修	1	表面清扫	季	
		2	仪表显示及指示灯检查		

续表

项目	类别	序号	项目与内容	周期	备注
直流配电柜（箱）及电源配线	日常检修	3	断路器、熔断器外观状态检查	季	
		4	电缆架（沟）清扫及电源线外观检查		
	集中检修	1	各连接处强度检查、配线整理、标签核对检查	年	
		2	接地线外观及连接强度检查		雷雨季节前
		3	负荷电流测试及熔丝容量检查		纳入电源及机房环境监控系统的应与监控系统核对
		4	显示仪表校对		
		5	直流配电柜（箱）电压降测试		
	重点整修	1	更换熔断器、断路器	根据需要	
		2	馈电线绝缘测试		
		3	更换老化配线		
		4	仪表修理		

附表 1-6 通信雷电综合防护设施检修项目及周期表

项目	类别	序号	项目与内容	周期	备注
通信雷电综合防护设施	日常检修	1	检查浪涌保护器的失效指示和断路开关状态	季	
		2	检查防雷箱的指示灯，检查并记录雷击计数		
		3	检查室外地网标识		
		4	检查电源浪涌保护器模块发热状态		测温仪测量
	集中检修	1	检查处理避雷网（带）、引下线外观及连接质量	年	雷雨季节前
		2	检查处理接地汇集线、接地线、等电位联结线、地网引线之间的连接质量		
		3	检查浪涌保护器外观及连接质量		
		4	测量地网接地电阻值		
	重点整修	1	测量浪涌保护器的标称导通电压、漏电流	根据需要	抽测，重点检测并联型浪涌保护器
		2	避雷网（带）、引下线整修		
		3	不合格地网及标识整修		

知识测试

单元 1 知识测试

单元 2

交流配电屏运行与维护

📖 **单元介绍**

交流配电屏的作用是将由降压电力变压器输出的低电压电源或直接由市电引入的低电压电源进行配电，做市电的通断、切换控制和监测，并保护连接到输出侧的各种交流负载。

交流配电屏一般由断路器、熔断器、接触器、避雷器和监测用各种交流电表、信号灯、控制电路及各种线路等组成。在整个动力系统中能监测总电压、电流或分支电压、电流使用情况，并且可根据用电需求通断各负载支路。

项目 2.1 交流配电屏日常保养

📇 项目概述

交流配电屏在长期的使用过程中，因环境、设备磨损等因素，设备的稳定性、可靠性、使用效益均会有不同程度的降低，甚至会导致设备丧失其固有的性能，无法正常运行。进行设备维修时，无疑会增加企业的成本，同时，也给铁路运输带来安全隐患，降低轨道交通行业的服务质量。

为了响应国家提出的"碳达峰、碳中和"号召，必须建立科学、有效的交流配电屏日常巡检设备管理机制，加大设备日常巡检力度，理论和实践相结合，坚持"以人为本"的理念，合理制订设备的日常保养计划，发现设备运行过程中存在的安全隐患，及时有效地解决问题，确保设备运行正常，延长设备使用寿命，降低企业成本和能耗，提高设备安全性和稳定性，保障轨道交通行业健康发展，实现国家绿色低碳环保经济发展理念。

任务 2.1.1 交流配电屏仪表显示、工作指示灯状态及转换开关位置检查

📋 任务描述

本任务主要通过观察交流配电屏仪表显示内容、工作指示灯状态及转换开关位置来判断交流配电屏的运行状态。

📖 学习目标

1. 增强高质量发展本领，努力成为行家里手；

2. 能够独立完成交流配电屏仪表显示、工作指示灯状态及转换开关位置检查工作，规范填写巡视记录表；

3. 了解交流配电屏面板工作指示灯的作用、颜色和含义；

4. 了解交流配电屏仪表显示含义、正常范围；

5. 了解转换开关作用、不同位置含义。

任务分析

设备工作指示灯能够直观地展现出设备的工作状态，通过指示灯能够快速地发现设备安全隐患，判断出设备的好坏。本任务通过学习设备工作指示灯的含义，观察交流配电屏仪表显示、工作指示灯状态及转换开关位置，根据提供的鼎汉 PJD 系列设备和资料，完成交流配电屏相关的日常检查工作。

知识准备

一、交流配电屏的作用

低压交流配电屏的作用是将由降压电力变压器输出的低电压电源或直接由市电引入的低电压电源进行配电，做市电的通断、切换控制和监测，并保护连接到输出侧的各种交流负载。

铁路局通信电源交流配电系统主要为各系统设置的网管设备、数据网络设备、会议电视设备、综合视频监控设备等交流用电设备提供交流供电。

城轨通信电源交流配电系统主要为各系统设置的网管设备、数据网络设备、广播系统、视频监控设备、乘客信息系统等交流用电设备提供交流供电。

对应小容量的供电系统，如分散供电系统，通常将交流配电、直流配电、整流、监控等组成一个完整、独立的供电系统，集成安装在一个机柜内。

相对大容量的供电系统，一般单独设置交流配电屏，以满足各种负载供电的需要。

二、交流配电屏（模块）的主要性能及参数

1. 交流配电屏（模块）的主要性能

（1）输入电源转换。要求输入两路交流电源，可用手动或自动实现输入交流电源的转换。在实现输入交流电源自动转换时，应具有电气及机械联锁装置和短路保护性能。在自动转换失效时，应能实现应急的手动转换。

（2）具有监测交流输出电压和电流的仪表，并能通过仪表、转换开关测量出各项相电压、线电压和相电流和频率。

（3）智能设备可以遥信主要开关的开关状态、市电故障；遥测输入电压、输入电流。具有欠压、缺相、过压告警功能。交流停电或故障时，能发出声光告警信号。非智能设备应提供遥信和遥测的接口。

（4）遥信性能一般提供与配电设备电气隔离的动合接点（接点容量：DC 24V，≥ 100 mA）。

（5）遥测性能一般提供与配电设备电气隔离的 DC 0 ～ 5 V 或 DC 0 ～ 20 mA、4 ～ 20 mA 等标准信号。

（6）提供各种容量的负载输出分路，各输出分路的数量和容量的配置应满足通信设备的需要。输出分路同时使用的负载之和不得超过配电设备的额定容量。输出分路应设有保护装置。

（7）当交流电源停电后，能提供蓄电池组供电作为事故照明。交流电源停电时，能自动闭合事故照明电路，在交流电源恢复供电时，应能自动断开事故照明电路。

（8）交流配电屏的输入端应提供可靠的防雷（防雷等级按冲击电流分级）保护装置。

（9）交流配电屏应具有中性线装置和保护接地装置。交流配电屏保护接地装置与配电设备的金属壳体的接地螺钉间应具有可靠的电气连接。其连接电阻值 ≤ 0.1 Ω。

（10）颜色标志。配电设备中交流母线、指示灯及按钮的颜色和直流母线的色标应符合下列规定：

1）交流三相电路的 A 相：黄色；

2）交流三相电路的 B 相：绿色；

3）交流三相电路的 C 相：红色；

4）零线或中性线：淡蓝色；

5）安全用的接地线：黄色和绿色双色；

6）用双芯导线或双根绞线连接的交流电路：红色、黑色并行；

7）指示灯："工作正常"指示灯为绿色，"故障告警"指示灯为红色，"声音开关"指示灯为黄色；

无故障时"工作正常"指示灯亮；故障时"工作正常"指示灯熄灭，故障告警指示灯灯亮，蜂鸣器发出声音告警；

8）按钮：启动为绿色，停止为红色。

（11）交流配电屏可靠性。平均无故障工作时间 MTBF ≥ 10^5 h。

2. 交流配电屏（模块）的主要参数

（1）交流电流额定值等级。按各类通信设备的配套要求，配电设备的交流电流额定值在 50 A、100 A、160 A、200 A、250 A、400 A、630 A、800 A、1 000 A 中选取。

（2）交流电压额定值等级。按各类通信设备的配套要求，配电设备的交流电压额定值在下列数值中选取：

1）单相：220 V；

2）三相：380 V。

交流输入电压的波动范围为其额定值的 85% ～ 110%。输入电压波形畸变率应不大于 5%。

（3）交流额定频率。按各类通信设备的配套要求，配电设备的交流额定频率选取 50 Hz。输入频率的波动范围为其额定值 ×（1±4%）。

三、交流配电单元（屏）组成

交流配电单元（屏）的组成如图 2-1 所示，通常由以下几个部分组成：

（1）交流输入电路：交流输入一般通过空气开关或刀闸开关，交流输入开关的容量即为交流配电单元（屏）的容量，PS 系列电源交流配电容量分为 50 A、100 A、200 A、400 A、600 A 五个等级。

（2）整流器交流输入开关：交流配电单元（屏）分别为系统的每一个

交流配电屏的
组成和作用

整流器提供一路交流输入，开关容量根据整流器容量确定。

（3）交流辅助输出开关：电源系统的交流配电除了为整流器提供交流电外，还配置了多种容量的交流输出接口，供机房内其他交流用电设备使用。

（4）交流自动切换机构：由机械电子双重互锁的接触器组成。

（5）交流采样电路：由变压器和整流器件组成的电路板，将交流电压、电流和频率等转换成监控电路可以处理的电信号。

（6）交流切换控制电路：完成两路交流自动切换、过欠压保护、告警等功能。

（7）交流监控电路：集散式监控中专门处理交流配电各种信息的微处理器电路，可以完成信号检测、处理、告警、显示，以及与监控模块通信等功能。

（8）具有 C 级与 D 级防雷器。

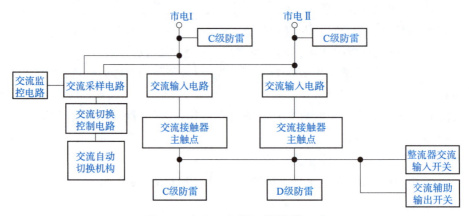

图 2-1　交流配电单元（屏）的组成

交流配电屏仪表包括交流电流表和交流电压表。

测量电流用的仪表称为电流表，用符号"A"表示，与电流互感器配合使用，用来测量和监视配电屏（柜、箱）和配电单元的负荷变化。电流表一般内阻非常小。

用来测量三相电压高低的仪表称为电压表，用符号"V"表示，与电压互感器配合使用，用来测量和监视电网电压的变化。它的特点是内阻很大。

交流配电屏面板工作指示灯通常用不同的颜色来反映电路的工作状态（有电或无电）、电气设备的工作状态（运行、停运或试验）、控制装置位置状态（闭合或断开）、故障和维护等状态。

使用白炽灯为光源的指示灯由灯头、灯泡、灯罩和连接导线等组成，也有使用发光二极管做指示灯的，一般装设在设备、仪器的盘面上或其他比较醒目的位置。

指示灯的工作电压通常有 110 VAC、220 VAC 等，可直接与交流电源连接，或将电源通过变压器降压后使用；也有 24 VDC、48 VDC 等，常用于低压直流控制系统。指示灯一般选择与控制电路电压匹配，因此，在数字电路中也可能会有 5.0 V、3.3 V 等更低的直流电压。指示灯使用需考虑额定电压、额定电流、亮度、寿命、使用环境、材料、响应时间、抗干扰能力等性能参数。指示灯通常串联限流电阻或用多只灯泡串联使用，以降低工作电流，延长灯泡的使用寿命，提高设备的安全性和可靠性。

任务准备

（1）进入通信设备房前应按规定穿好防静电工作服、绝缘鞋，防止触电伤害和对电子设备的影响。

（2）作业过程中应保持与驻站联络员、网管的畅通联系，发生设备异常状态时听从网管指挥。维护作业完毕后必须经网管确认正常后，方可离开。

（3）物料：毛刷、抹布、尼龙扎带、标签、绝缘胶带等。

（4）资料：通信设备检修记录本。

任务实施

任务场景：通信电源机房。

任务要求：观察交流配电屏设备，熟悉显示仪表、工作指示灯和市电转换开关的位置及其作用；检查仪表显示、工作指示灯状态及转换开关状态，填写检查记录表，要求记录填写真实有效、字迹工整。

任务安排：采用分组实施方式，4～8人为一组，通过学生自荐或推荐的方式选出组长，负责本团队的组织协调工作，带头示范、督促、帮助其他组员完成相应工作。学生2人一组完成任务工单填写和确认。

实施步骤：

一、交流配电屏仪表盘、指示灯和转换开关认知

交流配电屏Ⅰ路工作、Ⅱ路工作、故障告警指示灯在设备正面门板上，有明显的文字标注名称及其作用。

根据图2-2交流配电屏正面示意，参照"三、交流配电屏工作状态检修作业指南"完成图中①、②、③部件名称填写。

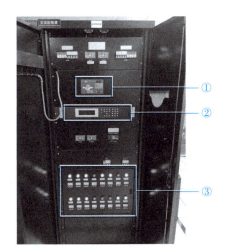

序号	名称
①	
②	
③	

图 2-2　交流配电屏正面示意

二、检查交流配电屏工作状态

按照表 2-1 任务 2.1.1 任务工单，查阅设备技术规格书，参照检修作业指南，完成交流配电屏仪表显示、工作指示灯状态及转换开关位置检查。

交流配电屏技术规格书

表 2-1　任务 2.1.1 任务工单

设备名称		设备型号		
工作步骤	检查内容	记录现象	判断工作是否正常	备注
1	观察市电电源工作指示灯	正常颜色：＿＿＿＿ 当前颜色：＿＿＿＿	Ⅰ路工作显示：□正常　□异常 Ⅱ路工作显示：□正常　□异常	
2	观察交流配电屏监控单元电源指示灯	正常颜色：＿＿＿＿ 当前颜色：＿＿＿＿	监控单元供电：□正常　□异常	
3	观察负载指示灯	正常颜色：＿＿＿＿ 当前颜色：＿＿＿＿	负载供电：□正常　□异常	
4	观察故障告警指示灯	正常颜色：＿＿＿＿ 当前颜色：＿＿＿＿	告警指示：□正确　□错误	
5	观察交流配电屏（箱）的转换开关位置	正常位置：＿＿＿＿ 当前位置：＿＿＿＿	市电供电：□主用　□备用	
	观察交流配电屏（箱）的切换方式	正常位置：＿＿＿＿ 当前位置：＿＿＿＿	切换状态：□自动　□人工	
6	观察电压表显示	正常范围：＿＿＿＿ Ⅰ路市电 A相：＿＿＿＿ B相：＿＿＿＿ C相：＿＿＿＿ Ⅱ路市电 A相：＿＿＿＿ B相：＿＿＿＿ C相：＿＿＿＿	Ⅰ路电压：□正常　□异常 Ⅱ路电压：□正常　□异常	
	观察电流表显示	正常范围：＿＿＿＿ A相：＿＿＿＿ B相：＿＿＿＿ C相：＿＿＿＿	电流值：□正常　□异常	查阅以往数据
检查人		确认人		检查日期

三、交流配电屏工作状态检修作业指南

（1）检查交流配电屏市电输入区域指示灯工作状态，正常为市电 1 路工作指示灯绿色常亮，市电 2 路工作指示灯灭，故障告警红色指示灯灭，如图 2-3 所示。

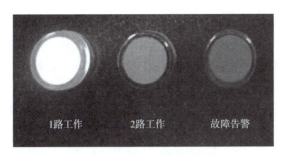

图 2-3　市电输入工作指示灯

（2）检查交流配电屏监控单元区域指示灯工作状态，电源指示灯绿色常亮，告警红色指示灯灭，如图 2-4 所示。

图 2-4　监控单元工作指示灯

（3）检查交流配电屏输出负载区域指示灯工作状态，在用负载空开指示灯常亮，未用负载空开指示灯熄灭，如图 2-5 所示（注：不同厂家设备可能使用不同颜色灯，绿色、红色都有，用灯亮表示使用，灯灭表示未用）。

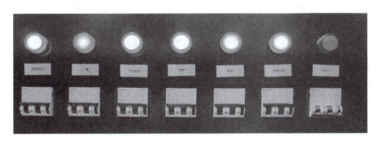

图 2-5　交流输出负载工作指示灯

（4）观察交流配电屏的转换开关位置是否正常，切换方式是否为自动。

通信机房应保证可靠的电力供应。安装有通信行车设备的通信机房按照一级负荷供电，应由两路相对独立电源分别供电至用电设备或低压双电源切换装置处。一路主用、一路备用，并且采用自动倒换装置。市电正常情况下，由主用供电，转换开关设置为自动位置。两路输入交流电源，系统应具有自动转换功能、短路保护性能，以及应有可靠的电气联锁和机械联锁装置。双路交流输入电源自动切换功能失效时，应具备手动转换功能。

转换开关位置如图 2-6 所示。

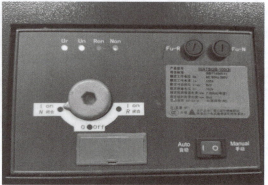

图 2-6　交流输入转换开关位置

（5）具备电压、电流显示功能的交流配电屏，查看显示数值是否正常，图 2-7 中显示 A 相电流为 4.90 A，B 相电流为 6.25 A，C 相电流为 0 A（注：此时为故障状态），三相线电压为 389.1 V。

图 2-7　交流配电屏仪表显示

（6）检修完毕应进行复核，确认设备运行状态，如实填写检修记录本，不得涂改、伪造数据。

 任务评价

任务评价由自评（占 30%）、互评（占 30%）和师评（占 40%）组成，请扫描二维码对评价项目、相应评价指标进行打分。

交流配电屏仪表显示、工作指示灯状态及转换开关位置检查任务评价表

任务 2.1.2　交流配电屏机柜面板空开检查

任务描述

本任务通过学习低压断路器的种类、数量、安装位置和工作状态来完成交流配电屏机柜面板各种空开的日常检查。

学习目标

1. 培养守纪律、讲规矩、明底线、知敬畏的素养；
2. 提升学生发现问题、分析问题的能力；
3. 提升学生团队协作、沟通交流的能力；
4. 能够识别各种空开并完成交流配电屏机柜面板空开检查；
5. 掌握交流配电屏机柜面板空开的种类、作用。

任务分析

交流配电屏日常检查过程中掌握空开的数量、类型、作用、安装位置，便于后期出现故障可以快速定位，提高运行维护的效率。

知识准备

低压断路器又称自动空气开关，简称空开，能关合、承载、开断运行回路正常电流，也能在规定时间内关合、承载及开断规定的过载电流（包括短路电流）。它主要用来分配电能，不频繁地通断电路，对电源线等实行保护，当它们发生严重的过载或短路或欠压等故障时能自动切断电路，空开的运行状态反映了设备的运行状态。

断路器按极数分为单极、二极、三极和四极等，如图 2-8 所示。单极和三极的断路器实物图及其电路符号如图 2-9 所示。

断路器按安装方式分为插入式、固定式和抽屉式等。

安装位置：低压断路器应安装在防尘、防潮、通风良好的室内环境中，并与其他电气设备保持一定的距离，以免相互影响和干扰。

交流配电屏主回路是两路市电分别接入断路器，并在两路断路器的输入端分别设置 C 级防雷，交流电自断路器输出，经自动转换开关（Automatic Transfer Switch，ATS）切换后，引入汇流母排。汇流母排为 UPS 提供三相交流电源和旁路单相交流电源，经 UPS 为交流负载提供稳定的交流电；同时为高频开关电源提供三相交流电，经高频开关整流，

为直流负载提供直流电源。另外，预留一路旁路维修电源，当UPS故障时，切换到旁路维修电源为交流负载供电。如图2-10所示为车站交流配电屏原理图。

图2-8　不同极数断路器示意

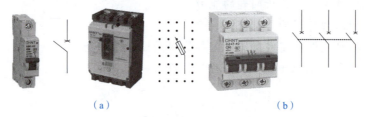

（a）　　　　　　　　　　　　　　（b）

图2-9　单极、三极断路器及其电路符号

（a）单极；（b）三极

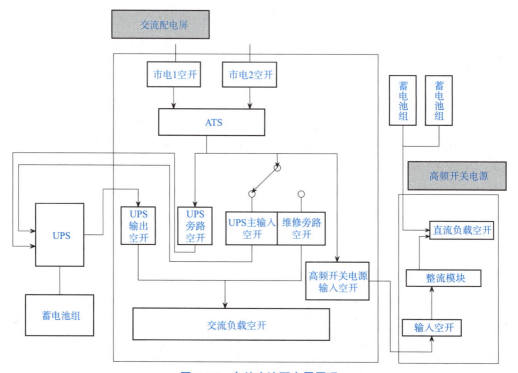

图2-10　车站交流配电屏原理

 **任务准备**

（1）进入通信设备房前应按规定穿好防静电工作服、绝缘鞋，防止触电伤害和对电子设备的影响。

（2）作业过程中应保持与驻站联络员、网管的畅通联系，发生设备异常状态时听从网管指挥。维护作业完毕后必须经网管确认正常后，方可离开。

（3）工具及材料准备：绝缘手套、做绝缘处理的毛刷。

（4）资料：通信设备检修记录本和交流配电屏台账。

任务实施

任务场景：通信电源机房。

任务要求：观察交流配电屏设备，熟悉空开的位置及其作用；检查各空开的工作状态，填写检查记录表，要求记录填写真实有效、字迹工整。

任务安排：采用分组实施方式，4～8人为一组，通过学生自荐或推荐的方式选出组长，负责本团队的组织协调工作，带头示范、督促、帮助其他组员完成相应工作。学生2人一组完成任务工单填写和确认。

实施步骤：

一、交流配电屏空开认知

交流配电屏设备正面有多种不同的开关，查阅交流配电屏空开工作状态检修作业指南和设备技术规格书，完成图2-11中标示的①～⑧开关，写出开关类型，如属于空开，并完成空开作用的填写。

序号	开关类型	空开作用
①		
②		
③		
④		
⑤		
⑥		
⑦		
⑧		

图 2-11 交流配电屏空开认知

二、交流配电屏面板空开检查

按照表 2-2 任务 2.1.2 任务工单，查阅设备技术规格书，参照检修作业指南，完成交流配电屏仪表显示、工作指示灯状态及转换开关位置检查。

表 2-2　任务 2.1.2 任务工单

工作步骤	检查内容	记录现象	判断工作是否正常	备注
1	观察交流配电屏市电输入空开	Ⅰ 路空开状态： 正常状态：＿＿＿ 当前状态：＿＿＿ Ⅱ 路空开状态： 正常状态：＿＿＿ 当前状态：＿＿＿	Ⅰ 路空开状态：□正常 　　　　　　　　□异常 Ⅱ 路空开状态：□正常 　　　　　　　　□异常	
2	观察交流配电屏 C 级防雷空开	C 级防雷器-1 空开状态： 正常状态：＿＿＿ 当前状态：＿＿＿ C 级防雷器-2 空开状态： 正常状态：＿＿＿ 当前状态：＿＿＿	防雷器-1 空开状态： □正常　□异常 防雷器-2 空开状态： □正常　□异常	
3	观察交流配电屏 UPS 输出空开	正常状态：＿＿＿ 当前状态：＿＿＿	输出空开状态：□正常 　　　　　　　□异常	
4	观察交流配电屏 UPS 旁路输入空开	正常状态：＿＿＿ 当前状态：＿＿＿	旁路输入空开状态： □正确　□异常	
5	观察交流配电屏高频开关电源输入空开	正常状态：＿＿＿ 当前状态：＿＿＿	输入空开状态：□正常 　　　　　　　□异常	
6	观察交流配电屏高频开关 D 级防雷空开	正常状态：＿＿＿ 当前状态：＿＿＿	D 级防雷空开状态： □正常　□异常	
7	观察交流配电屏负载空开	在用空开状态： 正常状态：＿＿＿ 当前状态：＿＿＿ 未用空开状态： 正常状态：＿＿＿ 当前状态：＿＿＿	负载空开状态： □正常　□异常 异常的记录相应空开名称或编号： ＿＿＿＿＿＿＿＿＿＿＿	查阅台账
检查人		确认人	检查日期	

三、交流配电屏空开工作状态检修作业指南

空开状态检修一般性要求：空开整体外观无破损变形，空开标识清晰明了。开关处于闭合状态（"ON"状态），开关处于断开状态（"OFF"状态）。

步骤1：检查交流配电屏两路交流输入开关均处于闭合状态（"ON"）。交流输入空开如图2-12所示。

图2-12 交流输入开关

步骤2：检查交流配电屏两路市电输入C级防雷器空开处于闭合状态。C级防雷器空开如图2-13所示。

步骤3：检查交流配电屏ATS处于左侧Ⅰ路闭合状态，ATS开关处于自动（"Auto"状态），如图2-14所示。

图2-13 市电输入C级防雷器空开

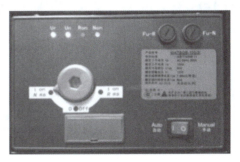

图2-14 ATS

步骤4：检查交流配电屏"UPS旁路输入""UPS输出""高频开关电源"及"防雷器"空开处在闭合状。UPS输出、UPS旁路输入空开如图2-15所示，防雷器、高频开关电源空开如图2-16所示。

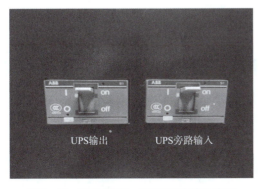

图2-15 UPS输出、UPS旁路输入空开

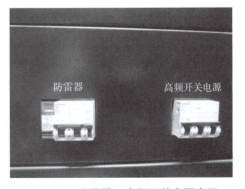

图2-16 防雷器、高频开关电源空开

步骤5：检查交流配电屏UPS主路输入与维修旁路旋转开关处于主路输入状态，UPS主路输入时，开关状态如图2-17所示。

步骤6：根据台账检查交流配电屏上各负载空开状态与台账是否一致，交流配电屏各负载空开如图2-18所示。

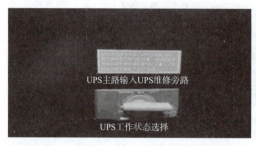

图2-17　UPS主路输入与维修旁路旋转开关　　图2-18　各负载空开状态

步骤7：做好个人防护，戴好绝缘手套，使用绝缘处理后的毛刷清理交流配电屏空开上灰尘。

步骤8：检修完毕应进行复核，确认设备运行状态，填写任务工单，数据真实有效、字迹清晰无涂改。

任务评价

任务评价由自评（占30%）、互评（占30%）和师评（占40%）组成，请扫描二维码对评价项目、相应评价指标进行打分。

交流配电屏机柜面板
空开检查任务评价表

任务2.1.3　交流配电屏工作环境、外观、标签标识、风扇运行状态检查及风扇更换

任务描述

本任务需要完成对交流配电屏工作环境、外观、标识标牌、风扇运行状态等日常检修检查，以及故障风扇更换处理。

学习目标

1. 培养注重细节和质量的专业习惯；
2. 实施 6S 管理，增强责任感和团队合作；
3. 能够完成交流配电屏工作环境、外观、标识标牌、风扇运行状态检查及风扇更换；
4. 了解交流配电屏的工作环境、外观、标识标牌及风扇检查标准。

任务分析

完成交流配电屏的日常检查工作，需要掌握交流配电屏工作环境、线缆颜色、标签标识、风扇运行状态、设备外观等规定和标准。

知识准备

一、主电路接头间的相序和极性排列

根据《通信用配电设备》（YD/T 585—2010），配电设备主电路接头间的相序和极性排列应符合表 2-3 的规定。

表 2-3　主电路接头间的相序和极性排列

相别	垂直排列	水平排列	前后排列
L1 相（A 相）	上	左	远
L2 相（B 相）	中	中	中
L3 相（C 相）	下	右	近
N 线（中性线）	最下	最右	最近

二、爬电距离和电气间隙

配电设备中各带电回路之间以及带电零、部件与导电零、部件或接地零、部件之间的电气间隙和爬电距离应符合《轨道交通 绝缘配合 第 1 部分：基本要求 电工电子设备的电气间隙和爬电距离》（GB/T 32350.1—2015）的规定。

三、连接导线的要求

配电设备中的连接导线应具有与额定绝缘电压相适应的绝缘性能。

配电设备中电路绝缘导线应按规定的载流量选择，同时应考虑机械强度的需要：当采

用单芯铜芯绝缘硬线时，其截面面积不应小于 0.75 mm²；采用多芯铜芯绝缘软线时，其截面面积不应小于 0.5 mm²；对于电流很小的控制电路（如电子逻辑电路和信号电路等），绝缘导线的截面面积也不应小于 0.2 mm²。

裸露母线必须用紫铜制造；裸露母线应平直，表面不得有毛刺及显著的痕印、起皮等缺陷，弯曲处应无裂痕；端头及连接处应进行相应的工艺处理，使其具有良好的导电性能。

四、交流配电屏设备外观标准

机柜表面喷涂无炫目反光的覆盖层，颜色均匀一致，面板平整，无起泡、无裂纹、无流痕、无毛刺；镀层牢固、平整，无剥落、无锈蚀、无裂痕；焊接均匀、牢固，无夹渣、无变形、无烧穿。

配电设备中所有黑色金属件均应覆有可靠的覆盖层，所有紧固处均应装有防松装置。

五、标识标牌

标识标牌是以标志、标准字、标准色为核心展开的视觉表达体系，采取一定的固定方式，使用一定媒介制作形成的，包含设计信息和便于识别的文字、图形、符号、数字、色彩、方向标等视觉记号或其组合，用以传递信息或吸引注意力。设备标识标牌主要分为表 2-4 中的几种。

表 2-4　设备标识标牌

序号	标识名称	标识标牌作用
1	设备名称标识	用于标识设备的基本信息，包括设备名称、编号等
2	设备信息标识	用于标识设备的重要参数信息，包括但不限于设备重启时间等
3	设备作业手册标识	用于标识设备操作指导手册，包括重启手册、指示灯说明等
4	设备面板开关按钮标识	用于标识电气各种按钮的名称或功能，分类标识所有的开关、按钮
5	数据线和电源线标识	用于管理电话线、数据线、电源线、LAN 电缆、HUB 网络数据线等，端部标识，方便查找，插拔准确快捷、减少误操作

六、设备风扇

设备风扇通常由一个或多个旋转的叶片组成，由电机驱动叶片，使其旋转产生气流，促进空气循环，实现散热、通风、降温和空气净化等功能，从而保护设备的正常运行并延长使用寿命。

风扇的工作方式主要有并联风扇和串联风扇两种。

七、交流配电屏设备的工作环境标准要求

交流配电屏工作环境标准见表 2-5。

表 2-5　设备环境标准

序号	环境名称	标准
1	温度	–5 ～ +40 ℃
2	相对湿度	小于等于 90%
3	大气压力	70 ～ 106 kPa
4	其他要求	无导电爆炸尘埃，应无腐蚀和破坏绝缘的气体或蒸汽

📍 任务准备

（1）进入通信设备房前应按规定穿好防静电工作服、绝缘鞋，防止触电伤害和对电子设备的影响。

（2）作业过程中应保持与驻站联络员、网管的畅通联系，发生设备异常状态时听从网管指挥。维护作业完毕后必须经网管确认正常后，方可离开。

（3）工器具及物料：数字万用表、螺钉旋具、扳手、尖嘴钳、绝缘手套等常用工器具，无纺清洁布、绝缘胶带、功能正常的风扇等物料。

（4）资料：通信设备检修记录本、设备操作指南。

📑 任务实施

任务场景：通信电源机房。

任务要求：

（1）完成交流配电屏的表面清洁、工作环境、外观、标识标签检查并填写检查记录表，要求记录填写真实有效、字迹工整。

（2）合作完成交流配电屏故障风扇更换工作。

任务安排：采用分组实施方式，4 ～ 8 人为一组，通过学生自荐或推荐的方式选出组长，负责本团队的组织协调工作，带头示范、督促、帮助其他组员完成相应工作。学生 2 人一组完成任务工单填写和确认。

实施步骤：

一、检查交流配电屏工作状态

对交流配电屏环境、外观、标识标牌及风扇进行检查，完成表 2-6 任务 2.1.3 任务工单（1）的填写。

表 2-6　任务 2.1.3 任务工单（1）

设备名称		设备型号		
工作步骤	检查内容	记录现象	是否符合要求	备注
1	设备机柜表面灰尘	正常状态：表面清洁无尘 当前状态：＿＿＿	设备表面灰尘：□是　□否	
2	设备环境	温度 正常范围：＿＿＿ 当前温度：＿＿＿ 湿度 正常范围：＿＿＿ 当前湿度：＿＿＿	温度参数：□正常　□异常 湿度参数：□正常　□异常	
3	设备外观	正常状态：柜门关闭，门锁正常，固定牢固，面板平整，无起泡、无裂纹、无流痕、无毛刺等情况 当前状态：＿＿＿	设备外观：□正常　□异常	
4	设备标识	正常状态：标识清晰明了，无破损缺失 当前状态：＿＿＿	标识状态：□正常　□异常	
5	线缆标签	正常状态：标签齐全，内容清晰明了 当前状态：＿＿＿	线缆标签状态： □正常　□异常 （异常的记录相应标签： ＿＿＿＿＿＿＿＿＿＿）	根据设备台账
6	风扇运行	正常状态：运行正常，无异响 当前状态：＿＿＿	风扇状态：□正常　□异常	
检查人		确认人		检查日期

二、交流配电屏交流输入线缆颜色识别

交流配电屏设备有多种线缆，查阅设备技术规格书，完成表 2-7 任务 2.1.3 任务工单（2），正确填写交流输入线缆对应的线缆颜色和位置。

表 2-7　任务 2.1.3 任务工单（2）

市电线缆颜色	市电标识	水平排列
	L2	中
黄色	L1	
	L3	
蓝色	N	
	PE	接地排

三、交流配电屏风扇更换

交流配电屏风扇和风扇开关位置如图 2-19 所示。参照下面风扇更换步骤完成故障风扇更换。

步骤 1：确认风扇告警。作业前确认交流配电屏工作状态，确认仅有交流配电屏风扇故障，无其他设备告警。

步骤 2：关闭风扇电源。关闭交流配电屏风扇开关，观察交流配电屏告警信息变化，用万用表测量风扇输入电压，确认为 0 V。

步骤 3：保留现场图片。风扇拆除前用手机或相机拍摄风扇的安装方式、线缆走向和接线方式等细节照片。

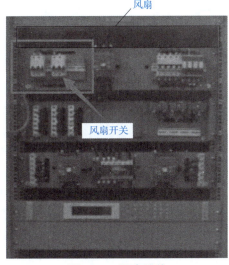

步骤 4：拆除故障风扇。使用经过绝缘处理的螺钉旋具、活动扳手等工具拆除故障风扇，拆除过程中做好人员和工器具防护，谨防螺钉脱落，确保设备和人员安全。

图 2-19　风扇开关

步骤 5：更换备用风扇。使用螺钉旋具、扳手等工具紧固风扇和线缆接头，确保风扇更换前后的一致性。

步骤 6：验证风扇运行正常。上电前再次检查风扇紧固情况，确认无误后，闭合风扇开关，观察风扇的工作转速、响声等状态有无异常，确认交流配电屏故障告警已消失。

步骤 7：设备运行状态复核。检修完毕应进行复核，确认设备运行状态正常，并做好检修记录。

四、讨论

风扇并联工作模式和串联工作模式的区别与适用场景是什么？

 任务评价

任务评价由自评（占 30%）、互评（占 30%）和师评（占 40%）组成，请扫描二维码对评价项目、相应评价指标进行打分。

交流配电屏工作环境和外观、标识标牌
及风扇检查及风扇更换任务评价表

任务 2.1.4　交流配电屏监控单元检查

任务描述

本任务通过交流配电屏监控单元人机交换界面，查看设备和系统运行状态。

学习目标

1. 培养守纪律、讲规矩、明底线、知敬畏的素养；
2. 提升学生发现问题、分析问题的能力；
3. 培养注意细节和质量的专业习惯；
4. 能够完成交流配电屏监控单元检查和线缆连接工作；
5. 了解交流配电屏监控单元的作用和组成；
6. 掌握交流配电屏监控单元数据查询和修改操作的方法。

任务分析

交流配电屏监控单元在进行交流配电屏检查和故障处理时尤为重要。它通过人机交换界面，直观地反映各电源设备和系统运行状态。

知识准备

一、交流配电屏监控单元的作用

交流配电屏监控单元可以实时监测配电屏各空开的状态、防雷器状态，输入电压、电流值和频率等信息，设备故障时有声光告警信号，储存告警记录，方便维护人员查阅和分析。同时，通过通信传输接口还可以接收 UPS、高频开关电源及电池检测仪上的信息，对 UPS 及高频开关电源的工作状态、工作模式、主要元器件的好坏，以及后备时间等信息进行在线查询与监测并上报至监控网管。

交流配电屏监控单元查询

二、交流配电屏监控单元的组成

交流配电屏监控单元由正面板和背板组成。监控电源正面主要由 LED显示屏、指示灯（电源、告警）、操作面板等组成，如图 2-20 所示。

监控单元背面主要由电源开关，熔丝、24 V 电源输入口、12 V/24 V 电源输出口、RS422/RS485 通信接口、RS232 通信接口、告警输出接点等组成，用于连接交流配电屏CPU 板卡、UPS、高频开关电源、电池检测仪及集中网管设备，如图 2-21 所示。

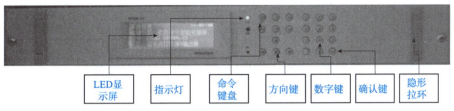

图 2-20　交流配电屏监控单元正面板

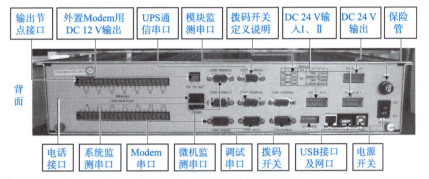

图 2-21　交流配电屏监控单元背板

三、交流配电屏监控单元的操作

（1）监控单元启动时，进入监控单元主界面，显示交流配电屏系统时间、系统类型、系统型号、设备状态，如图 2-22 所示。

图 2-22　监控单元主界面

（2）当监控单元显示主界面时，按面板上的"菜单"按键进入主菜单界面，共有 7 个子菜单，如图 2-23 所示。监控单元菜单结构树如图 2-24 所示。

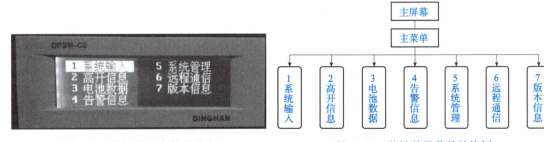

图 2-23　监控单元主菜单信息　　　　**图 2-24　监控单元菜单结构树**

（3）通过上下键选择"1 系统输入"子菜单，子菜单结构树如图 2-25 所示。

图 2-25　监控单元子菜单 1 结构树

1）查看交流配电屏交流输入三相电压和电流。进入监控单元菜单，选择"1　系统输入"，选择"1.实时数据"，按"下页"按钮，可查询Ⅰ路、Ⅱ路市电三相输入电压和输入电流，如图 2-26 所示。

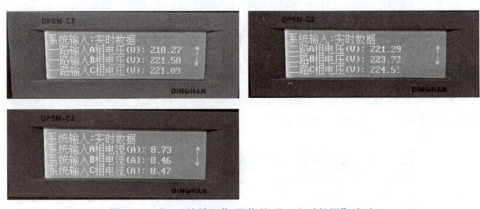

图 2-26　"1 系统输入"子菜单"1.实时数据"查询

2）日常保养不做"2.设置数据"操作。

（4）监控单元子菜单"2 高开信息"结构树如图 2-27 所示。

（5）监控单元子菜单"3 电池数据"结构树如图 2-28 所示。

（6）监控单元子菜单"4 告警信息"结构树如图 2-29 所示。

告警信息查询方法如下：

主菜单按键"4"或"左右键"移动光标到"4　告警信息"位置按"确认"键，进入"4　告警信息"子菜单。

1）"当前告警"查询正在发生的告警。

2）"历史告警"查询历史告警记录。

3）"历史告警清除"输入密码后，选择"是"清除历史告警，"否"退出。

4）"干结点设置"显示干结点的设置信息。

说明：每条告警信息由发生时间和告警内容两部分组成，可以通过上下翻页键显示全部内容；历史告警系统最多能够记录 1 000 条告警，告警信息存储器存满后，自动覆盖最早记录。

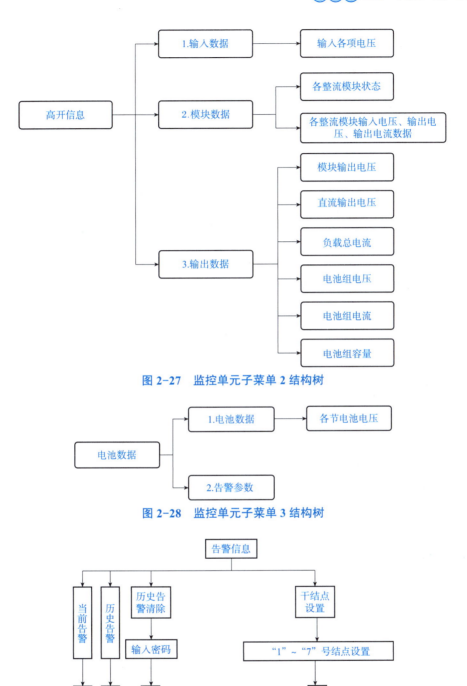

图 2-27　监控单元子菜单 2 结构树

图 2-28　监控单元子菜单 3 结构树

图 2-29　监控单元子菜单 4 结构树

（7）监控单元子菜单"5 系统管理"结构树如图 2-30 所示。

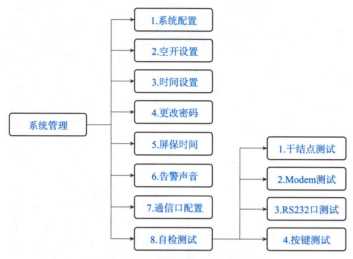

图 2-30　监控单元子菜单 5 结构树

（8）监控单元子菜单"6 远程通信"，可进入远程通信。

（9）监控单元子菜单"7 版本信息"，查看监控系统软件版本信息。

 任务准备

（1）进入通信设备房前应按规定穿好防静电工作服、绝缘鞋，防止触电伤害和对电子设备的影响。

（2）作业过程中应保持与驻站联络员、网管的畅通联系，发生设备异常状态时听从网管指挥。维护作业完毕后必须经网管确认正常后，方可离开。

（3）资料：通信设备检修记录本、设备操作指南。

任务实施

任务场景：通信电源机房。

任务要求：完成交流配电屏监控单元日常检查工作，完成交流配电屏监控单元设备连线，填写检查记录表，要求记录填写真实有效、字迹工整。

任务安排：采用分组实施方式，4 ～ 8 人为一组，通过学生自荐或推荐的方式选出组长，负责本团队的组织协调工作，带头示范、督促、帮助其他组员完成相应工作。学生2 人一组完成任务工单填写和确认。

实施步骤：

一、交流配电屏监控单元检查

对交流配电屏监控单元外观、系统时间、告警状态等数据检查，完成表 2-8 任务 2.1.4任务工单（1）的填写。

表 2-8　任务 2.1.4 任务工单（1）

设备名称		设备型号		
工作步骤	检查内容	记录现象	判断工作是否正常	备注
1	监控单元屏幕状态	正常状态：画面正常 当前状态：_____	屏幕显示：□正常　□异常	
2	监控屏按键状态	正常状态：按键有效 可操作 当前状态：_____	按键状态：□正常　□异常	
3	系统时间	正常时间：北京时间 当前时间：_____	系统时间：□正常　□异常	
4	告警状态	当前告警：□有　□无 历史告警：□有　□无	设备状态：□正常　□异常 设备状态：□正常　□异常	查阅以 往数据
检查人		确认人		检查日期

二、交流配电屏监控单元通信接口识别

交流配电屏监控单元通常具有多种通信接口，以便与其他设备或系统进行数据交换和通信。查阅资料，填写表 2-9 中监控单元常用通信接口的通信方式、优缺点及适用场景。

表 2-9　监控单元常用通信接口

序号	通信接口名称	通信方式	优缺点	适用场景
1	RS232 接口			
2	RS422 接口			
3	RS485 接口			
4	以太网接口			

任务评价

任务评价由自评（占 30%）、互评（占 30%）和师评（占 40%）组成，请扫描二维码对评价项目、相应评价指标进行打分。

交流配电屏监控单元检查任务评价表

任务 2.1.5　交流配电屏防雷模块检查

任务描述

本任务通过了解交流配电屏防雷模块的组成、保护等级和接线方式，学习电涌保护器的组成、特点和性能指标，完成交流配电屏防雷模块的检查工作。

学习目标

1. 遵守操作规范，提高安全防护意识；
2. 提升发现问题、分析问题的能力；
3. 能够正确判断防雷器的功能状态；
4. 掌握交流配电屏防雷模块的工作原理和检查方法。

任务分析

电涌保护器（SPD）也称浪涌保护器、防雷器或避雷器，是一种用于通信系统中对各种雷电电流、操作过电压等进行保护的器件。当电气回路或通信线路中因为外界的干扰突然产生尖峰电流或电压时，浪涌保护器能在极短的时间（ns级）内导通分流，将脉冲电压短路于地泄放，后又恢复为高阻态，从而不影响用户设备的供电。

知识准备

一、交流配电屏对防雷模块装置的基本要求

根据《通信电源设备的防雷技术要求和测试方法》（YD/T 944—2007）的规定，交流配电屏对防雷模块装置的基本要求如下：

（1）交流配电屏应设置防雷保护装置；一般采用限压型电涌保护器（Surge Protective Device，SPD），通过抑制瞬态过电压及旁路电涌电流来保护设备的一种装置。它至少含有一个非线性元件，具有可靠的雷电过电压保护功能。

（2）交流配电屏的交流电源接口线应能承受模拟雷电流 20 kA（8/20 μs）的标称放电电流的冲击；通信接口线应能承受模拟雷电流 5 kA（8/20 μs）的标称放电电流的冲击。

（3）交流配电设备内部防雷地线应和保护接地端子就近连接。

二、防雷模块

交流配电屏防雷模块主要由防雷空开和电涌保护器组成，主要有 C 级防雷和 D 级防

雷两级防雷，如图 2-31、图 2-32 所示。其用于三相交流电源的第二级（C 级）和终端设备的第三级（D 级）防雷模块，防止雷电过电压对设备造成损坏。

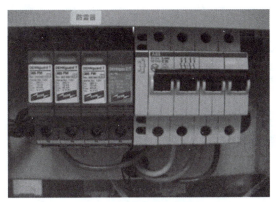

图 2-31　C 级防雷模块

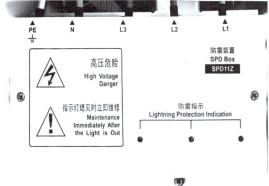

图 2-32　D 级防雷模块

在交流配电屏中，电涌保护器用于对间接雷电和直接雷电感应或其他瞬时过压的电涌进行保护。注意：C、D 二级防雷只防感应雷，不防直击雷。

电涌保护器主要由压敏电阻（MOV）和气体放电管（SAD）组成。放电管是一种高压保护装置，当放电管两端电压超过其额定范围时，其内部会短路。放电管的连线方式是一端和压敏电阻并联，另一端连接保护地（PE）。压敏电阻是一种非线性电阻器件。当加在它上面的电压低于它的阈值时，呈高阻状态，流过它的电流极小，相当于一只关紧的阀门；当电压超过它的阈值时，它的阻值变小，这样就使流过它的电流激增。图 2-33 所示为 C 级、D 级防雷原理。

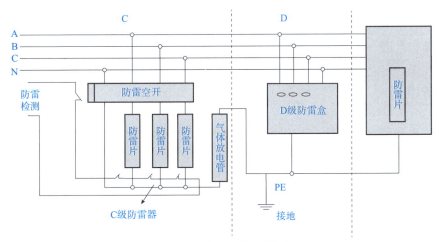

图 2-33　C 级、D 级防雷原理

三、浪涌保护器的主要技术指标

浪涌保护器按保护对象分为电源用 SPD、通信线缆 SPD 等。

用于电源电路的浪涌保护器，均应单独设置，并应在其前端安装熔丝或断路器进行

后备过电流保护。防雷空开的作用主要是防火。

浪涌保护器的主要技术参数有标称电压 U_n、额定电压 U_c（最大持续工作电压）、标称放电电流 I_n、最大通流容量 I_{max}、电压保护水平 U_p、响应时间 t_a、数据传输速率 V_s、插入损耗 AE、回波损耗 AR。

电源 SPD 的主要技术指标如下：

（1）最大持续工作电压。最大持续工作电压是 SPD 在运行中能持久耐受的最大直流电压或工频电压有效值。

（2）SPD 残压。SPD 残压是雷电放电电流通过 SPD 时，其端子间呈现的电压峰值。

（3）标称导通电压。标称导通电压是在施加恒定 1 mA 直流电流情况下 MOV 的启动电压。

（4）SPD 的标称放电电流。SPD 的标称放电电流用来划分 SPD 等级，具有 8/20 μs 模拟雷电波的冲击电流。

（5）最大通流容量。最大通流容量也称冲击通流容量，SPD 不发生实质性破坏，每线或单模块对地，通过规定次数、规定波形的最大限度的电流峰值。冲击通流容量一般大于标称放电电流的 2.5 倍。

（6）电压保护水平。电压保护水平是表征 SPD 浪涌抑制能力的一个参数，它由制造商从规定的优选值系列中选取。SPD 的电压保护水平应小于被保护设备的耐压值。

四、浪涌保护器的基本特点

（1）保护通流容量大，SPD 残压极低，响应时间快；

（2）采用最新灭弧技术，彻底避免火灾；

（3）采用温控保护电路，内置热保护；

（4）带有电源状态指示，指示浪涌保护器工作状态；

（5）结构严谨，工作稳定、可靠。

📍 任务准备

（1）进入通信设备房前应按规定穿好防静电工作服、绝缘鞋，防止触电伤害和对电子设备的影响。

（2）作业过程中应保持与驻站联络员、网管的畅通联系，发生设备异常状态时听从网管指挥。维护作业完毕后必须经网管确认正常后，方可离开。

（3）资料：通信设备检修记录本。

🔍 任务实施

任务场景：通信电源机房。

任务要求：完成交流配电屏防雷模块检查。填写任务工单，要求记录填写真实有效、字迹工整。

任务安排：采用分组实施方式，4～8人为一组，通过学生自荐或推荐的方式选出组长，负责本团队的组织协调工作，带头示范、督促、帮助其他组员完成相应工作。完成任务工单填写和确认。

实施步骤：对交流防雷模块进行检查，完成表 2-10 任务 2.1.5 任务工单的填写。

表 2-10 任务 2.1.5 任务工单

设备名称		设备型号		
工作步骤	检查内容	记录现象	判断工作是否正常	备注
1	观察防雷器空开状态	正常状态：_____ 当前状态：_____	空开状态：□正常　□异常	
2	检查防雷器线缆紧固	正常状态：_____ 当前状态：_____	线缆紧固情况：□正常　□异常	
3	观察防雷器指示灯视窗	正常颜色：_____ 当前颜色：_____	指示灯状态：□正常　□异常	
检查人		确认人	检查日期	

任务评价

任务评价由自评（占 30%）、互评（占 30%）和师评（占 40%）组成，请扫描二维码对评价项目、相应评价指标进行打分。

交流配电屏防雷模块检查任务评价表

项目 2.2　交流配电屏小修

项目概述

通信电源安全、可靠、稳定工作是保证通信系统正常运行的重要条件。通信专业设备贯彻预防与整修相结合，按期进行计划性维修，在维修中采取多种手段进行

检测，根据设备状态参数进行早期设备故障诊断，严格执行有关规章制度，加强基层班组管理与建设，推行标准化管理，在保证行车、设备和人身安全条件下，需要对交流配电屏进行局部的修理，针对日常检查和定期检查发现的问题，拆卸部分零部件进行清洗、修正、更换和调整，恢复设备的使用性能，从而降低设备故障概率，提高设备稳定性和安全性，为企业发展降低维修成本，推动绿色可持续发展道路。

任务 2.2.1　断路器的识别与检测

任务描述

　　本任务通过学习断路器工作原理和性能参数，识别常见断路器厂家、型号、规格、参数含义，掌握断路器状态检测方法，会进行断路器的选取和故障处理。

学习目标

　　1. 提升质量和经济意识；
　　2. 增强安全与环保责任意识；
　　3. 识别常见断路器厂家、型号、规格、参数含义；
　　4. 根据负载情况选取合适的断路器；
　　5. 掌握断路器好坏的检测方法；
　　6. 掌握断路器的工作原理及性能参数。

任务分析

　　断路器的种类很多，低压断路器型号中各字母和数字代表什么含义？在选择和使用时要注意考虑它的哪些主要参数？如何根据负载情况选取合适的断路器？断路器发生短路故障掉闸或遇有拉弧现象时，应如何处理？

知识准备

　　断路器是指能够关合、承载和开断正常回路条件下的电流并能在规定的时间内关合、承载和开断异常回路条件下的电流的开关装置。它的功能相当于闸刀开关、过电流继电器、失压继电器、热继电器及漏电保护器等电器部分或全部的功能总和，具有过载、短路和欠电压保护功能，以及保护线路和电源的能力。

　　（1）常见断路器品牌：国内有正泰、人民、常熟开关等；国外有施耐德、ABB、西门子等。断路器一般由触点系统、灭弧系统、操作机构、脱扣器、外壳等构成。当短路时，大电流（一般为额定电流的 10～12 倍）产生的磁场克服反力弹簧，脱扣器拉动操作机构动作，开关瞬时跳闸。当过载时，电流变大，发热量加剧，双金属片变形到一定程度推动机构动作（电流越大，动作时间越短）。

（2）断路器的特性：主要有额定电压 U_e；额定电流 I_n；过载保护（I_r 或 I_{rth}）和短路保护（I_m）的脱扣电流整定范围；额定短路分断电流（工业用断路器 I_{cu}；家用断路器 I_{cn}）等。

（3）低压断路器主要参数：

1）额定电压 U_e。交流：220 V、380 V、660 V、1 140 V；直流：110 V、240 V、440 V、750 V 等。

2）额定电流 I_n。一般有 6 A、10 A、16 A、32 A、63 A 等。

3）极限分断能力 I_{cs}。在规定电压、频率及线路参数下，断路器所能切断的最大短路电流值。

低压断路器的型号及含义如图 2-34 所示。

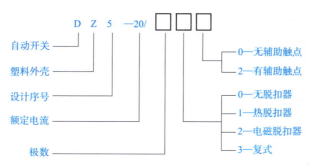

图 2-34　低压断路器的型号及含义

📍 任务准备

（1）进入通信设备房前应按规定穿好防静电工作服、绝缘鞋，防止触电伤害和对电子设备的影响。

（2）作业过程中应保持与驻站联络员、网管的畅通联系，发生设备异常状态时听从网管指挥。维护作业完毕后必须经网管确认正常后，方可离开。

（3）工器具及物料：数字万用表、螺钉旋具、扳手、尖嘴钳、绝缘手套等常用工器具，无纺清洁布、绝缘胶带等物料。

（4）资料：通信设备检修记录本。

🔍 任务实施

任务场景：通信电源机房。

任务要求：识别断路器主要参数，检测断路器好坏，断路器常见故障现象分析与处理方法探讨。填写维修记录表，要求记录填写真实有效、字迹工整。

任务安排：采用分组实施方式，4～8人为一组，通过学生自荐或推荐的方式选出组长，负责本团队的组织协调工作，带头示范、督促、帮助其他组员完成相应工作。完成任务工单填写和确认。

实施步骤：

一、低压断路器的型号及含义识别

根据图2-35填写断路器厂家、型号及图中3、4、5、8含义，完成断路器的识别。

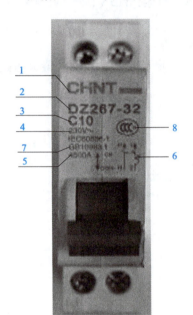

厂家：	
型号：	
字符	代表含义
3	
4	
5	
8	

图2-35　断路器

二、低压断路器的型号及含义识别

讨论题：设备加装时，选取低压断路器需要考虑哪些参数？

三、低压断路器的好坏检测

根据给定的仪器仪表完成低压断路器的检测。

四、低压断路器常见故障连线

（1）分组讨论低压断路器出现的故障，分析可能引起故障的原因，定位故障后，拟定排除故障的方法。

（2）根据给定的故障现场、原因分析和排除方法，进行断路器故障现象、原因分析和排除方法连线（图2-36），确保三者关系对应。

故障现象	故障原因分析	排除故障方法
不能合闸	选用的导线截面面积较小	
	操作机构出现故障	更换产品
温度偏高	导线剥头太短	更换产品规格
	接线螺钉未压紧导线或出现松动	
短路时未分闸	负载端是否有短路现象	重新剥线
	选用的断路器与负载的工作条件不匹配	更换导线规格
不通电	断路器的额定电流与负载不匹配	拧紧接线螺钉

图 2-36 故障现象、原因分析和排除方法连线

【强化练习】

（1）低压断路器的额定电压应不小于保护线路的额定电压；

（2）低压断路器的额定电流应不小于所装设的脱扣器额定电流；

（3）低压断路器的类型应符合安装条件、保护性能及操作方式的要求；

（4）低压断路器的断流能力应进行校验；

（5）检查所带的正常最大负荷是否超过断路器的额定值；

（6）监听断路器在运行中有无异常响声；

（7）检查断路器的保护脱扣器状态。

断路器发生短路故障掉闸或遇有拉弧现象时，应对断路器进行解体检修。检修完毕，应做几次传动试验，检查是否正常。

◆ 任务评价

任务评价由自评（占 30%）、互评（占 30%）和师评（占 40%）组成，请扫描二维码对评价项目、相应评价指标进行打分。

断路器的识别与检测任务评价表

任务 2.2.2　电流互感器的识别与检测

任务描述

本任务通过学习电流互感器工作原理、作用、组成及型号，掌握电流互感器接线方式，完成电流互感器的识别和检测。

学习目标

1. 培养守纪律、讲规矩、明底线、知敬畏的素养；
2. 提升学生发现问题、分析问题的能力；
3. 提高查阅资料、获取信息的能力；
4. 提升学生团队协作、沟通交流的能力；
5. 能够正确检测和识别电流互感器；
6. 掌握电流互感器的作用、组成、符号和型号；
7. 掌握电流互感器的工作原理和接线方式。

任务分析

电流互感器的识别和检测，需要我们正确识别电流互感器实物和符号，学习电流互感器的组成、作用、接线方式及注意事项，学习电流互感器的检测方法，判断电流互感器的状态。

知识准备

互感器是测量用的变压器，又称仪用变压器，用来扩大仪表的测量范围。互感器分为电压互感器和电流互感器两种，通信电源中只使用了后者，本任务主要介绍电流互感器。图 2-37 所示为电流互感器及其一般图形符号。

图 2-37　电流互感器及其一般图形符号

电流互感器（Current Transformer，CT）是一种特殊类型的变压器，它用来测量交流电

（AC）系统中的电流。CT 的工作原理是基于法拉第的电磁感应定律。

利用 CT 测量大电流，有以下优点：

（1）安全性：CT 可以隔离测量电路与高电压主电路，降低操作人员触电风险，保护测量设备免受高电流的直接影响。

（2）准确性：CT 能够提供精确的电流测量，因为它可以将大电流转换为较小的、易于测量的电流值。

（3）便利性：CT 输出的电流值较小，可以使用标准的测量仪器，如数字多用表或电流钳，来进行测量，无须特殊大电流测量设备。

（4）经济性：与直接测量高电流相关的设备相比，CT 是一种成本效益高的解决方案。

因此，它能够安全、准确、便利地转换和测量大电流，故通常用电流互感器来扩大电流表的量程，广泛应用于电力系统的电流测量和控制。

电流互感器的主要组成部分包括磁芯、一次绕组、二次绕组、绝缘材料和外壳。磁芯是电流互感器的核心部分，它由铁、镍、钴等磁性材料制成，用于集中和引导电流。一次绕组是电流互感器的输入端，它将高电流引入磁芯中，以便于测量和控制。二次绕组是电流互感器的输出端，它将低电流输出到测量仪器或控制系统中。绝缘材料用于隔离一次绕组和二次绕组，以确保安全和可靠性。外壳则用于保护电流互感器的内部组件，以防止外部环境对传感器的影响。除上述主要组成部分外，电流互感器还包括一些辅助组件，如连接器、调节器和保护器。连接器用于连接电流互感器、测量仪器或控制系统以便于数据传输和控制；调节器用于调节电流互感器的输出电流以适应不同的测量和控制需求；保护器则用于保护电流互感器免受过电流和过电压的损害。电流互感器实质上是一种将大电流变成小电流的变流器。

电流互感器利用变压器原、副边电流成比例的特点制成。其工作原理、等值电路也与一般变压器相同，只是其原边绕组串联在被测电路中，且匝数很少（有的形式电流互感器还没有原边绕组，利用穿过其铁芯的一次电路作为原边绕组，相当于匝数为 1），一次绕组相当粗；而二次绕组匝数较多，导体较细。副边绕组接电流表、继电器电流线圈等低阻抗负载，近似短路。副边绕组的额定值一般为 5 A。原边电流（被测电流）和副边电流取决于被测线路的负载，而与电流互感器的副边负载无关。由于副边接近短路，所以原、副边电压 U_{C1} 和 U_{C2} 都很小，励磁电流 I_0 也很小。

电流互感器一般按照工作地点的条件（温度、湿度等）、额定电压、一次电流、二次电流、准确度等级条件进行选择，并校验其短路稳定度和热稳定度。

注意事项如下：

（1）电流互感器的准确度等级与其副边负荷容量有关；互感器副边负荷不得大于其准确度等级所限定的额定副边负荷。

（2）电流互感器运行时，副边不允许开路。因为一旦开路，原边电流均成为励磁电流，使磁通和副边电压大大超过正常值而危及人身和设备安全。因此，电流互感器二次侧回路中不允许接熔断器，也不允许在运行时未经旁路就拆下电流表、继电器等设备。

（3）电流互感器的接线方式按其所接负载的运行要求确定。最常用的接线方式为单相接线、三相星形和不完全星形，如图2-38所示。

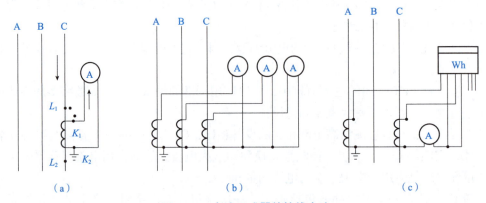

图2-38 电流互感器的接线方法
（a）单相星形；（b）三相星形；（c）不完全星形

（4）电流互感器的副边有一端必须接地；电流互感器在连接时，要注意其端子的极性。

电流互感器的额定变比K_n是电流互感器的额定电流比，定义为原边绕组额定电流I_{1n}与副边绕组额定电流I_{2n}之比，即$K_n = I_{1n}/I_{2n}$。

电流互感器用于电力测量、过电流检测、漏电流保护、电流反馈。

电流互感器型号代表含义如下：

（1）第一字母：L—电流互感器。

（2）第二字母：A—穿墙式；Z—支柱式；M—母线式；D—单匝贯穿式；V—结构倒置式；J—零序接地检测式；W—抗污秽式；R—绕组裸露式。

（3）第三字母：Z—环氧树脂浇注式；C—瓷绝缘；Q—气体绝缘介质；W—与微机保护专用。

（4）第四字母：B—带保护级；C—差动保护；D—D 级；Q—加强型；J—加强型 ZG。

（5）第五数字：电压等级产品序号。

📍 任务准备

（1）进入通信设备房前应按规定穿好防静电工作服、绝缘鞋，防止触电伤害和对电子设备的影响。

（2）作业过程中应保持与驻站联络员、网管的畅通联系，发生设备异常状态时听从网管指挥。维护作业完毕后必须经网管确认正常后，方可离开。

（3）工器具及物料：数字万用表、螺钉旋具、扳手、尖嘴钳、绝缘手套、兆欧表等常用工器具，无纺清洁布、绝缘胶带等物料。

（4）资料：通信设备检修记录本。

任务实施

任务场景：通信电源机房。

任务要求：根据给定的材料和设备完成电流互感器的识别和检测。填写维修记录表，要求记录填写真实有效、字迹工整。

任务安排：采用分组实施方式，4～8人为一组，通过学生自荐或推荐的方式选出组长，负责本团队的组织协调工作，带头示范、督促、帮助其他组员完成相应工作。完成任务工单填写和确认。

实施步骤：

一、电流互感器检修

按照表2-11任务2.2.2任务工单，查阅设备技术规格书，参照检修作业指南，完成电流互感器的检修。

表 2-11　任务 2.2.2 任务工单

设备名称		设备型号		
工作步骤	检查内容	记录现象	判断工作是否正常	备注
1	观察电流互感器外部绝缘破损情况	正常状态：无破损 当前状态：＿＿＿＿＿	外部绝缘：□正常　□异常	
2	观察一、二次绕组标识	正常状态：标识清晰完整 当前状态：＿＿＿＿＿	标识情况：□正常　□异常	
3	一次绕组绝缘电阻测试	对地绝缘电阻 取值范围：≤40 MΩ 当前数值：＿＿＿＿＿ 二次绕组绝缘电阻 取值范围：≤40 MΩ 当前数值：＿＿＿＿＿	绝缘电阻状态： □正常　□异常	
4	绕组极性的检查	正常状态：负极性 当前状态：＿＿＿＿＿	绕组极性：□正常　□异常	
检查人		确认人		检查日期

二、电流互感器检修识别

电流互感器的型号由2～4位英文字母及数字组成，通常能表示出电流互感器的线圈形式、绝缘种类、导体的材料及使用场所等。横线后面的数字表示绝缘结构的电压等级（4级）。请根据以下电流互感器的型号，描述其基本性能和参数。

LMZJ1-0.5 200/5

线圈形式：_____；绝缘种类：_____；导体材料：_____；准确级：_____；电流比：_____。

三、电流互感器结构

根据图 2-39 电流互感器截面图填写电流互感器①、②、③、④、⑤的组成名称。

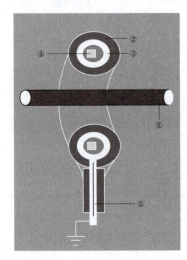

电流互感器组成	
序号	名称
①	
②	
③	
④	
⑤	

图 2-39　电流互感器截面图

◆ 任务评价

任务评价由自评（占 30%）、互评（占 30%）和师评（占 40%）组成，请扫描二维码对评价项目、相应评价指标进行打分。

电流互感器的识别与检测任务评价表

任务 2.2.3　交流配电屏电路图识读

任务描述

本次任务通过学习电子元件对应的符号和线缆走向，根据图纸找出交流配电屏对应的设备，协作完成交流配电屏系统图绘制工作。

学习目标

1. 培养守纪律、讲规矩、明底线、知敬畏的素养；
2. 养成踏实严谨、细致入微的良好习惯；
3. 提升识图分析的能力；
4. 能够根据线缆走向使用软件画出图纸；
5. 了解交流配电屏上各个元件对应的符号。

任务分析

在交流配电屏设备图纸中，通过标识和符号直观地找到设备位置和线缆的走向，设备出现故障时，能够借助图纸快速地判断故障点，完成设备抢修工作。本任务通过学习电子元件对应的符号和线缆走向，找出交流配电屏对应的设备并协作完成图纸绘制工作。

知识准备

通信交流低压电器有多种，按电器的动作性质可分为手动电器和自动电器；按电器的性能和用途可分为控制电器和保护电器；按有无触点可分为有触点电器和无触点电器；按工作原理可分为电磁式电器和非电量控制电器。在低压交流供电系统中，控制电器是指能在电路中起到接

交流配电屏工作原理及电路图识读

通和断开电路作用的电器，对于通信电源的供电，应保证安全可靠，不允许中断。常用的低压电器有低压断路器、低压隔离开关、熔断器、ATSE 切换装置、中间继电器等，以下介绍几种交流电源系统中的主要电器及其电气符号。

1. 刀开关（Q 或 QS）

刀开关起隔离电源、不频繁通断电路的作用，如图 2-40 所示。

2. 按钮（SB）

按钮即手动开关，用于接通或断开电路，如图 2-41 所示。

3. 熔断器（F 或 FU）

熔断器也称熔丝，是一种在短路或严重过载时利用熔化作用来切断电路的保护电器，它主要由熔体和熔断管组成。其中，熔体既是敏感元件又是执行元件，由易熔金属制成；熔断管用瓷、玻璃或硬制纤维制成。熔断器在交流低压配电系统中起过载和短路保护作用，如图 2-42 所示。

4. 低压断路器（QF）

低压断路器又叫作自动空气开关，兼有手动刀开关和熔断器的作用，能自动进行失压、

欠压过载和短路保护。可用来分配电能，不频繁地通断电路，对电源线路等实行保护，当它们发生严重过载、短路及欠电压等故障时能自动切断电路，如图2-43所示。

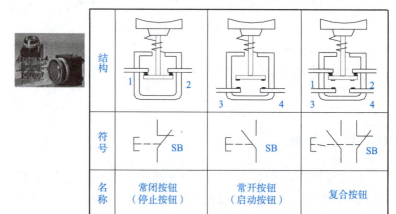

图2-40　刀开关结构和符号

图2-41　按钮分类、结构和符号

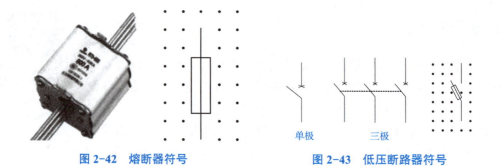

图2-42　熔断器符号

图2-43　低压断路器符号

5. 交流接触器（KM）

ATSE切换装置的切换利用交流接触器来实现。交流接触器是用于频繁地接通和断开大电流电路的开关电器，利用电磁吸力的作用而动作，具有遥控功能，同时，还具有欠压、失压保护的功能，用于两路交流输入电源的相互切换。

交流接触器基本结构和电路符号如图2-44所示。其基本结构有线包、主触点、常闭触点和常开辅助触点。

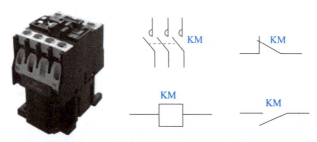

图2-44　交流接触器基本结构和电路符号

6. 避雷器（S）

避雷器又叫作过电压限制器，它的作用是通过并联放电间隙或非线性电阻的作用将已侵入电力线、信号传输线的雷电高电压限制在一定范围内，保证用电设备不被高电压冲击击穿，如图 2-45 所示。

7. 其他主要电气名称及符号

其他主要电气名称及符号见表 2-12。

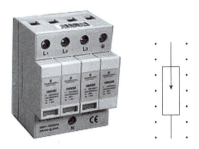

图 2-45　避雷器实物与符号

表 2-12　其他主要电气名称及符号

名称	电池	功能性接地	保护接地	等电位	直流电	交流电
符号图形	⊣⊢	⏚	⏚	⏚	---	∼

📍 任务准备

（1）进入通信设备房前应按规定穿好防静电工作服、绝缘鞋，防止触电伤害和对电子设备的影响。

（2）作业过程中应保持与驻站联络员、网管的畅通联系，发生设备异常状态时听从网管指挥。维护作业完毕后必须经网管确认正常后，方可离开。

（3）绘图软件。

🔍 任务实施

任务场景：通信电源机房。

任务要求：根据给定的图纸和设备，完成交流配电屏系统图纸绘制，要求字迹工整，无误差。

任务安排：采用分组实施方式，4 ～ 8 人为一组，通过学生自荐或推荐的方式选出组长，负责本团队的组织协调工作，带头示范、督促、帮助其他组员完成相应工作。学生 2 人一组完成任务工单填写和确认。

实施步骤：

系统图绘制。观察实训室交流配电屏配线，使用软件完成交流配电屏系统图的绘制，要求系统图电气符号准确无误，设备连线图准确无误，设备布局清晰。

实例：南京地铁 1 号线交流配电屏。

南京地铁通信用 JLP-380 交流屏系统图如图 2-46 所示。

南京地铁通信用 JLP-380 交流屏切换控制原理如图 2-47 所示。

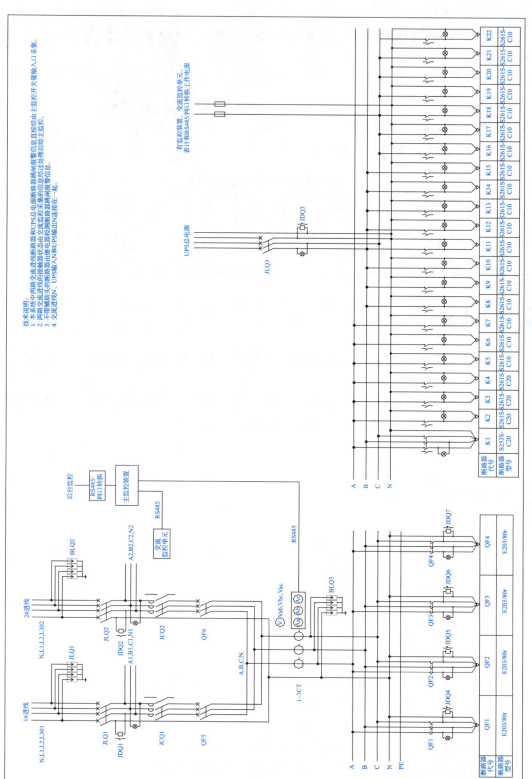

图 2-46 JLP-380 交流屏系统图

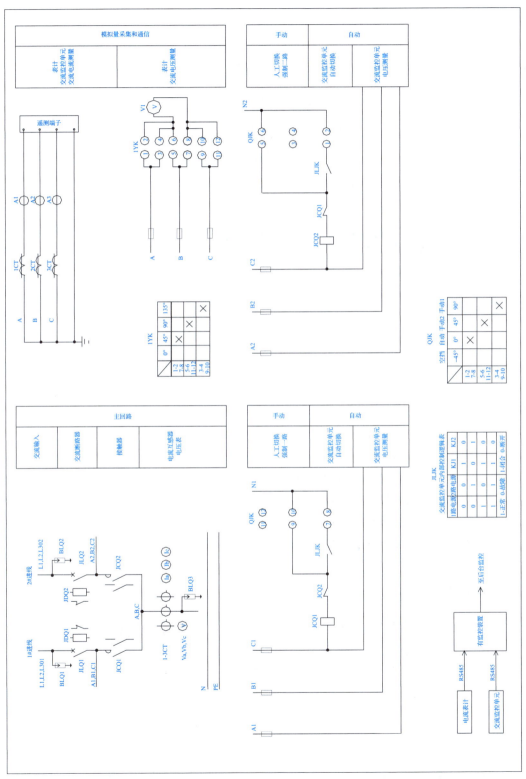

图 2-47 JLP-380 交流屏切换控制原理

任务评价

任务评价由自评（占30%）、互评（占30%）和师评（占40%）组成，请扫描二维码对评价项目、相应评价指标进行打分。

交流配电屏电路图识读绘图任务评价表

任务 2.2.4　交流配电屏电压电流测试

任务描述

本任务通过学习万用表、钳型电流表等仪器仪表使用，能够正确测量交流配电屏各测试点的电压和电流。

学习目标

1. 提升学生团队协作、沟通交流的能力；
2. 提升动手、动脑和勇于创新的积极性；
3. 能够正确测量交流配电屏电压和电流；
4. 了解交流配电屏电压和电流参数；
5. 掌握万用表和钳型电流表的使用方法。

任务分析

交流供电是通信最重要的供电方式之一，因此对交流电的质量有着严格的要求，掌握交流电质量参数的测量方法，是电源维护人员做好维护工作的基础。交流配电屏电压、电流测试，需要我们掌握万用表、钳型电流表等仪器仪表的使用，了解交流配电屏各个接点的电压和电流参数。

知识准备

交流供电是通信系统使用最普遍的一种供电方式，交流配电屏对交流电的参数和品质有严格的要求。交流配电屏交流电参数变化见表 2-13。

表 2-13 交流配电屏交流电参数变化表

交流供电电压、频率以及允许变化范围			
标准电压 /V	电压变动范围 /V	功率标称值 /Hz	频率变动范围 /Hz
220	187～272	50	±2
380	323～418	50	±2

交流电压根据测量的要求，可分为峰值电压、峰峰值电压、有效值电压和平均值电压4种。交流电压的测量通常使用万用表、示波器等。测量读数方法有直读法和示波器测量法。直读法是指根据被测电路状态，将万用表放在适当的交流电压量程上，测试表棒直接并联在被测电路两端，电压读数即为被测交流电源的有效值电压。直读法比较适用于低压交流电的测量。常用的万用表测量出的交流电压值为有效值，经过换算可得到峰值、峰峰值等参数。

一、万用表

万用表又称为多用表、三用表等，是测量电力电子电路不可缺少的测量仪表，一般以测量电压、电流和电阻为主要目的。万用表按工作原理、显示方式可分为模拟万用表（指针式）和数字万用表。

模拟万用表操作方法如下：

（1）使用前应熟悉万用表各项功能，根据被测量的对象，正确选用挡位、量程及表笔插孔。

（2）在对被测数据大小不明时，应先将量程开关置于最大值，而后由大量程往小量程挡处切换，使仪表指针指示在满刻度的 1/2 以上处即可。

（3）测量电阻时，在选择了适当倍率挡后，将两表笔相碰使指针指在零位，如指针偏离零位，应调节"调零"旋钮，使指针归零，以保证测量结果准确。如不能调零或数显表发出低电压报警，应及时检查。

（4）在测量某电路电阻时，必须切断被测电路的电源，不得带电测量。

（5）使用万用表进行测量时，要注意人身和仪表设备的安全，测试中不得用手触摸表笔的金属部分，不允许带电切换挡位开关，以确保测量准确，避免发生触电和烧毁仪表等事故。

二、钳型电流表

钳型电流表（简称钳流表）由电流互感器和电流表组合而成。电流互感器的铁芯在捏紧扳手时可以张开；被测电流所通过的导线可以不必切断就穿过铁芯张开的缺口，当松开扳手后铁芯闭合。

钳型电流表操作规程如下：

用钳型电流表检测电流时，一定要夹入一根被测导线（电线），夹入两根（电流方向不一致的平行线）则不能检测电流。另外，使用钳型电流表中心（铁芯）检测时，检测误差小。在检查家电产品的耗电量时，使用线路分离器比较方便，有的线路分离器可将检测电流放大 10 倍，因此 1 A 以下的电流可放大后再检测。

（1）进行电流测量时，被测载流体的位置应放在钳口中央，以免产生误差。

（2）测量前应估计被测电流的大小，选择合适的量程，在不知道电流大小时，应选择最大量程，再根据指针适当减小量程，但不能在测量时转换量程。

（3）为了使读数准确，应保持钳口干净无损，如有污垢，应用汽油擦洗干净再进行测量。

（4）在测量 5 A 以下的电流时，为了测量准确，应该多圈测量。

（5）钳型表不能测量裸导线电流，以防止触电和短路。

（6）测量完成后一定要将量程分挡旋钮放到最大量程位置上。

📍 任务准备

（1）进入通信设备房前应按规定穿好防静电工作服、绝缘鞋，防止触电伤害和对电子设备的影响。

（2）作业过程中应保持与驻站联络员、网管的畅通联系，发生设备异常状态时听从网管指挥。维护作业完毕后必须经网管确认正常后，方可离开。

（3）工器具及物料：数字万用表、螺钉旋具、扳手、尖嘴钳、绝缘手套、钳形电流表等常用工器具，无纺清洁布、绝缘胶带等物料。

（4）资料：通信设备检修记录本、设备操作指南。

🔍 任务实施

任务场景：通信电源机房。

任务要求：使用仪器仪表正确测量交流配电屏的各处电压和电流，填写检查记录表，要求记录填写真实有效、字迹工整。

任务安排：采用分组实施方式，4 ～ 8 人为一组，通过学生自荐或推荐的方式选出组长，负责本团队的组织协调工作，带头示范、督促、帮助其他组员完成相应工作。学生2 人一组完成任务工单填写和确认。

按照表 2-14 任务 2.2.4 任务工单，查阅设备技术规格书，参照检修作业指南，完成交流配电屏电压和电流测量。

表 2-14 任务 2.2.4 任务工单

设备名称		设备型号		
工作步骤	测量内容	测量数据	判断工作是否正常	备注
1	Ⅰ路市电电压	相电压 正常范围：_____ A 相：_____ B 相：_____ C 相：_____ 线电压 正常范围：_____ A-B：_____ B-C：_____ A-C：_____	Ⅰ路电压：□正常　□异常	
2	Ⅱ路市电电压	相电压 正常范围：_____ A 相：_____ B 相：_____ C 相：_____ 线电压 正常范围：_____ A-B：_____ B-C：_____ A-C：_____	Ⅱ路电压：□正常　□异常	
3	输入电流	正常范围：_____ A 相：_____ B 相：_____ C 相：_____	电流值：□正常　□异常	查阅以往数据
4	UPS 旁路输入电压	正常范围：_____ 电压：_____	电压值：□正常　□异常	
5	UPS 输出电压	正常范围：_____ 电压：_____	电压值：□正常　□异常	
	UPS 输出电流	正常范围：_____ 电流：_____	电流值：□正常　□异常	查阅以往数据
6	机柜 1 电压	正常范围：_____ 电压：_____	电压值：□正常　□异常	
	机柜 1 电流	正常范围：_____ 电流：_____	电流值：□正常　□异常	查阅以往数据
	机柜 1 对地电压	正常范围：_____ 电压：_____	电压值：□正常　□异常	

续表

设备名称		设备型号			
工作步骤	测量内容	测量数据	判断工作是否正常		备注
7	机柜2电压	正常范围：_____ 电压：_____	电压值：□正常　□异常		
	机柜2电流	正常范围：_____ 电流：_____	电流值：□正常　□异常		查阅以往数据
	机柜2对地电压	正常范围：_____ 电压：_____	电压值：□正常　□异常		
8	协议转换器电压	正常范围：_____ 电压：_____	电压值：□正常　□异常		
检查人		确认人		检查日期	

 任务评价

　　任务评价由自评（占30%）、互评（占30%）和师评（占40%）组成，请扫描二维码对评价项目、相应评价指标进行打分。

交流配电屏电压、电流测试任务评价表

任务2.2.5　交流配电屏市电供电模式检查、切换及故障处理

任务描述

　　本任务通过学习市电供电方式、接线方式和ATSE切换装置的工作模式、原理和作用，完成交流配电屏市电供电模式检查和主备电源切换工作。

学习目标

　　1.养成安全无小事、增强安全观念；
　　2.掌握交流配电屏供电模式检查方法；

3. 能完成交流配电屏市电切换功能验证；

4. 了解市电供电分类及 TN-S 接线方式；

5. 了解 ATSE 切换装置的作用、模式和工作原理。

 **任务分析**

轨道交通行业为了提高设备用电的稳定性和可靠性，正常情况下通信交流配电屏采用一类市电供电方式和 TN-S 接线方式。同时要求我们定期对交流配电屏两路市电切换功能进行验证，发现设备缺陷和故障，能够协同团队精确定位故障点，完成交流配电屏 ATSE 切换装置故障处理，避免故障扩大化，确保通信设备正常。

 **知识准备**

一、市电供电分类

市电供电分为一类市电供电方式、二类市电供电方式、三类市电供电方式。

1. 一类市电供电方式

从两个稳定可靠的独立电源引入两路供电线，两个供电线路不应同时检修停电的供电方式为一类市电供电方式，正常情况下轨道交通行业采用这种方式。

2. 二类市电供电方式

满足下面两个条件之一者为二类市电供电方式：

（1）从两个以上独立电源构成的稳定可靠的环形网上引入一路供电线的供电方式。

（2）从一个稳定可靠的电源或从稳定可靠的输电线路上引入一路供电线的供电方式。

3. 三类市电供电方式

从外界一个电源引入一路供电线的供电方式为三类市电供电方式。

二、市电接线方式

TN-S 方式供电系统是把工作零线 N 和专用保护线 PE 严格分开的供电系统，俗称三相五线制系统，即由三根相线、一根零线、一根地线组成，如图 2-48 所示。

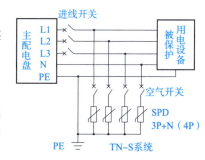

图 2-48　TN-S 系统供电方式

TN-S 供电系统的特点如下：

（1）系统正常运行时，专用保护线上没有电流，只是工作零线上有不平衡电流。PE 线对地没有电压，所以，电气设备金属外壳接零保护是接在专用的保护线 PE 上，安全可靠。

（2）工作零线只用作单相照明负载回路。

（3）专用保护线 PE 不许断线，也不许接入漏电开关。

（4）TN-S 系统即三相五线供电系统，除三相线（U、V、W）和中性线（N）外，还有一根保护接地（PE）线。

三、ATSE

自动转换开关电器（Automatic Transfer Switching Equipment，ATSE）由一个（或几个）转换开关电器和其他必需的电器组成，用于监测电源电路（失压、过压、欠压、断相、频率偏差等），采用空开+ATSE 方式将引入的两路交流电源，分配一路作为主用回路输出，另一路作为备用回路输出，当主用回路停电时，自动切换至备用回路输出（延时，可调），当主用回路恢复供电时，自动切换至主用回路输出，并可实现人工倒换。

ATSE 可分为 PC 级（功率回路级）和 CB 级（受控断开级）。

（1）PC 级 ATSE：只完成双电源自动转换的功能，不具备短路电流分断（仅能接通、承载）的功能。PC 级的 ATSE 设计要求能够确保在转换过程中对电源的无缝切换，以避免对负载造成影响。

（2）CB 级 ATSE：既完成双电源自动转换的功能，又具有短路电流保护（能接通并分断）的功能。CB 级在转换过程中可以容忍短暂中断的应用。

ATSE 控制器转换模式如下所述。

1. 自投自复

当主电源正常有电时，主电源自动投入，备用电源备用；当主电源故障或失电时，备用电源投入，如果主电源恢复正常，自动停备用电源，再切换到主电源供电。

2. 手动

当主路恢复供电时，可以手动将系统转换到主路供电。

3. 自投不自复

当主路恢复供电时，系统继续保持现在的供电模式，不会切换到主路供电。

四、交流配电屏原理

交流配电屏交流输入一般有两路，如图 2-49 所示为具有两路自动切换功能的电源交流配电系统原理。市电 Ⅰ 和市电 Ⅱ 分别由空开 ZK1、ZK2 接入，接触器 K1，K2 及其辅助触点构成机械与电气互锁功能。只要有市电且市电电压在规定的范围内时，Ⅰ路市电优先，K1 吸合，K2 断开，送入 Ⅰ 路市电。通过空开 ZK301 ～ ZK312 给整流模块供电，ZK4 ～ ZK7 则是提供用户使用分路（可用作空调、照明等）。市电采样板分别检测市电 Ⅰ 和市电 Ⅱ 的电压信号，供监控模块及市电控制板使用。市电控制板通过采样板检测的电压信号来控制接触器 K1，K2 的驱动线圈，从而实现两路市电的自动切换。控制板上设有市电过欠压指示灯，市电正常时，指示灯熄灭，如果市电过欠压，则相应的指示灯亮。在整流模块及交流辅助输出之前设置了由 C 级、D 级所构成的两级防雷系统。

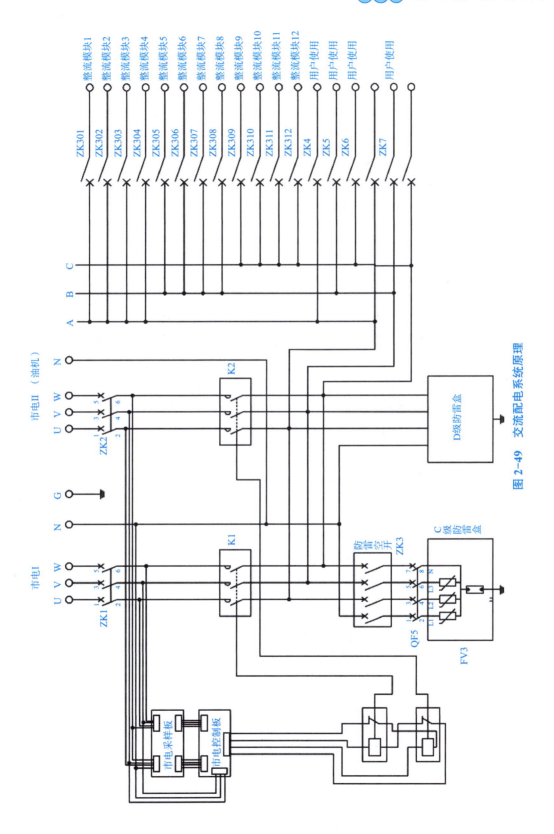

图 2-49 交流配电系统原理

 **任务准备**

（1）进入通信设备房前应按规定穿好防静电工作服、绝缘鞋，防止触电伤害和对电子设备的影响。

（2）作业过程中应保持与驻站联络员、网管的畅通联系，发生设备异常状态时听从网管指挥。维护作业完毕后必须经网管确认正常后，方可离开。

（3）工器具及物料：数字万用表、螺钉旋具、扳手、尖嘴钳、绝缘手套等常用工器具，无纺清洁布、绝缘胶带等物料。

（4）资料：通信设备检修记录本、设备操作指南。

任务实施

任务场景：通信电源机房。

任务要求：完成配电屏市电供电模式检查，协同完成交流配电屏市电切换功能验证及ATSE 故障处理；仪器仪表使用正确，操作流程规范无误差，填写检查记录表，要求记录填写真实有效、字迹工整。

任务安排：采用分组实施方式，4～8 人为一组，通过学生自荐或推荐的方式选出组长，负责本团队的组织协调工作，带头示范、督促、帮助其他组员完成相应工作。学生2 人一组完成任务工单填写和确认。

实施步骤：

一、交流配电屏市电供电模式检查

按照表 2-15 任务 2.2.5 任务工单，查阅设备技术规格书，参照检修作业指南，完成交流配电屏市电供电模式检查。

表 2-15　任务 2.2.5 任务工单

设备名称		设备型号		
工作步骤	检查内容	记录现象	是否符合要求	备注
1	市电供电方式	一类市电供电方式□ 二类市电供电方式□ 三类市电供电方式□	供电方式：□正常　□异常	
2	接线方式	标准模式：＿＿＿＿ 当前方式：＿＿＿＿	接线方式：□正常　□异常	
3	市电线缆	外观标准：无接线破损 当前状态：＿＿＿＿ L1、L2、L3、N、PE 标准颜色：＿＿＿＿ L1、L2、L3、N、PE 当前颜色：＿＿＿＿	市电线缆：□正常　□异常	

续表

设备名称		设备型号		
工作步骤	检查内容	记录现象	是否符合要求	备注
4	市电对应关系	400 V Ⅰ段对应： 配电屏Ⅰ路□ 配电屏Ⅱ路□ 400 V Ⅱ段对应： 配电屏Ⅰ路□ 配电屏Ⅱ路□	对应关系：□正常　□异常	
检查人		确认人		检查日期

二、交流配电屏市电功能验证

参照交流配电屏两路交流输入切换功能验证步骤，查阅资料，完成交流配电屏两路交流输入切换功能验证。

步骤 1：作业前确认设备工作正常无告警，各个模块面板指示灯显示正常，两路市电开关均处于闭合状态，ATSE 处于左侧Ⅰ路闭合状态，切换模式为"Auto"，如图 2-50 所示。

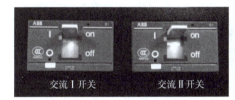

图 2-50　交流配电屏输入开关状态

步骤 2：检查交流配电屏监控单元上两路市电输入电压和电流是否符合要求，交流输入有无缺相、过压、欠压等情况，交流输入Ⅰ路有电流，交流输入Ⅱ路电流为 0 A。

步骤 3：断开交流Ⅰ路断路器，观察 ATSE 自动切换到Ⅱ路工作，交流配电屏产生声光报警，监控单元上出现交流市电Ⅰ路停电告警，再次查看监控单元Ⅰ路交流输入电压为 0 V，交流输入Ⅱ路有电流。

步骤 4：闭合交流输入Ⅰ路断路器，ATSE 自动切换回交流输入Ⅰ路供电，设备恢复正常，告警消失，交流输入Ⅰ路正常工作。

步骤 5：断开交流输入Ⅱ路断路器，ATSE 不做切换动作，设备产生声光报警，交流配电屏监控单元提示交流输入Ⅱ路停电，输入电压为 0 V。

步骤 6：闭合市电Ⅱ路断路器，设备恢复正常，现场告警消失。

步骤 7：检查交流配电屏的历史告警信息与操作内容是否吻合。

步骤 8：切换完进行复核，确认设备运行状态。

三、交流配电屏 ATSE 切换装置故障处理

参照交流配电屏 ATSE 切换装置故障处理步骤，查阅资料，完成交流配电屏 ATSE 切换装置故障处理。

步骤 1：根据交流配电屏的故障现象、监控屏显示的告警信息和图纸，找到 ATSE 切

换装置位置。

步骤2：作业前确认设备工作，确认除 ATSE 切换装置故障外，其他设备工作正常。

步骤3：断开交流配电屏市电输入Ⅰ路和Ⅱ路断路器，使用万用表测量 ATSE 切换装置两路输入端电压均为 0 V。

步骤4：断路器拆除前提前拍照做好记录，重点关注电源线接线方法和 ATSE 切换装置参数设置。

步骤5：使用经绝缘处理后的螺钉旋具和活动扳手等工具拆除 ATSE 切换装置，电源线上下接头用绝缘胶布做好标识和保护，谨防意外。

步骤6：安装固定 ATSE 切换装置，按照顺序把电源线依次接入 ATSE 切换装置接口内，检查电源线紧固情况，安装前后设备和线缆做好对比。

步骤7：ATSE 切换装置更换完成后，通过拨码设置 ATSE 切换装置到"自投自复"模式，如图 2-51 所示。

步骤8：再次检查交流配电屏固定和线缆安装情况，确认无误后，闭合两路市电断路器，测量电压是否正常，交流配电屏上告警现象是否消失。

图 2-51　ATSE 切换开关设置

步骤9：进行交流配电屏两路交流输入切换功能验证，确认设备运行正常。

任务评价

任务评价由自评（占 30%）、互评（占 30%）和师评（占 40%）组成，请扫描二维码对评价项目、相应评价指标进行打分。

交流配电屏市电供电模式检查、切换及故障处理任务评价表

项目 2.3　交流配电屏故障处理

任务　交流配电屏故障案例分析

任务描述

本任务通过交流配电屏故障案例分析，掌握故障处理的方式方法，提高故障处置效率。

 **学习目标**

1. 增强"四不放过"责任意识；
2. 提升学生团队协作、沟通交流的能力；
3. 增强学生发现问题、分析问题和解决问题的能力；
4. 能够根据故障现象正确判断故障点；
5. 掌握交流配电屏故障处理方式方法。

任务分析

进行交流配电屏故障案例分析，加深对交流配电屏设备组成、工作原理和设备参数的熟悉和掌握，掌握故障处理的方法和流程，提升运行和维护的能力与水平。

知识准备

现场电源屏故障处理的基本原则：不扩大故障影响范围，可靠、及时地消除故障隐患。

现场电源屏故障处理步骤及方法如下：

（1）观察系统整体灯光告警显示，包括模块指示灯、系统指示灯、UPS 指示灯等；状态显示，如设备噪声、温度、开关、交流接触等状态等，严格、正确地记录故障状态。

（2）进一步观察电源屏监控单元文字告警信息，记录故障状态。

（3）针对电源屏告警信息做出相应处理，电源屏监控单元显示常见故障信息及相应处理方法见表 2-16。

表 2-16 故障案例

序号	故障信息	分析判断	处理方法
1	某路输入电源断	某路输入电源断，可能是缺相、相电压超标、相序异常等情况造成的，电源系统已自动切换至另外一路电网质量良好的输入电源上	检查相应输入电源电网情况（每相电压、相序、频率、波形），如有异常，通知供电部门，并尽快恢复正常供电
2	某路输入电源缺相	某路输入电源缺相或某相相电压<AC 155 V，电源系统已自动切换至另外一路电网质量良好的输入电源上	检查相应输入电源相电压，如电压低，通知供电部门，并尽快恢复正常供电
3	某路输入电源相序错误	某路输入电源相序错误，电源系统已自动切换至另外一路相序正确的输入电源上	检查相应输入电压相序，如错误，尽快更正，恢复正常
4	某路输入电源电压过高	某路输入电网相电压过高（>AC 270 V）	检查相应输入电网相电压，如超标，尽快更正，恢复正常
5	某路输入电源电压过低	某路输入电网相电压过低（<AC 160 V）	检查相应输入电网相电压，如过低，尽快更正，恢复正常

续表

序号	故障信息	分析判断	处理方法
6	某路输入空开跳闸	输入电源空开跳闸	检查设备内部是否存在短路情况
7	切换电源板××故障	切换电源板故障	检查切换电源板指示灯和输出电压，如异常，请立即更换
8	辅助电源板××故障	辅助电源切换板故障	检查电源切换板指示灯输入电压和输入电流，如异常，请更换

 任务准备

设备技术资料，含说明书、维护手册、操作手册等。

 任务实施

任务场景：通信电源机房。

任务要求：各小组根据给定的故障现象完成故障处理，认真分析故障原因、故障影响、处理经过、存在不足、整改措施，最终形成故障分析报告。

任务安排：采用分组实施方式，4～8人为一组开展讨论，组长负责协调和总结。

案例1：试分析交流配电屏市电输入电流A相为零的可能原因有哪些，并提交故障分析和处理报告。

案例2：讨论分析交流配电屏负载某路空开出现告警的原因，并提交故障分析和处理报告。

 任务评价

任务评价由自评（占30%）、互评（占30%）和师评（占40%）组成，请扫描二维码对评价项目、相应评价指标进行打分。

交流配电屏故障案例分析任务评价表

知识测试

单元2　知识测试

单元 3

UPS 设备运行与维护

单元介绍

本单元对轨道交通通信交流供电系统的组成、供电方式、技术要求、维护内容和质量标准进行阐述，通过对日常保养、小修和故障检修等项目和任务的学习，掌握交流供电系统中主要通信电源设备——交流不间断电源（UPS）设备的工作原理、系统结构、关键技术指标等知识，掌握 UPS 设备主要维护项目、维护方法、质量标准等相关作业内容，提高对 UPS 设备高质量运行的维护和故障处理能力，提高安全意识和强化责任担当。

交流供电系统包括通信设备不间断电源（UPS）、交流输入和输出配电单元（柜、箱或盒）、蓄电池组等设备。

通信用交流不间断电源系统（UPS）有在线式、互动式与后备式等几类。实际在轨道交通中主要应用的为在线式、输出电压为正弦波的静止型交流不间断电源。本单元主要讨论现场应用较多的伊顿 UPS 9×55 系列设备的运行与维护。

项目 3.1　UPS 日常保养

项目概述

　　不间断电源（Uninterruptible Power Supply, UPS）是利用电池化学能等作为后备能源，在市电故障或 UPS 市电断电时，不间断地为用户设备提供（交流）电能的供电装置。UPS 系统包括 UPS 设备和蓄电池组等。

　　UPS 的主要作用是在市电供电时对市电进行稳压稳频，在市电停电的瞬间，将蓄电池提供的直流电经逆变电路转为交流电，转换时间一般小于 8 ms，从而保障负载不受市电停电影响，并能持续供电 6 min ～ 10 h。另外，它还具有抑制电网中的电压下陷、高压浪涌、欠电压、过电压、杂波干扰、频率波动、瞬变、谐波失真等功能，为负载设备提供纯净的交流电能。

　　在轨道交通系统中，由于运营组织的需要，许多通信设备如网管设备、视频监控、数据网络设备、FAS 等都要求不间断供电，而且要求供电电压稳定、频率稳定、波形无畸变，因此必须采用不间断电源供电，本项目通过学习 UPS 的定义、分类、功能和主要性能，完成 UPS 的日常保养工作，提早发现设备存在的问题和缺陷，提高 UPS 设备的使用安全性、可靠性，延长设备运行寿命。

任务 3.1.1　UPS 显示屏、面板指示灯及空开状态检查

任务描述

　　本任务主要是通过学习 UPS 的定义、分类、组成、功能和性能来认识设备，通过检查 UPS 面板显示屏、指示灯及空开状态来判断 UPS 的运行状态。

学习目标

　　1. 增强高质量发展本领，努力成为行家里手；
　　2. 强化安全意识，实施安全发展战略；
　　3. 培养发现问题、分析问题的能力；
　　4. 能够独立完成 UPS 指示灯的状态、UPS 显示屏和空开检查；
　　5. 了解 UPS 组成、分类、作用等基础知识；

6. 了解 UPS 设备的基本性能参数;

7. 掌握 UPS 面板指示灯的作用、颜色和含义;

8. 掌握 UPS 空开的作用和状态。

任务分析

完成 UPS 显示屏、面板指示灯及空开状态检查,首先需要了解 UPS 设备的基本概念,掌握 UPS 面板指示灯的颜色和含义,以及空开的位置、状态和作用,了解整个设备的检修作业流程。

知识准备

一、术语和定义

1. 在线式 UPS(on line UPS)

交流输入正常时,通过整流、逆变装置对负载供电;交流输入异常时,电池通过逆变器对负载供电。

2. 互动式 UPS(line interactive UPS)

交流输入正常时,通过稳压装置对负载供电,变换器只对电池充电;交流输入异常时,电池通过变换器对负载供电。

3. 后备式 UPS(passive stand-by UPS)

交流输入正常时,通过稳压装置对负载供电;交流输入异常时,电池通过逆变器对负载供电。

4. 正常工作模式(normal mode of operation)

在线式 UPS:输入交流电压、频率在允许范围内,交流输入通过整流、逆变装置向负载正常供电,同时对电池充电的工作模式。

互动式 UPS:输入交流电压、频率在允许范围内,交流输入通过旁路向负载正常供电,变换器对电池充电的工作模式。

后备式 UPS:输入交流电压、频率在允许范围内,交流输入通过旁路向负载正常供电,充电器对电池充电的工作模式,在该模式下逆变器不工作。

5. 电池逆变工作模式(stored energy mode of operation)

电池逆变工作模式是指输入交流电压或频率异常时,电池通过逆变器或变换器向负载供电的工作模式。

6. 旁路工作模式(bypass mode of operation)

旁路工作模式是指交流输入通过旁路向负载供电的工作模式。

7. ECO 模式（ECO mode of operation）

ECO 模式是指交流输入正常情况下 UPS 通过静态旁路向负载供电，当交流输入异常时 UPS 切换至逆变器供电的工作模式。

8. 电压瞬变恢复时间（transient recovery time）

在输入电压为额定值，输出接阻性负载，输出电流由零至额定电流和额定电流至零突变时，输出电压恢复到（220±4.4）V 所需要的时间。

9. 输出电流峰值系数（current peak factor）

当 UPS 输出电流为周期性非正弦波电流时，非正弦波电流的峰值与其有效值之比。

10. 频率跟踪范围（range of frequency synchro）

交流供电时，UPS 输出频率跟踪输入频率变化的范围。

11. 频率跟踪速率（rate of frequency synchro）

UPS 输出频率与输入交流频率存在偏差时，输出频率跟踪输入频率变化的速度，用 Hz/s 表示。

12. 并机负载电流不均衡度（load sharing of parallel UPS）

当两台以上（含两台）具有并机功能的 UPS 输出端并联供电时，所并联各设备电流值与平均电流偏差最大的偏差电流值与平均电流值之比。

二、UPS 的功能

在双路供电中，两路电源转换过程中至少要中断供电几十毫秒，对于一般的供电设备没有严重影响。但对于计算机系统及计算机控制的负载，它们对供电的质量和可靠性有着更严格的要求，不允许有 3 ～ 5 ms 的中断，否则计算机正在处理的信息便会丢失或发生错误。随着计算机技术的不断发展，计算机设备已经越来越广泛地应用于地铁通信及信号领域的各个方面，因此必须配备 UPS 设备，以保证系统正常工作。当市电正常供电时，UPS 可看成一台稳频稳压电源，既向蓄电池组充电又向逆变器供电，逆变器输出洁净的交流电源。交流输入异常时，由蓄电池组经逆变器向负载供电。

UPS 的由来及其
发展历程

城轨控制中心和停车场一般采用双台 UPS 并联方式供电，设蓄电池一组，备用时长按 2 h 考虑；车站仅采用一台 UPS 设备。交流供电采用在线式 UPS。如图 3-1 所示为伊顿 UPS 系列设备。

UPS 的主要功能有两路电源无间断切换、隔离干扰、电压变换、频率变换和后备等。

（1）两路电源无间断切换。当两路电源中有一路发生故障时，可通过 UPS 实现无间断切换。

（2）隔离干扰。在 UPS 中，交流输入电源经过整流后由

图 3-1　伊顿 UPS 系列设备

逆变器对负载供电，可将电网电压的瞬时间断、谐波、电压波动、噪声等各种干扰与负载隔离，使电网的干扰不影响负载，而且负载也不干扰电网。

（3）电压变换。通过 UPS，可将输入电源的电压变换成所需要的电压。

（4）频率变换。通过 UPS，可将输入电源的频率变换成所需要的频率。

（5）后备。UPS 中的蓄电池组储存一定电能，市电间断时，蓄电池组通过逆变器继续供电。

三、UPS 的分类

从机械的角度来看，UPS 可分为旋转型和静止型两大类。目前广泛应用的 UPS 属于静止型 UPS。静止型 UPS 采用精密的电子元器件，同时利用电池的储能给设备供电。市电正常时，将市电电能转化为化学能储存起来；当市电不正常时，由化学能转化为电能给设备供电。

静止型 UPS 可按多种性能特点进行分类，详见表 3-1。

UPS 的组成和分类

表 3-1　UPS 分类

分类方式	类别	说明
按机械角度	动态式	带飞轮的发电机组，飞轮为储能装置
	静态式	后备式
		互动式
		在线式（双变换式）
按输出功率容量大小	微型	<3 kVA 以下
	小型	3 ～ 10 kVA
	中型	10 ～ 100 kVA
	大型	100 kVA 以上
按配电方式	单相输入、输出	适用于小功率系统 <10 kVA
	三相输入、单相输出	适用于中小功率系统 <20 kVA
	三相输入、三相输出	适用于中小功率系统 >20 kVA
按输出波形	方波	
	正弦波	
	准正弦波	
按后备供电时间	标准机型	后备时间 10 ～ 15 min
	长延时机型	后备时间 >1 h
按功率器件工作频率	工频机	50 Hz
	高频机	远超 50 Hz

表 3-1 中的分类方式对于 UPS 选型应用有着较大的意义，因此对其中 UPS 分类作进一步说明。

1. 按配电方式分类

（1）单进 / 单出机型：选用此机型时，无须考虑 UPS 输出端的负载均衡分配问题，但必须考虑市电配电的三相均衡带载问题。

（2）三进 / 单出机型：此种机型的交流旁路市电输入的相线和中线配置可单相承担 UPS 额定输出电流的导线截面面积，防止三相电压不平衡时中线电流过大。

（3）三进 / 三出机型：输入要求同（2）；另外，还要将 UPS 输出端的负载不平衡度控制在标准规定的范围内。

注意：鉴于计算机和通信设备等非线性负载均属于"整流滤波型"负载，从而造成流过供电系统中的中线电流急剧增大，为防止因中线过热或中线电位过高而造成不必要的麻烦，应将中线的截面面积加粗为相线的 1.5 ～ 2 倍。

2. 按工作方式分类

从技术上讲，静态式 UPS 分为在线式、互动式和后备式三类。

（1）在线式 UPS。逆变器始终为负载提供所需能量，并监测、调整 UPS 的输出参数。在线式 UPS 原理框图如图 3-2 所示。其性能见表 3-2。

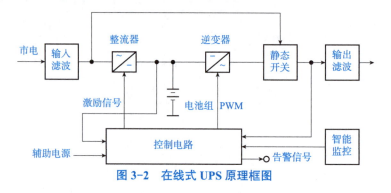

图 3-2　在线式 UPS 原理框图

表 3-2　在线式 UPS 性能

项目	在线式 UPS
容量范围	几百伏安到几百千伏安（单机）
技术特征	输出正弦波，逆变器主供电，掉电切换电池没有中断时间，对市电进行完全净化
结构	绝大部分采用的是高频变换技术，能量的变换也是使用高频变压器来完成的，体积小、质量轻、噪声低
优点	对市电完全净化
缺点	价格比较高，效率相对较低
适用场合	提供全面而彻底的保护，10 kVA 以上 UPS 大都采用这种技术，适用于大型数据网络中心和其他关键用电领域，如服务器及其他重要仪器、设备、控制系统等

（2）互动式 UPS。交流输入正常时，通过稳压装置对负载供电，变换器只对电池充电。交流输入异常时，电池通过变换器对负载供电。

互动式 UPS 原理如图 3-3 所示。其性能见表 3-3。

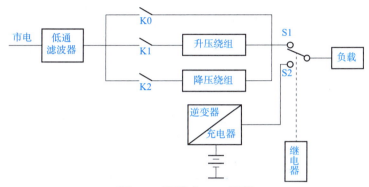

图 3-3　互动式 UPS 原理

表 3-3　互动式 UPS 性能

项目	互动式 UPS
容量范围	多在 5 kVA 以下
技术特征	充电器与逆变器合为一体，没有整流环节，输出电压分段调整，工作在后备方式。当输入变压器抽头跳变时，功率单元作为逆变器工作一段时间，弥补继电器跳变过程中的输出供电的间断
结构	使用工频变压器，电源笨重、体积大
优点	可靠性较高，结构紧凑，成本较低
缺点	后备工作方式，净化功能差，掉电切换电池有间断时间
适用场合	能满足大多数的要求，如网上路由器、集线器、终端；办公及家用 PC。但不适用于大型数据网络中心和其他关键用电领域

（3）后备式 UPS。交流输入正常时，通过稳压装置对负载供电。交流输入异常时，电池通过逆变器对负载供电。

后备式 UPS 原理如图 3-4 所示。其性能见表 3-4。

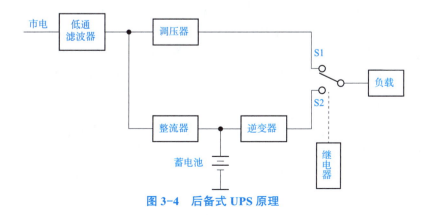

图 3-4　后备式 UPS 原理

表 3-4　后备式 UPS 性能

项目	后备式 UPS
容量范围	0 至几 kVA，多为 1 kVA 以下，且多为 500 VA
技术特征	多为准方波输出，对市电没有净化功能；逆变器为后备工作方式，掉电转逆变工作有时间间隔
结构	采用工频变压器来进行能量传递，电源笨重且体积大
优点	结构简单，价格、噪声低，可靠性高
缺点	没有净化功能，稳压特性差，掉电切换电池有间断时间
适用场合	只能处理断电问题，仅适用于比较简单、不很重要的环境（如办公或家用 PC）及不重要的网上终端等

3. 按后备供电时间分类

按逆变工作时满负荷条件下允许供电时间的长短，UPS 可以分为标准机型和长延时机型。标准机型蓄电池一般在 UPS 的柜体内；长延时机型电池需要外加电池箱（柜）。

标准机型能在电力异常时提供 15 min 的后备时间，使用电设备有足够的时间实施应急措施。在需要较长的后备时间的场合，可以选用具有长延时功能的 UPS。

一般长延时机型延时时间有 0.5 h、1 h、2 h、4 h、8 h 等，可以根据设备需求进行选择。

增加工作延时时间的方法有以下两种：

（1）增加电池容量。可以根据所需供电的时间长短增加电池的数量，采用这种方法会造成电池充电时间的相对增加，同时也会增加相应的维护设备的数量、增大产品体积，造成 UPS 整体成本提高。

（2）选购容量较大的 UPS。采用这种方法不仅可以降低维修成本，如果需要扩充负载设备，较大容量的不间断电源仍可正常工作。

4. 按输出功率分类

按输出功率大小可分为中小容量 UPS（20 kVA 及以下）和大容量 UPS（20 kVA 以上）。

中小容量 UPS 包括后备式、互动式和在线式；大容量 UPS 一般为在线式。当设备需求容量大时，可以选用单机容量较大的 UPS，也可以选择多台中小容量 UPS 进行并联冗余实现。但推荐使用单台大容量 UPS，因为采用单台容量较大的 UPS 集中供电方式，不仅有利于集中管理 UPS，有效利用电池能量，而且降低了 UPS 的故障率。

四、UPS 组成

UPS 是主电源与负载之间的连接部分，一般包含 UPS 机柜和蓄电池两部分。

UPS 机柜主要由整流器、逆变器、直流充电回路、静态开关、手动旁路开关、输入和输出保护模块、风扇和监控模块组成。如图 3-5 所示为 UPS 组成示意。

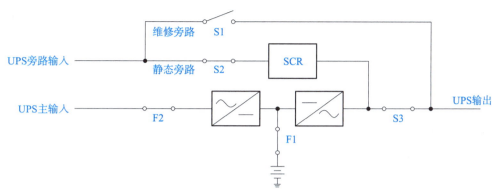

图 3-5　UPS 组成示意

五、UPS 工作模式

（1）正常工作模式。正常工作模式是指整流器将三相交流电压转换为直流电压，经逆变器后转换为交流供给负载的方式。输出的电压和频率比较稳定，电池处于浮充状态，此时浮充电流很小。如图 3-6 所示为 UPS 正常工作模式。

图 3-6　UPS 正常工作模式

（2）电池逆变工作模式。电池逆变工作模式是指输入交流电压或频率异常时，电池通过逆变器或变换器向负载供电的工作模式。

（3）旁路工作模式。旁路工作模式是指交流输入通过旁路向负载供电的工作模式。

（4）ECO 模式。ECO 模式是指交流输入正常情况下 UPS 通过静态旁路向负载供电，当交流输入异常时 UPS 切换至逆变器供电的工作模式。

UPS 故障检修，必须切断 UPS 输入、输出断路器，进入维修旁路模式。

六、UPS 工作指示灯（伊顿 9×55 系列）

伊顿 9×55 系列面板主要有四种告警指示灯，分别是正常模式指示灯、蓄电池指示灯、旁路指示灯和告警指示灯。如图 3-7 所示为 UPS 工作指示灯示意，UPS 指示灯含义见表 3-5。

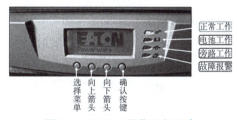

图 3-7　UPS 工作指示灯示意

表 3-5　UPS 指示灯含义

图像信号	LED	说明	注意
·⌒·⌒·	绿色	正常工作模式	如出现新的信息，绿灯会闪
🔋	黄色 1	电池逆变工作模式	

续表

图像信号	LED	说明	注意
	黄色 2	旁路工作模式	
	红色	UPS 故障告警	如果不重置，红灯将一直闪

📍 任务准备

（1）进入通信设备房前应按规定穿好防静电工作服、绝缘鞋，防止触电伤害和对电子设备的影响。

（2）工器具及物料：数字万用表、螺钉旋具、绝缘手套等常用工器具，无纺清洁布、标签、绝缘胶带等物料。

（3）资料：通信设备检修记录本。

UPS 技术规格书

📄 任务实施

任务场景：通信电源机房。

任务要求：观察 UPS 设备主机，熟悉显示屏面板、工作指示灯的状态和含义及空开位置；检查面板显示屏、工作指示灯和空开状态，填写检查记录表，要求记录填写真实有效、字迹工整。

任务安排：采用分组实施方式，4～8 人为一组，通过学生自荐或推荐的方式选出组长，负责本团队的组织协调工作，带头示范、督促、帮助其他组员完成相应工作。学生 2 人一组完成任务工单填写和确认。

实施步骤：

（1）按配电方式 UPS 可以分成哪三类？

_____

（2）按工作方式 UPS 可以分成哪三类？简述其优缺点。

_____

（3）UPS 设备主要由哪些模块构成？

_____

（4）写出 UPS 四种工作模式。

_____

（5）UPS 指示灯状态认知。

根据给定的伊顿 9×55 系列 UPS 指示灯（图 3-8），填写表 3-6 任务工单 3.1。

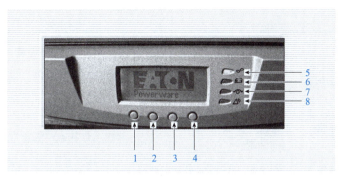

图 3-8 UPS 指示灯

表 3-6 任务工单 3.1

序号	按钮 / 指示灯名称	含义
1		
2		
3		
4		
5		
6		
7		
8		

（6）UPS 工作状态检查。按照表 3-7 任务工单 3.2，查阅设备技术规格书，参照"（7）UPS 日常检修作业指南"，完成 UPS 显示屏、工作指示灯及空开状态检查。

表 3-7 任务工单 3.2

工作步骤	检查内容	记录状态	检查结果	备注
1	检查 UPS 机柜安装情况	正常情况：安装稳固，无倾斜，周围地板无损坏，电源线无隐患 当前情况：＿＿＿＿＿	安装情况：□正常 □异常	
2	显示屏状态检查	正常情况：画面清晰，无黑屏、花屏情况 当前情况：＿＿＿＿＿	显示屏状态：□正常 □异常	
3	观察 UPS 状态指示灯	正常颜色：绿色 当前情况：＿＿＿＿＿	指示灯状态：□正常 □异常	
4	观察蓄电池状态指示灯	正常颜色：灭 当前情况：＿＿＿＿＿	指示灯状态：□正常 □异常	

工作步骤	检查内容	记录状态		检查结果	备注
5	观察旁路指示灯	正常颜色：灭 当前情况：_____		指示灯状态：□正常　□异常	
6	观察告警指示灯	正常颜色：灭 当前情况：_____		指示灯状态：□正常　□异常	
7	查看风扇工作状态	正常状态：风扇匀速转动无异响 当前状态：_____		风扇工作状态：□正常　□异常	
8	查看UPS空开状态	正常状态：F1、F2闭合，S1断开，S2和S3闭合 当前状态：_____		空开状态：□正常　□异常	
9	查看UPS时间信息	正常时间：与北京时间一致 当前时间：_____		时间信息：□正常　□异常	
检查人		确认人		检查日期	

（7）UPS日常检修作业指南。

1）检查UPS机柜安装情况，UPS正立、稳固；周围地板完好、无凹陷；地板开孔空间富余，不挤压、割伤电缆，如图3-9所示。

2）使用毛刷、无纺清洁布对电源设备进行表面除尘。注意，在使用毛刷时，需要对金属部分进行胶带缠裹，如图3-10所示。

图3-9　UPS安装情况　　　　图3-10　绝缘处理毛刷

3）检查UPS显示屏、面板指示灯是否有告警提示，UPS正常模式指示灯亮绿色，电池指示灯灭、旁路指示灯灭、告警指示灯灭，如图3-11所示。

4）通过UPS的LCD屏幕，查看当前工作在正常模式，如图3-11所示。

图3-11　UPS指示灯状态

5）检查 UPS 风扇运行状态，风扇正常转动，无异响，如图 3-12 所示为风扇工作状态。

6）检查 UPS 空开工作状态，正常工作状态为 F1、F2 闭合，S1 断开，S2 和 S3 闭合，如图 3-13 所示。

图 3-12　风扇工作状态

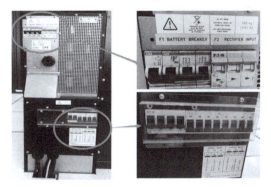

图 3-13　UPS 空开正常状态

🧭 任务评价

任务评价由自评（占 30%）、互评（占 30%）和师评（占 40%）组成，请扫描二维码对评价项目、相应评价指标进行打分。

UPS 显示屏、面板指示灯及空开状态检查任务评价表

任务 3.1.2　UPS 主要运行参数检查

📋 任务描述

本任务主要是通过查看 UPS 电压、电流、功率数据来判断 UPS 运行的工作状态。

📘 学习目标

1. 坚定理想信念、强化责任担当；
2. 增强"四个意识"、坚定"四个自信"；
3. 提高查阅资料、分析数据的能力；
4. 了解电源 UPS 电压、电流、功率等相关参数；
5. 能独立完成 UPS 电压、电流、功率等日常检修工作。

任务分析

完成 UPS 查看，需要了解 UPS 术语和定义、通信接口、电压和电流规范，掌握 UPS 电压、电流数值查看的操作方法，正确记录参数。

知识准备

交流不间断电源（UPS）系统主要设备有 UPS 设备、配电设备和蓄电池等。本任务重点介绍 UPS 设备。

一、术语与定义

1. 交流电压

平均值为零的周期电压称为交流电压，用字母 u 表示，单位为 V（伏特）。交流电压有峰值、有效值、平均值之分。

2. 交流电流

平均值为零的周期电流叫作交流电流，用字母 i 表示，单位为 A（安培）。

3. 频率

交流电完成一次正负变化，叫作一周，完成一周所需的时间叫作周期，用符号 T 表示，单位为 s（秒）。交流电每秒完成的周期数叫作频率，用符号 f 表示，单位为 Hz（赫兹），频率与周期的数学关系为 $f = 1/T$。

4. 交流电压波形正弦畸变因数

周期性交流量的谐波含量的均方根值与其基波分量的均方根值之比（均方根值即有效值）称为交流电压波形正弦畸变因数。

5. 三相输出电压相位差

在一给定瞬间，两相正弦电压间的相位的差值称为三相输出电压相位差。

6. 三相电压不平衡度

三相电压不平衡度是指三相系统中三相不平衡的程度，用电压或电流负序分量与正序分量的有效值百分比表示。电压和电流的不平衡度分别用 ε_u 和 ε_i 表示。

7. 交流正弦电的功率和功率因数

交流正弦电的功率用下列公式表示：

$$S = \sqrt{P^2 + Q^2}$$

式中　　Q——无功功率（var）；

　　　　P——有功功率（W）；

　　　　S——视在功率（VA）。

通信设备的功率
因数

功率因数为有功功率与视在功率之比，表达式为

$$P_F = \frac{P}{S} = \frac{U_L I_1 \cos\phi}{U_L I_R} = \frac{I_1 \cos\phi}{I_R} = r\cos\phi$$

式中　I_1——基波电流有效值；

　　　I_R——电网电流有效值；

　　　U_L——电网电压有效值；

　　　P_F——功率因数；

　　　r——电网电流基波因数，$r = \dfrac{I_1}{I_R}$。

有功功率：在交流电路中，有功功率是指一个周期内发出或负载消耗的瞬时功率的积分的平均值（或负载电阻所消耗的功率），因此，也称平均功率。

视在功率：端口的电压有效值与电流有效值的乘积。

无功功率：电抗器（电感或电容）在交流电路中，由于其两端的电压与流过的电流有90°角的相位差，所以不能做功，也不消耗有功功率，但它参与了与电源的能量交换，这就产生了无功功率，降低了发电机和电网的供电效率。

二、UPS 主要性能及技术指标

（一）UPS 主要性能

1. 遥测、遥信性能

（1）通信接口。UPS 应具备 RS485 或 RS232、RS422、以太网、USB 标准通信接口（至少具备其一），并提供与通信接口配套使用的通信线缆和各种告警信号输出端子。

（2）遥测。在线式 UPS 遥测内容为交流输入电压、直流输入电压、输出电压、输出电流、输出频率、输出功率因数（可选）、充电电流、蓄电池温度（可选）。

（3）遥信。在线式 UPS 遥信内容为同步 / 不同步、UPS/ 旁路供电、过载、蓄电池放电电压低、市电故障、整流器故障、逆变器故障、旁路故障和运行状态记录。

2. 保护和告警功能

（1）输出短路保护。输出负载短路时，UPS 应自动关断输出，同时发出声光告警。

（2）输出过载保护。输出负载超过 UPS 额定功率时，应发出声光告警，超过过载能力时，在线式 UPS 应转旁路供电。互动式与后备式 UPS 应自动关断输出。

（3）过温度保护。UPS 机内运行温度过高时，发出声光告警，在线式 UPS 应转旁路供电。

（4）电池电压低保护。当 UPS 在电池逆变工作模式时，电池电压降至保护点时，发出声光告警，停止供电。

（5）输出过欠压保护。UPS 输出电压超过设定过、欠电压值时，发出声光告警，在线式 UPS 应转为旁路供电。

（6）风扇故障告警。风扇故障停止工作时，应发出声光告警。

（7）防雷保护。UPS 耐雷电等级分类及技术要求应符合《通信电源设备的防雷技术要求和测试方法》（YD/T 944—2007）中第 4 章、第 5 章的要求。

（8）维护旁路功能。容量大于 20 kVA 的 UPS 应具备维护旁路功能，当有对 UPS 的维护需求时，应能通过维护旁路开关直接给负载供电。

3. 外壳防护要求

UPS 保护接地装置与金属外壳的接地螺钉应具有可靠的电气连接，其连接电阻应不大于 0.1 Ω。

4. 安全要求

（1）绝缘电阻。UPS 的输入端、输出端对外壳施加 500 V 直流电压，绝缘电阻应大于 2 MΩ。

UPS 的电池正、负接线端对外壳施加 500 V 直流电压，绝缘电阻应大于 2 MΩ。

（2）绝缘强度。UPS 的输入端、输出端对地施加 50 Hz、2 000 V 的交流电压 1 min，应无击穿、无飞弧，漏电流小于 10 mA；或 2 820 V 直流电压 1 min，应无击穿、无飞弧，漏电流应小于 1 mA。

（3）接触电流和保护导体电流。UPS 的保护地（PE）对输入的中性线（N）的接触电流应不大于 3.5 mA。当接触电流大于 3.5 mA 时，保护导体电流的有效值不应超过每相输入电流的 5%，如果负载不平衡，则应采用三个相电流的最大值来计算。在保护导体大电流通路上，保护导体的截面面积不应小于 1.0 mm²。在靠近设备的一次电源连接端处，应设置标有警告语或类似词语的标牌，即"大接触电流，在接通电源之前必须先接地"。

5. 可靠性要求

在线式 UPS 设备在正常使用环境条件下，MTBF 应不小于 100 000 h（不含蓄电池）。

（二）在线式 UPS 主要技术指标

在线式 UPS 主要技术指标包括 UPS 的输入电压、功率因数、输入电流谐波成分、输入频率范围、频率跟踪范围、频率跟踪速率、输出电压稳压精度、输出频率、输出波形失真度、输出电压不平衡度、动态电压瞬变范围、电压瞬变恢复时间、输出电压相位偏差、市电与电池转换时间、旁路逆变转换时间、效率、输出有功功率、输出电流峰值系数、过载能力、音频噪声、并机负载电流不均衡度等，见表 3-8。

表 3-8　在线式 UPS 主要性能及技术指标

序号	指标项目	技术要求			备注
		I	II	III	
1	输入电压可变范围	176～264 V	187～242 V	—	相电压
		304～456 V	323～418 V	—	线电压

续表

序号	指标项目		技术要求			备注
			I	II	III	
2	输入功率因数	100% 非线性负载	≥ 0.99	≥ 0.95	≥ 0.90	
		50% 非线性负载	≥ 0.97	≥ 0.93	≥ 0.88	
		30% 非线性负载	≥ 0.94	≥ 0.90	≥ 0.85	
3	输入电流谐波成分	100% 非线性负载	<5%	<8%	<15%	
		50% 非线性负载	<8%	<15%	<20%	
		30% 非线性负载	<11%	<22%	<25%	
4	输入频率变化范围		50（1±2%）Hz			
5	频率跟踪范围		50（1±2%）Hz，可调			
6	频率跟踪速率		（0.5～2）Hz/s			
7	输出电压稳压精度		±1%	±1.5%	±2%	
8	输出频率		（50±0.5）Hz			电池逆变方式
9	输出波形失真度		≤ 2%	≤ 3%	≤ 5%	100% 阻性负载
			≤ 4%	≤ 6%	≤ 8%	100% 非线性负载
10	输出电压不平衡度		≤ 3%			
11	动态电压瞬变范围		±5%			
12	电压瞬变恢复时间		≤ 20 ms	≤ 40 ms	≤ 60 ms	
13	输出电压相位偏差		≤ 1°			
14	市电与电池转换时间		0 ms			
15	旁路逆变转换时间		<1 ms	<2 ms	<4 ms	>10 kVA
			<1 ms	<4 ms	<8 ms	≤ 10 kVA
16	ECO 模式转换时间		<1 ms	<2 ms	<4 ms	—

序号	指标项目		技术要求			备注
			I	II	III	
17	效率	100% 阻性负载	≥ 90%	≥ 86%	≥ 82%	额定输出容量 ≤ 10 kVA
			≥ 94%	≥ 92%	≥ 90%	10 kVA <额定 输出容量< 100 kVA
			≥ 95%	≥ 93%	≥ 91%	额定输出容量 ≥ 100 kVA
		50% 阻性负载	≥ 88%	≥ 84%	≥ 80%	额定输出容量 ≤ 10 kVA
			≥ 92%	≥ 89%	≥ 87%	10 kVA <额定 输出容量< 100 kVA
			≥ 93%	≥ 90%	≥ 88%	额定输出容量 ≥ 100 kVA
		30% 阻性负载	≥ 85%	≥ 80%	≥ 75%	额定输出容量 ≤ 10 kVA
			≥ 90%	≥ 86%	≥ 83%	10 kVA <额定 输出容量< 100 kVA
			≥ 91%	≥ 87%	≥ 84%	额定输出容量 ≥ 100 kVA
18	输出有功功率		≥额定容量 ×0.9 kW/ kVA	≥额定容量 ×0.8 kW/kVA	≥额定容量 ×0.7 kW/kVA	—
19	输出电流峰值系数		≥ 3			
20	过载能力（125%）		≥ 10 min	≥ 1 min	≥ 30 s	125% 额定阻性 负载
21	音频噪声		<55 dB（A）	<65 dB（A）	<70 dB（A）	400 kVA 及以上 除外
22	并机负载不均衡度		≤ 5%			对有并机功能的 UPS

　　在线式 UPS 出厂检验项目包括输出稳压精度、输出频率、输出波形失真度、输出电压相位偏差、旁路逆变转换时间、效率、输出有功功率、输出过载保护、电池电压低保护、风扇故障告警、保护与告警（输出过载保护、电池电压低保护、风扇故障告警）、遥测、遥信性能、安全要求、外观与结构等。

任务准备

（1）进入通信设备房前应按规定穿好防静电工作服、绝缘鞋，防止触电伤害和对电子设备的影响。

（2）资料：通信设备检修记录本。

任务实施

任务场景：通信电源机房。

任务要求：通过 UPS 设备主机的显示屏查看 UPS 的输入和输出电压、电流，填写检查记录表，要求记录填写真实有效、字迹工整。

任务安排：采用分组实施方式，4～8 人为一组，通过学生自荐或推荐的方式选出组长，负责本团队的组织协调工作，带头示范、督促、帮助其他组员完成相应工作。学生 2 人一组完成任务工单填写和确认。

实施步骤：

（1）UPS 应具备哪些通信接口？说出图 3-14 中 UPS 前面板中存在哪些通信接口。

图 3-14　UPS 前面板

（2）UPS 铭牌识别。查看图 3-15 UPS 铭牌，完成相应横线内容填写。

1）主输入：_____（交 / 直）电；_____V；_____制。

2）输出：_____；视在功率为_____；有功功率为_____。

3）蓄电池如果选用 12 V 标称电池，一组应有____

图 3-15　UPS 铭牌

_____，连接方式是_____（串／并）联。

（3）UPS主要运行参数查看。按照表3-9任务工单3.3，查阅设备技术规格书，参照伊顿9×55系列在线式UPS检修作业指南，完成UPS电压、电流、功率等参数查看。

UPS监控单元查询

表3-9　任务工单3.3

序号	查看内容	查看数据	判断工作是否正常	备注
1	查看UPS主路输入电压	输入电压正常数值范围：____ 当前值： A相：____ B相：____ C相：____	主路输入电压：□正常　□异常	
2	查看UPS主路输入电流	当前值： A相：____ B相：____ C相：____	输入电流：□正常　□异常	
3	输入频率	输出频率范围：____ 当前值：____	输入频率：□正常　□异常	
4	查看UPS旁路输入电压	旁路电压正常数值范围：____ 当前值：____	旁路电压：□正常　□异常	
5	查看UPS旁路输入电流	旁路电流正常数值范围：____ 当前值：____	旁路电流：□正常　□异常	
6	查看UPS输出电压	输出电压正常数值范围：____ 当前值：____	输出电压：□正常　□异常	
7	查看UPS输出电流	上次检查数值：____ 当前值：____	输出电流：□正常　□异常	参照上次记录参数
8	输出频率	输出频率范围：____ 当前值：____	输出频率：□正常　□异常	
9	输出功率	输出功率范围：____ 当前值：____ 输出功率因素：____	输出功率：□正常　□异常	
10	查看UPS负载利用率	负载利用率范围：____ 当前值：____	负载利用率：□正常　□异常	
检查人		确认人		检查日期	

讨论题：

（1）负载利用率高低与UPS效率之间有无关系？

_____

（2）功率因素高低与UPS效率之间有无关系？

_____

✦ 任务评价

任务评价由自评（占 30%）、互评（占 30%）和师评（占 40%）组成，请扫描二维码对评价项目、相应评价指标进行打分。

UPS 主要运行参数检查任务评价表

项目 3.2　UPS 小修

▣ 项目概述

UPS 是一种含有储能装置，以逆变器为主要元件，稳压稳频输出的电源保护设备，可有效解决电力系统的断电、高低电压、突波、杂讯等现象，已广泛应用于通信系统、航空管理、工业控制、医院、证券等对供电可靠性和电源质量要求较高的领域。如何选择 UPS，延长其使用寿命，减少故障发生概率，是人们普遍关注的问题。

城市轨道交通工程中，设备系统是保障列车安全运行、正常运营、应急处置和智能联动的中枢神经，主要包括专用通信系统、信号系统、综合监控系统、AFC 系统、站台门系统等，这类设备系统对电源的质量、供电的连续性、供电的可靠性要求较高。为满足其配电需求，需要采用 UPS 设备为其提供高可靠性、高品质的不间断电源。

通信专业设备的维修工作必须贯彻预防与检修相结合、以预防为主的原则，按期进行计划性维修，在维修中采取多种手段进行检测，根据设备状态参数进行早期设备故障诊断，并逐步向状态维修的方向发展，为早日从计划维修向状态维修过渡创造条件。

任务　UPS 工作模式切换功能验证

☷ 任务描述

本任务主要是操作 UPS（以伊顿 9×55 为例）设备，完成从正常工作模式切换至蓄电池逆变工作模式、旁路工作模式的功能验证。

学习目标

1. 增强高质量发展本领，努力成为行业里手；
2. 了解 UPS 的工作原理及主要电路技术；
3. 掌握 UPS 的开关及作用；
4. 掌握在线式 UPS 的运行模式；
5. 能操作 UPS 切换到蓄电池逆变工作模式；
6. 能操作 UPS 切换到旁路工作模式。

任务分析

了解 UPS 的工作原理及主要电路技术，掌握在线式 UPS 四种运行模式。难点在于对不同工作模式的理解。

知识准备

在线式 UPS 结构
及其工作原理

一、UPS 的工作原理

典型的 UPS 工作原理如图 3-2 所示。当市电正常时，在线式 UPS 输入交流电压，整流器将交流电压转换为直流电压，通过脉冲宽度调制（PWM）（脉宽调制）技术，由逆变器再将直流电压逆变成交流正弦波电压并供给负载，起到无级稳压的作用。同时整流器对蓄电池进行浮充充电；市电中断时，后备蓄电池开始工作，通过脉冲宽度调制技术，此时蓄电池储存的电能通过逆变器变换成交流正弦波并供给负载，起到无级稳压的作用。

二、UPS 主要组成

UPS 通常由输入滤波电路、整流器、逆变器、蓄电池组、静态开关、输出滤波、智能监控、控制及保护电路、辅助电源等部分组成。

1. 整流器

（1）完成交流转换为直流；
（2）实现功率因数校正（PFC）及升压功能；
（3）降低对电网的污染。

2. 逆变器

（1）完成直流转换为交流；
（2）转换电池中直流的能量；
（3）通过开关管的高速动作，输出纯净的交流电。

3. 静态开关

静态开关也称为静态旁路（Bypass），当 UPS 主变换器出现故障或异常时，自动转内部旁路供电。

4. 电池

（1）市电断电时作为备用能源；

（2）一般有 2 V、6 V、12 V，UPS 常用 12 V 的铅酸蓄电池，也可使用锂电池、镍镉/镍氢电池等新型电池；

（3）安装形式有电池包、电池箱、电池柜、电池架。

5. 输入、输出滤波电路

（1）输入滤波作用：过滤电网中的高频干扰，同时防止本机产生的杂音反馈到公共电网。

（2）输出滤波作用：滤除输出电压中单次谐波（净化波形），降低负载变化引起的输出电压波动（稳压）。

滤波器可分为电容滤波器或电感滤波器两种。电容滤波器输出电压较高，但要求变压器输出的峰值电流较大，且负载调整较差。电感滤波器输出特性较好，但需要较大的扼流圈且成本较高。目前 UPS 中通常采用电容和电感组成的 LC 滤波器。

三、UPS 逆变工作原理及主要电路技术

1. 逆变电路

逆变器作为 UPS 的核心部分，主要作用是将市电整流后的直流电压或蓄电池电压变换为交流电压。在线式 UPS 采用的是正弦脉宽调制（SPWM）技术，来控制逆变器的工作。本节主要介绍正弦波逆变电路的相关特性。SPWM 原理方框图及输出波形如图 3-16 所示。

逆变器工作原理

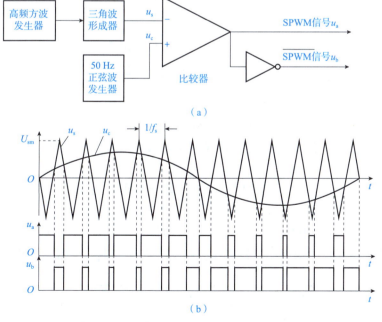

图 3-16　正弦脉宽调制（SPWM）技术原理

（a）方框图；（b）波形图

正弦波逆变电路主要是通过频率较高的等幅三角波（载波）与可调的 50 Hz 正弦波组合产生与正弦波等效但脉冲宽度不等的矩形波，由输出波形可以看出，波形良好，失真度很低，且其输出波形与市电电网的交流电波形基本一致，实际上优良的正弦波逆变器提供的交流电比电网的质量更高。

2. 静态开关和锁相环路

（1）静态开关。静态开关位置和作用如图 3-17 所示，其作用是保护 UPS 和负载，实现市电旁路供电和逆变器供电的转换。当 UPS 出现过载现象时，为保护逆变器不受损坏，在市电正常的情况下 UPS 就会通过静态开关将输出转换至市电；当 UPS 逆变器出现故障时，为保证负载不断电，UPS 也将通过静态开关将输出切换至市电。

静态开关和
锁相环路

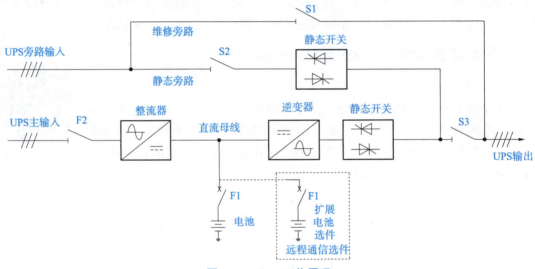

图 3-17　UPS 工作原理

静态开关采用了同步锁相技术，确保供给负载持续稳定的电压，静态开关相当于一个无触点的电子开关。当逆变器过载或故障时，负载就切换到静态旁路状态工作，因此逆变器在正常工作时，除了保证向负载提供稳定可靠的输出电压外，在频率上要跟踪静态开关的输入电压。

静态开关的主电路是由两只晶闸管反向并联组成的，分别用来通过交流电的正、负半周电流。

（2）锁相环路。在 UPS 逆变电路中还有一项技术必不可少，那就是同步锁相技术。锁相环路由鉴相器、低通滤波器和压控振荡器三个基本部件组成，如图 3-18 所示。

图 3-18　基本的锁相环路

首先将输入信号的相位与反馈信号的相位经过鉴相器进行比较，产生对应于两信号相位差的误差电压。这个误差电压与两个信号的相位差成正比，它可以调节压控振荡器的频率，以与输入信号同步。经鉴相器输出的电压由低通滤波器去除高频分量与噪声，产生直流分量，控制压控振荡器产生振荡频率，使其朝着输入电压频率的方向变化，这就是整个锁相环路的工作原理。

通过对工作原理的分析可以知道，锁相环路的功能主要是检测两个交流电源的相位差并将它变成一个电压信号去控制逆变的输出电压相位与频率，从而保持逆变器与交流电源的同步运行。

四、在线式 UPS 的工作模式

在线式 UPS 的工作模式有正常工作模式、电池逆变工作模式、旁路工作模式和 ECO 模式四种。

1. 正常工作模式

市电先经 UPS 整流器整流，再经逆变器逆变后为负载提供连续不中断的、高质量的交流电源。同时整流器给电池浮充或均充，正常工作模式示意如图 3-19 所示。

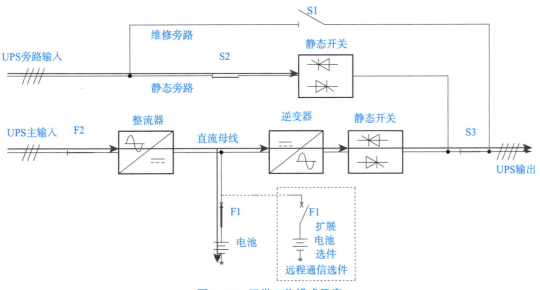

图 3-19 正常工作模式示意

2. 电池逆变工作模式

电池逆变工作模式是指输入交流电压或频率异常时，电池通过逆变器或变换器向负载供电的工作模式。当 UPS 输入供电异常（电压过高或过低）、中断或整流器故障时，系统自动切换至电池逆变工作模式运行，负载电源不会中断。当市电电源恢复时，系统自动切换回正常工作模式，无须任何人工干预，负载电源不间断，模式切换时间为零，电池逆变工作模式示意如图 3-20 所示。

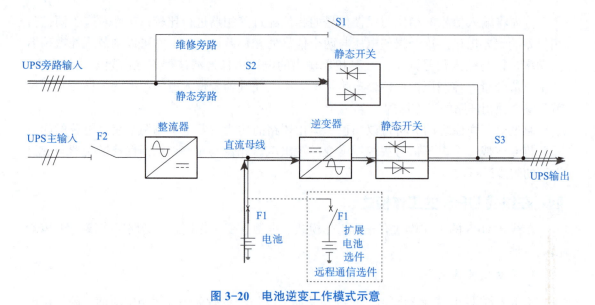

图 3-20　电池逆变工作模式示意

3. 旁路工作模式

旁路工作模式（由于采用静态开关，所以又称静态旁路工作模式）有两种：一种能自动恢复到正常工作模式；另一种需要人工干预才能恢复到正常工作模式。当逆变器输出过载、延时过长、负载短路、逆变器过热/过压/欠压或故障情况下，系统会自动切断逆变器，转为静态旁路直接输出给负载方式，负载由静态旁路市电电源供电，UPS 恢复正常时能自动切换至正常工作模式。当用户关机或主路市电异常且电池储能耗尽，或发生严重故障等情况下，逆变器关闭，系统会停留在旁路工作模式，需要手动重新开机恢复至正常工作模式。旁路工作模式如图 3-21 所示。

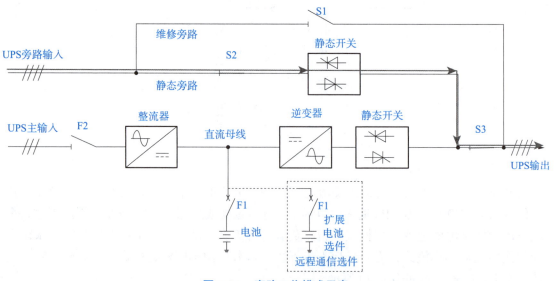

图 3-21　旁路工作模式示意

4. ECO 模式

交流输入正常情况下 UPS 通过静态旁路向负载供电，当交流输入异常时 UPS 切换至逆变器供电的工作模式（工作示意同图 3-21）。

维修旁路功能一般在维修 UPS 时使用，负载通过维修旁路开关直接连接到旁路电源，此时关闭 UPS 后 UPS 内部元器件不带电，维修旁路模式示意如图 3-22 所示。

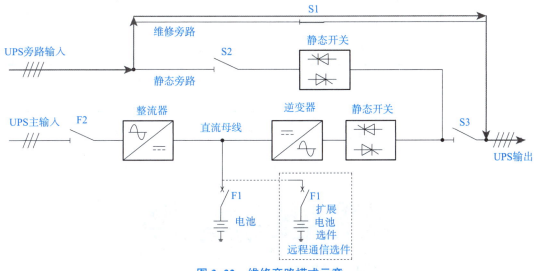

图 3-22　维修旁路模式示意

 任务准备

（1）进入通信设备房前应按规定穿好防静电工作服、绝缘鞋，防止触电伤害和对电子设备的影响。

（2）工器具及物料：数字万用表、螺钉旋具、绝缘手套等常用工器具，无纺清洁布、标签、绝缘胶带等物料。

（3）资料：通信设备检修记录本、设备操作指南、应急预案。

风险防控：当有雷电时，应严格禁止进行作业。

任务实施

任务场景：通信电源机房。

任务要求：观察 UPS 设备主机，熟悉显示面板、工作指示灯的位置及其作用；无市电输入时会切换蓄电池进行供电，填写检查记录表，要求记录填写真实有效、字迹工整。

任务安排：采用分组实施方式，4 ～ 8 人为一组，通过学生自荐或推荐的方式选出组长，负责本团队的组织协调工作，带头示范、督促、帮助其他组员完成相应工作。学生

2 人一组完成任务工单填写和确认。

实施步骤：

（1）写出 UPS 的四种工作模式。

_____

（2）UPS 蓄电池逆变工作模式功能验证。

1）确认 UPS 处于正常工作模式，确认 UPS 蓄电池空开处于闭合状态且正常。
写出图 3-17 中各空开状态，完成表 3-10。

表 3-10　UPS 正常工作模式空开状态

空开名称	S1	S2	S3	F1	F2
空开状态					

2）UPS 主路输入断电：输入开关空开位置如图 3-23 所示，在 UPS 上断开此空开。
讨论：此步骤作用是什么？

_____

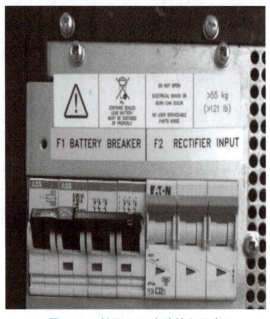

图 3-23　断开 UPS 主路输入示意

3）功能验证完成后，闭合输入空开，UPS 自动转为正常供电模式。
讨论：如果忘记闭合输入空开，会出现何种情况？

_____

（3）UPS 旁路工作模式功能验证。

1）检查一下 UPS 工作状态信息与各开关处在正常的启动位置；

2）通过上下选择按钮，找到 UPS 控制菜单，如图 3-24 所示；

3）在控制菜单中选择向右按钮，进入转旁路模式菜单，如图 3-25 所示；

图 3-24 UPS 控制菜单

图 3-25 UPS 转旁路模式菜单

4）在旁路模式菜单下，按回撤按钮，UPS 自动切换至静态旁路工作，UPS 旁路指示灯亮黄灯，UPS 故障指示灯亮红灯；

5）功能验证完成后，切换至正常供电模式。

讨论：在线运行的 UPS 设备，何种情况会切换旁路工作模式？

◆ **任务评价**

任务评价由自评（占 30%）、互评（占 30%）和师评（占 40%）组成，请扫描二维码对评价项目、相应评价指标进行打分。

UPS 工作模式切换功能验证任务评价表

项目 3.3 UPS 故障处理

⊡ **项目概述**

电源系统作为所有设备的供电系统，是其他所有系统的基石，更是轨道交通行业安全运营的根本。不间断电源系统（UPS）保证电源供给平稳、不间断，是电源系统的重要组成部分，其重要程度不言而喻。本项目主要介绍 UPS 故障处理案例、应急处置和 UPS 故障处理的基本操作，提高设备故障处理效率，降低设备影响范围，确保电源系统安全稳定。

任务 3.3.1　UPS 操作

任务描述

本任务以伊顿 9×55 系列 UPS 为例介绍 UPS 的操作，掌握 UPS 开机、关机和四种工作模式切换的操作步骤。

学习目标

1. 培养科学严谨的学习态度；
2. 提高安全责任意识，强化现场标准化作业程序，规范工作流程；
3. 掌握 UPS 开关机操作步骤；
4. 掌握 UPS 工作模式切换步骤；
5. 能进行 UPS 开关机操作；
6. 能进行 UPS 工作模式切换操作。

任务分析

完成 UPS 的操作命令，需要掌握 UPS 的设备组成、开关功能、指示灯含义和几种工作模式。

知识准备

（1）UPS 发生故障报警时，一般故障处理流程为：检查 UPS 操作控制面板故障报警信息，检查 UPS 工作方式，检查 UPS 主机柜内元器件，检查控制逻辑电路板 LED 灯的工作状态，查明 UPS 主机故障原因。

（2）根据不同的故障类型进行相应的处理：

1）如"UPS 主电源失电"，检查 UPS 当前工作方式，是否由电池供电，此时密切监视电池电压，及时恢复 UPS 主机电源供电。

2）如"UPS 整流器故障"，检查 UPS 当前工作方式，是否由电池供电，此时密切监视电池电压或直接手动将 UPS 切换至静态旁路供电。

3）如"UPS 逆变器故障"，检查 UPS 工作方式，是否成功切换到静态旁路供电，如未成功，此时手动切换至静态旁路供电。

4）如 UPS 故障停机，造成 UPS 负载失电时，将 UPS 手动切换至维修旁路恢复供电，检修 UPS 主机。

5）如"UPS 过载"报警，检查 UPS 输出电流及实际负载率，如过载确认，请根据负载重要性进行部分切除；如系统故障误报，请及时对 UPS 主机进行检修。

6）如 UPS 主机元器件损坏造成 UPS 故障停机，请及时将负载切至维修旁路供电，并对 UPS 主机进行维修处理。

 任务准备

（1）进入通信设备房前应按规定穿好防静电工作服、绝缘鞋，防止触电伤害和对电子设备的影响。

（2）作业完成后，与网管班组做好设备状态互控，确保设备运行正常。

（3）工器具及物料：数字万用表、螺钉旋具、绝缘手套等常用工器具，无纺清洁布、标签、绝缘胶带等物料。

（4）资料：通信设备检修记录本、设备操作指南、应急预案。

风险防控：当有雷电的时候，应严格禁止进行作业。

任务实施

在线式 UPS 日常
操作维护

任务场景：通信电源机房。

任务要求：观察 UPS 设备主机状态；检查面板显示、工作指示灯状态，完成 UPS 电源开关机操作、工作模式切换操作。

任务安排：采用分组实施方式，4～8 人为一组，通过学生自荐或推荐的方式选出组长，负责本团队的组织协调工作，带头示范、督促、帮助其他组员完成相应工作。学生 2 人一组完成任务工单填写和确认。

实施步骤：

（1）UPS 整流器故障，UPS 工作模式如何变化？

_____

（2）UPS 逆变器故障，UPS 工作模式如何变化？

_____

（3）UPS 开机操作。操作前提：UPS 安装调试完毕，市电已输入 UPS。

UPS 开机加载步骤：

1）闭合静态旁路开关 S2；

2）闭合整流器输入开关 F2；

3）闭合 UPS 输出电源开关 S3；

4）手动闭合电池开关 F1。

讨论：如果 1）变为 4），是否可行？

_____

（4）UPS 从正常运行到维修旁路的步骤。

负载从 UPS 逆变器切换到维修旁路，这在 UPS 需要维护时有用。负载由逆变器切换到静态旁路的操作过程如下：

1）关断 UPS 逆变器，负载切换到静态旁路。通常在主菜单上可以操作关断 UPS 逆变器。

2）取下 S1 保护盖板，闭合维修旁路开关 S1，断开整流器电源输入开关 F2，UPS 电源输出开关 S3，静态旁路开关 S2 和电池开关 F1，UPS 已关闭，但市电通过维修旁路向负载供电。

讨论：能否不关闭 UPS 逆变器，直接闭合维修旁路开关 S1？

（5）UPS 在维修旁路下的开机步骤。包括如何启动 UPS，并把负载从维修旁路切换到逆变器。

1）闭合 UPS 输出开关 S3 和静态旁路开关 S2。

2）断开维护旁路开关 S1，并上锁。

3）闭合整流器输入电源开关 F2，整流器启动，并稳定在浮充电压，浮充电压是否正常。

4）闭合电池开关 F1。

讨论：哪些情况下需要将 UPS 切换至维修旁路？

（6）UPS 关机步骤。

1）断开电池开关 F1 和整流器输入电源开关 F2。

2）断开 UPS 输出开关 S3 和旁路电源开关 S2。

3）若要 UPS 与市电隔离，则应断开市电向 UPS 的配电开关，使直流母线电压放电。

强化练习：

画出在线式 UPS 各操作开关示意图，简述其从正常运行到维修旁路的步骤。

 任务评价

任务评价由自评（占 30%）、互评（占 30%）和师评（占 40%）组成，请扫描二维码对评价项目、相应评价指标进行打分。

UPS 操作任务评价表

任务 3.3.2　UPS 常见故障处理

任务描述

本任务主要通过学习 UPS 故障的案例、常见故障处置方式、设备故障应急措施，掌握 UPS 故障应急和故障处理，学会常见故障的处理和分析，提高设备故障处置效率，降低故障影响。

学习目标

1. 增强安全意识，防范安全风险；
2. 培养学生的责任感、使命感；
3. 提高对加强知识、技能培训、运维技能的重要性的认识；
4. 培养不屈不挠、勇于攀登、不懈探索、勇于创新的精神；
5. 了解 UPS 系统常见故障；
6. 掌握 UPS 故障处理流程；
7. 通过案例掌握故障处理技巧和方法。

任务分析

掌握 UPS 故障应急和故障处理，需要了解 UPS 故障现象，掌握 UPS 设备故障影响及项目 3.1 和项目 3.2 UPS 日常保养和小修的基础知识和 UPS 的常规操作。

知识准备

一般情况下，UPS 主板常见的故障主要有不并机、不逆变、不稳压、不充电、不能用市电、蓄电池故障、电容故障、干扰故障、死机等几种。在检修 UPS 时，应首先检查蓄电池，其次检查主板电路。当确定主板电路故障后，应先检查市电稳压供电电路，然后检查逆变电路。

一、不逆变

不逆变是指 UPS 用市电能正常工作，但市电中断时蓄电池直流电压不能转变为 220 V 交流电压。遇到这种情况时，应首先测量蓄电池电压，因为若蓄电池电压过低，控制电路检测到蓄电池电压过低信号后，就会中断逆变电路工作。其次，检查辅助电源是否正常以及逆变管和驱动管有无损坏。最后，检查输出保护电路。一般情况下，通过上述步骤即可检查到故障点，并予以排除。

二、不稳压

对于非在线式 UPS，不稳压分为交流输入时输出不稳压和逆变输出不稳压两种情况。

当市电输入时，输出稳压过程是通过调压电路控制继电器与变压器的不同抽头进行连接实现的；逆变输出电压的稳压过程是通过检测逆变器反馈电压高低来控制方波信号的脉冲宽度而实现的。如果 UPS 出现不稳压故障，只要检查相应的调压控制电路即可。

三、不充电

不充电故障在市电不经常中断的环境里比较难发现，而它的危害很大，很可能使蓄电池因长期得不到充电而提前报废。判断此故障的方法很简单，只要断开充电电路与蓄电池连接，通过测充电电路的空载电压即可判断。正常时，对单块 12 V 的蓄电池来说此电压为 13.5 V，对串联的两块蓄电池来说此电压为 27 V。若此电压不正常，就应检查充电电路及相应控制电路，特别是与此相关的控制电路。当市电电压过低或中断时，充电电路在控制电路的作用会停止工作。若相应控制电路有故障而误动作，也会使充电电路不工作。

四、不能用市电

逆变输出正常，用市电输入时无输出。遇到此类故障时应首先检查市电检测电路，因为当市电检测电路检测出市电电压低于 170 V 或高于 260 V 时，就会发出相应信号给控制电路，使控制电路发出控制脉冲，切断市电输入通路，并使 UPS 处于逆变状态。当检测电路正常后，最后检查继电器转换电路。由于机型不同，其控制关系和保护电路类型也千差万别，此处同一故障现象的原因还有很多，但根据经验，其检查方法都基本相同。

五、UPS 不能正常启动

在正常情况下，后备机 UPS 只要合上输入开关，UPS 便自动工作在旁路供电方式，这时负载由市电直接提供电源。当 UPS 开始启动一段时间后自动由旁路供电转为逆变器供电（正常工作方式）。若不能正常启动，说明电池或逆变器有问题。检查电池或逆变器，可找出原因。

UPS 不能正常启动的原因除机器内部的因素外，首先应检查输入电压是否正常，对于三相输入的 UPS，还要检查是否"缺相"。因为在 UPS 内部有一个检测电路对输入电压进行实时监视，若存在"缺相"，输入电压的三相平均值必然低于正常值的下限，检测电路便发出信号封锁 UPS 的启动；若检查输入电压正常，UPS 仍未启动，则对于单相输入的 UPS 要检查输入电压的火线与零线接线是否接反；对于三相输入的 UPS 则要检查其输入电压的相序是否正确。

六、UPS 在运行中频繁地转换到旁路供电方式

UPS 正常工作转到旁路状态通常有 3 种原因：一是 UPS 本身出现故障；二是 UPS 暂时过载；三是过热。当 UPS 本来负载比较重，再启动其他的负载时，UPS 就因"过载"

而转到旁路，等负载的冲击电流过去后，UPS 又自动转换到正常工作方式，这种情况的频繁出现对 UPS 的稳定工作是不利的，应做相应处理。

例如，微机在开机瞬间的负载电流比较大，随着加电时间的延长，其负载电流逐渐趋于正常值。经计算，微机在开机瞬间的负载电流约是正常工作时负载电流的 2～3 倍。这样的控制方式在加载的瞬间必然造成 UPS 的过载而转换到旁路。为了避免其发生，应在 UPS 正常工作情况下，逐步增加负载，分散负载同时启动的冲击电流。

另外，检查周围环境温度及 UPS 显示的温度，有助于判断是否因 UPS 过热而频繁转换到旁路供电方式。

七、当市电中断时，UPS 也自动停机

当市电中断时 UPS 立即关机，多数是因为蓄电池不能维持对负载的供电，从而造成负载供电中断。这时，由于蓄电池失效或其性能严重变坏，以致当市电中断时，蓄电池没有足够的能量来维持对负载的供电。此时只要更换不良蓄电池，就可恢复正常。在检查蓄电池时，不能以测量蓄电池空载时端电压的高低来衡量其好坏，而应让它稍带负载，视其端电压变化情况而定。当蓄电池失效或性能严重变坏时，其空载端电压虽然基本正常，但只要放电，其端电压就会大幅度下降，下降幅度往往超出蓄电池的允许范围。

UPS 常见故障处置图如图 3-26 所示。

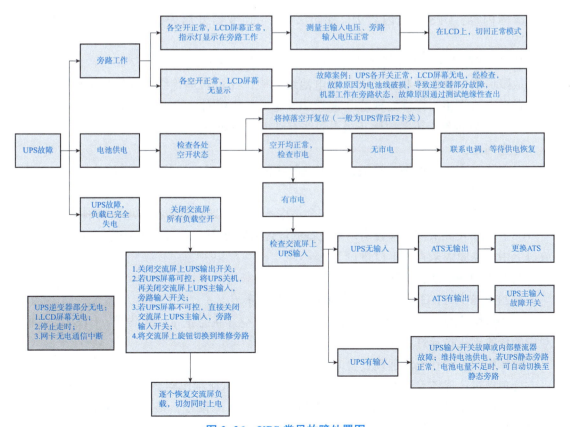

图 3-26　UPS 常见故障处置图

任务准备

设备技术资料，含说明书、维护手册、操作手册等。

任务实施

任务场景：通信电源机房。

任务要求：通过案例掌握 UPS 故障现象、故障影响和处置方案，发现存在的问题。

任务安排：采用分组实施方式，4～8 人为一组，通过学生自荐或推荐的方式选出组长，负责本团队的组织协调工作，带头示范、督促、帮助其他组员完成相应工作。

实施步骤：

案例 1：UPS 至蓄电池电源线破损导致设备故障。

2015 年 8 月 11 日，网管远程报 UPS 通信中断。

现场故障现象：F1、F2 开关断开，LCD 显示屏黑屏，旁路灯亮，通信中断，机器转旁路工作。

故障影响：UPS 自动切换至静态旁路工作，负载正常工作，网管无法远程监控 UPS 状态。

故障内容：UPS 告警内容为"保险失效""逆变器开启失败"，提示"直流母线电压低"。

故障处理：更换 I/O 板后修复，I/O 板返厂检测为熔丝烧坏。

故障原因：静电地板施工时，将电池线割破，导致对地绝缘性降低损坏设备。次日 UPS 故障再次发生，排查发现蓄电池至 UPS 电源线正极对地绝缘性为 4 kΩ，小于规定的 2 kΩ，最后发现地板下蓄电池正极电源线有破损，现场采用绝缘胶布绝缘处理。

存在问题：

（1）施工人员工作态度消极，发现电源线破损后未及时更换而是采用绝缘胶布处理，导致设备对地绝缘性降低；

（2）设备房辅助设备安装过程中安全考虑不到位，导致电源线被地板切割破损；

（3）维修人员未彻底检查出影响设备的最终故障原因，进行设备上电，违反了"四不放过"中故障原因未查清不放过。

案例 2：UPS 通信故障。

2023 年 8 月 11 日，网管远程报 UPS 通信中断。

现场故障现象：现场 UPS 运行指示灯正常，空开状态正常，无告警，UPS 以太网卡对应的传输网线指示灯灭。

故障影响：网管无法远程查看 UPS 状态。

处理经过：现场人员查看网线后，故障未修复，重新制作网络水晶头后仍未恢复，更换 UPS 网卡后故障未恢复，重新布放网线制作水晶头未恢复，最后未排查网络水晶头线序错误导致，重新制作水晶头后恢复，故障处理时间较长。

故障原因：网线中间断裂，导致设备通信异常。

存在问题：

（1）未按照正规处理流程进行现场故障处置，越过网线排查，进行网线和网卡更换；

（2）处置人员基本业务技能不达标，对网线线序不清楚。

（3）故障处置时间长，影响设备正常使用。

任务评价由自评（占 30%）、互评（占 30%）和师评（占 40%）组成，请扫描二维码对评价项目、相应评价指标进行打分。

UPS 常见故障处理任务评价表

单元 3　知识测试

单元 4

高频开关电源运行与维护

📖 **单元介绍**

直流供电系统是通信行业电源供电系统中应用广泛的供电系统，随着技术的飞速发展，通信电源产品逐渐更替，直流通信电源由早期的相控电源发展到目前高频开关电源已成为主流。开关电源的功率调整管工作在开关状态。随着电子技术的发展成熟，高频开关电源的 MTBF 延长，可靠性、稳压精度大大提高，产品呈现出集成化、模块化、小型化、智能化、功率和效率显著提高等特点。

《通信局（站）电源系统总技术要求》（YD/T 1051—2018）中第 5.3 条规定，直流供电系统由输入配电、整流器、蓄电池组、直流输出配电、直流 - 直流变换设备组成。直流基础电源的电压种类有 –48 V、240 V、336 V。同时也规定，通信网络接入侧站点采用单一的 –48 V 直流供电或交流供电。通信网络侧局（站）优先采用 240 V、336 V 直流基础电源。原有 –48 V 直流基础电源逐步向 240 V、336 V 直流基础电源过渡。随着电源设备技术和通信设备技术的协调发展，通信网络侧 ICT 设备可以采用由低压交流基础电源与

240 V、336 V 直流基础电源组成的双路混合供电方式。

在轨道交通通信专业，传输、基站（或 LTE 系统的 BBU）、TETRA、电话交换机和部分重要服务器经常采用直流供电方式，以减少设备故障发生概率、延长设备使用寿命。目前，轨道交通通信设备的直流供电系统的基础电源均采用标称电压为 –48 V 的直流通信电源系统。它具有系统组成合理、安全可靠性高、可维修性好、使用和维护成本低等许多优点。

本单元主要讨论高频开关电源设备，以北京动力源科技股份有限公司制造的 DUM-48/50 H 型高频开关电源为例，其整流模块型号为 DZY-48/50 H。

项目 4.1　高频开关电源日常保养

项目概述

　　高频开关电源日常保养工作主要内容包括设备外观检查、运行状态检查、工作参数检查、告警信息检查并记录和模块清洁等。通过本项目的学习，学生不仅要掌握高频开关电源日常保养各项任务的操作方法，也要通过这些任务理解高频开关电源的组成、基本工作原理、主要工作参数等，建立对高频开关电源的基本认识。

任务 4.1.1　设备面板指示灯查看

任务描述

　　通过本任务的学习，掌握高频开关电源系统的组成框图和各部分的作用，了解高频开关电源的特点、设备分类。通过观察指示灯，判断高频开关电源整流模块工作状态正常与否。

学习目标

　　1. 养成守纪律、讲规矩、明底线、知敬畏的素养；
　　2. 安全无小事，增强安全观念；
　　3. 养成在检修设备时，认真观察设备状态指示灯的习惯。
　　4. 掌握高频开关电源组成及各部分功能；
　　5. 掌握直流供电方式；
　　6. 理解整流模块工作原理；
　　7. 能通过高频开关电源整流模块面板指示显示判断整流模块工作状态。

任务分析

　　整流模块在高频开关电源中是将 AC 220 V/380 V 市电转换为 DC 48 V 电源的功能模块。任何整流模块工作状态异常都会导致高频开关电源整体工作指标下降。维修人员在检查整流模块指示灯时需要判断：

（1）整流模块是否功能完好，能够为负载提供持续的直流电压；

（2）整流模块与高频开关电源的监控单元通信是否正常，能否被监控单元监控到，并且将整流模块的状态信息反馈至控制中心的高频开关电源网管。

 知识准备

一、高频开关电源系统概述

通信用高频开关电源系统一般是指在一个机架（箱）或多个机架中，由交流配电部分、高频开关整流模块、直流配电部分和监控单元组成的电源系统。按轨道交通各类通信设备的配套要求，高频开关电源系统的容量配置一般不超过 3 000 A，系统的直流输出电压标称值系列为 -48 V。

典型的高频开关
电源系统组成

二、高频开关电源组成及各部分功能

典型的高频开关电源系统组成原理框图如图 4-1 所示。

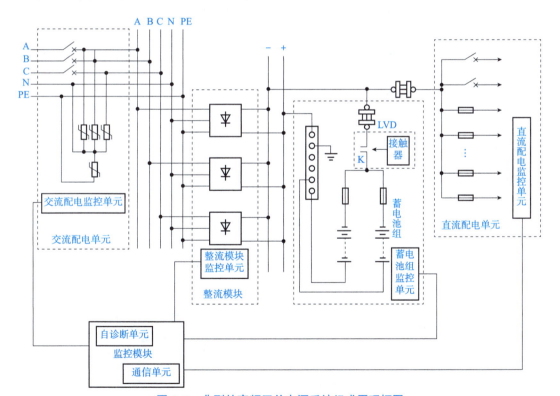

图 4-1　典型的高频开关电源系统组成原理框图

1. 交流配电单元

交流配电单元一般有两路交流电源引入，能进行主、备用电源的自动切换转换，且

必须具有可靠的机械及电气连锁。

交流配电单元采用三相五线制或单相三线制交流输入，市电经防雷后，由交流配电单元将交流配电配接，分别送至各高频开关整流器。可以实现对高频开关整流模块的供电分配、通断控制、检测、告警和防雷保护。根据负载容量，交流配电单元可以为独立机柜，也可以作为交流配电单元内嵌到高频开关电源设备中。

2. 整流模块

整流模块将从交流配电屏引入的 220 V/380 V 交流电整流稳压为通信设备所需的稳定的 −48 V 直流电，所有整流器并联输出正负母排上。

3. 蓄电池组

蓄电池组（一般单独外置）通过电池分路熔断器、分流器与整流器的输出并联到母排上。由直流配电单元为直流负载供电。

4. 直流配电单元

直流配电单元将整流模块的输出端、负载、蓄电池组连接起来，形成全浮充工作方式，并对直流供电进行分配、通断控制、监测、告警和保护。

直流配电具有一、二次下电保护能力，也称为低电压二级切断保护。当出现交流故障，蓄电池组放电到一定电压时，为了保护重要负载，将会断开一些非重要的负载，称为一次下电；而当蓄电池组继续放电到指定电压时，为了避免蓄电池组因过渡导致寿命降低或损坏，会断开所有负载，称为二次下电。

5. 监控单元

监控单元具有智能通信接口，可与远端监控中心连接构成集中监控系统。主要检测或控制交流配电状态、整流模块状态、电池状态、直流分路状态等。同时，也具备自诊断功能。

6. 产品分类

（1）按照安装方式分，通信用高频开关电源系统一般可分为落地式、壁挂式、嵌入式等。

（2）按照结构分，通信用高频开关电源系统一般可分为分立式（图 4-2）和组合式（图 4-3）。

图 4-2　分立式高频开关电源系统组成框图

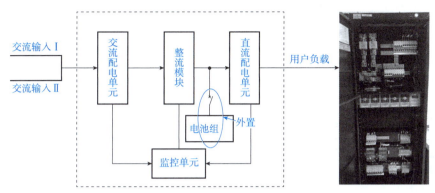

图 4-3 组合式高频开关电源系统组成框图

（3）按照工作环境分，通信用高频开关电源系统一般可分为室内型和室外型。

三、直流供电方式

直流供电采用全浮充方式，如图 4-4 所示，在交流电源正常时经由整流器与蓄电池组并联浮充工作，对通信设备供电。当交流电源停电时，由蓄电池组放电供电，在交流电恢复后，应实行带负荷恒压限流充电的供电方式。

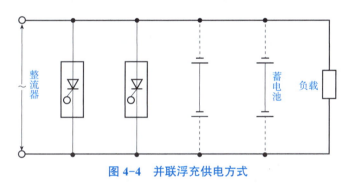

图 4-4 并联浮充供电方式

通信局（站）直流供电方式应保证稳定、可靠、安全地供电，电源设备应靠近通信设备布置，使直流馈电线长度尽量缩短，以降低电能消耗、减少安装费用。供电系统的组成和电源设备的布置应当在通信局（站）增容时，电源设备能相应和灵活地扩充容量，并有利于设备的安装和维护。

不同局（站）的电源系统有不同的结构方式和系统类型。根据通信局（站）的实际情况可以部署不同的供电方式，如集中供电方式、分散供电方式、混合供电方式等，可参考单元 1 任务 1.1.2。

多能源供电方式电源系统示意如图 4-5 所示。

多能源供电系统采用交流电源和太阳能发电（或风力发电）相结合的供电方式。该系统由太阳能发电、风力发电、低压市电、蓄电池组、整流与配电设备及移动电站组成。

移动通信基站供电系统示意如图 4-6 所示。

移动通信基站供电系统中的开关电源具备低压二级切断功能（二次下电）。此种供电

适合移动通信的宏基站。

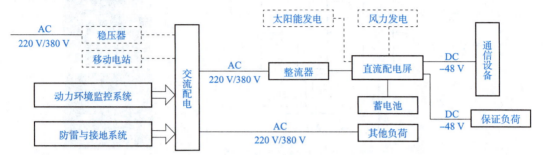

图 4-5　多能源供电方式电源系统示意

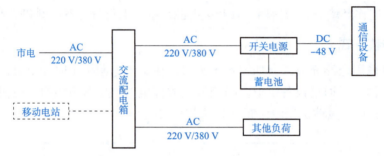

图 4-6　移动通信基站供电系统示意

小型站常用的一体化组合电源系统如图 4-7 所示。

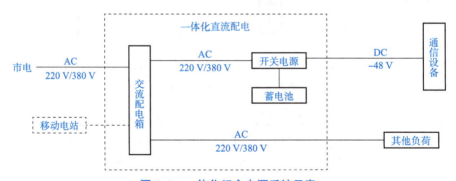

图 4-7　一体化组合电源系统示意

一体化组合电源是指交流配电、直流配电、整流、蓄电池组和监控单元组合在同一个机架内。城市轨道交通高频开关电流系统主要是采用这种形式。

此种方式适合小型通信站，如接入网站、室内分布站、室外小基站等。

四、整流模块工作原理

整流模块工作原理如图 4-8 所示。各部分主要功能如下。

1. 过压保护

检测交流输入电压。当交流输入电压低于允许的输入电压范围下限时，给功率因数校正控制电路和 PWM 控制电路发出信号，以使功率因数校正级和高频逆变部分关机；当交流输入电压高于允许的输入电压范围上限时，切断主电路的交流输入。

2. 输入滤波器

滤除电网杂波干扰，抑制开关电源对交流电网的反干扰。

3. 缓启动

降低开机时的浪涌电流，提高系统的可靠性。

4. 整流桥

将输入交流电整流为直流电。

高频开关整流器

5. 功率因数校正

（1）在功率因数校正控制电路的控制下进行有源功率因数校正。

（2）使输入电流的波形和相位与输入电压的波形和相位基本一致，从而减少输入电流波形的失真度，提高功率因数。

6. DC/DC 变换

在 PWM 相移谐振控制电路的控制下进行高频逆变。将直流电逆变为高频交流电，同时进行稳压；经过第二次整流，将高频交流电整流为负载需要的稳定的直流电。

7. 输出滤波器

滤除杂波干扰，为负载提供稳定的直流电压。

8. PWM 控制、自保、告警及均流电路

（1）根据检测到的输出电压及控制器的控制信号，输出一组脉冲信号，控制逆变部分的工作；

（2）根据检测的交流输入电压、直流输出电压、输出电流等，实施有关自保功能；

（3）显示整流器的工作状态及告警指示；

（4）均流电路与转接单元构成均流系统。

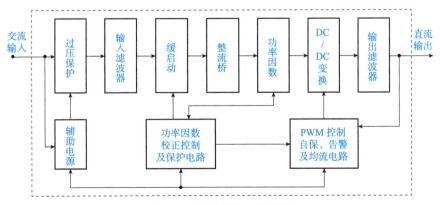

图 4-8 整流模块工作原理

（1）进入通信设备房前应按规定穿好防静电工作服、绝缘鞋，防止触电伤害和对电子设备的影响。

（2）资料：通信设备检修记录本。

高频开关电源
技术规格书

任务实施

任务场景：通信电源机房。

任务要求：通过高频开关电源整流模块的运行状态指示灯判断高频开关电源的各个整流模块工作状态是否正常。填写检查记录表，要求记录填写真实有效，字迹工整。

任务安排：采用分组实施方式，4～8人为一组。通过学生自荐或推荐的方式选出组长，负责本团队的组织协调工作，带头示范、督促、帮助其他组员完成相应工作。

实施步骤：

一、高频开关电源系统的组成

组合式高频开关电源系统由_____、_____、_____、_____等部分组成。

二、高频开关电源系统的分类

讨论：按结构分类，城市轨道交通中高频开关电源系统主要是哪一种类型？高速铁路控制中心、核心网机房中主要应用是哪一种类型，分析说明。

_____

_____

_____

_____

_____

_____

_____

三、高频开关电源系统组成及其功能

写出高频开关电源的主要模块及其功能。

（1）_____

（2）_____

（3）_____

（4）_____

（5）_____

（6）_____

四、高频开关电源整流模块指示灯查看

（1）观察整流模块电源指示灯（OK）状态，电源指示灯绿色表示整流模块已上电正常，否则表示当前整流模块无电源输入。

（2）观察整流模块告警指示灯（ALM）状态，告警指示灯熄灭表示该整流模块当前无告警信息；显示黄色则表示该整流模块与高频开关电源的控制单元通信异常，整流模块无法将当前运行状态信息上传至控制单元。

（3）观察整流模块故障指示灯（FLT）状态，故障指示灯熄灭则表示当前整流模块无故障，交流电压输入和直流电压输出均正常；故障指示灯显示红色则表示整流模块无法正常工作。

（4）填写检查记录表。

动力源 DZY-48/50 H 型整流模块如图 4-9 所示。

图 4-9 动力源 DZY-48/50 H 型整流模块

✦ 任务评价

任务评价由自评（占 30%）、互评（占 30%）和师评（占 40%）组成，请扫描二维码对评价项目、相应评价指标进行打分。

设备面板指示灯查看
任务评价表

任务 4.1.2　控制单元显示屏显示内容以及历史告警数据查看

📋 任务描述

通过操作控制单元，读取高频开关电源工作参数、运行状态信息和历史告警信息。

📖 学习目标

1. 贯彻"三懂三会"的安全意识；
2. 培养主动查找设备隐患的工作习惯；
3. 养成遇到设备问题，先查看和研究设备状态参数与信息的习惯；

4. 能通过操作控制单元人 - 机接口，在显示屏读取高频开关电源运行状态信息和历史告警数据；

5. 了解控制单元在高频开关电源中的功能，了解高频开关电源的主要工作参数，熟悉高频开关电源人 - 机接口的菜单，熟悉高频开关电源系统监控功能和监控内容。

任务分析

控制单元是高频开关电源的"大脑"，通过控制单元的显示，维修人员不仅能读取到高频开关电源当前的工作状态，还能查询到高频开关电源的历史事件信息。

知识准备

一、控制单元的主要功能

高频开关电源控制单元的主要功能如下：

（1）对高频开关电源交流输入、直流输出、整流器工作和电池组状态进行实时监控；

（2）通过人 – 机对话窗口（显示屏），向用户展示高频开关电源工作状态和工作参数信息，同时提供参数修改的接口；

（3）存储重要事件信息和告警信息；

（4）提供通信接口，向远程维护终端或网管终端上传设备实时状态信息，并提供远程访问和管理的接口。

二、控制单元的电路组成

控制单元的组成包括交流检测电路、直流检测电路、控制电路、液晶显示屏、键盘、接口电路和通信电路等。其组成及工作原理如图 4-10 所示。

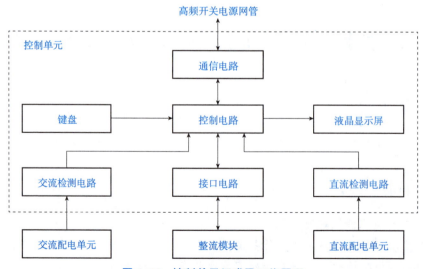

图 4-10　控制单元组成及工作原理

三、高频开关电源系统主要技术参数

高频开关电源系统主要技术参数见表 4-1。

表 4-1　高频开关电源系统主要技术参数

参数类别	参数名称		说明					
环境条件	工作温度		−5 ～ 40 ℃					
	储存温度		−40 ～ 70 ℃					
	工作相对湿度		≤ 90%（40 ℃ ±2 ℃）					
交流输入	输入制式、额定输入电压、输入电压允许变动范围		三相五线制或三相四线制 380 V：允许变动范围为 323 ～ 418 V 单相三线制 220 V：允许变动范围为 187 ～ 242 V				交流输入电源转换：有两路交流输入电源时，系统应具有手动或自动转换装置。手动转换时，应具有机械联锁装置；自动转换时，应具有电气和机械联锁装置	
	输入频率允许变动范围		50 Hz±2.5 Hz					
			1 级	2 级	3 级			
	输入功率因数	100% 额定负载	≥ 0.99	≥ 0.96	≥ 0.92			
		50% 额定负载	≥ 0.98	≥ 0.95	≥ 0.90			
		30% 额定负载	≥ 0.97	≥ 0.90	≥ 0.85			
	输入电流谐波成分（3 ～ 39 次）	100% 额定负载	≤ 5%	≤ 10%	≤ 28%			
		50% 额定负载	≤ 8%	≤ 15%	≤ 30%			
		30% 额定负载	≤ 15%	≤ 20%	≤ 35%			
直流输出	输出直流电压		−43.2 ～ −57.6 V					
	输出直流电流		0 ～ 3 000 A					
	稳压精度		≤ 1%				系统在稳压工作的基础上，应能与蓄电池并联以浮充工作方式和均充工作方式向通信设备供电	
	峰峰值杂音电压		≤ 200 mV（0 ～ 20 MHz）					
	电话衡重杂音电压		≤ 2 mV（300 ～ 3 400 Hz）					
	系统音响噪声		分立式系统音响噪声应不大于 65 dB（A），其他系统音响噪声应不大于 60 dB（A）					
	单个整流模块输出额定电流 A		≥ 30			<30		
	50% ～ 100% 额定负载		1 级	2 级	3 级	1 级	2 级	3 级
	30% 额定负载		≥ 94%	≥ 90%	≥ 88%	≥ 90%	≥ 87%	≥ 85%
	直流配电部分电压降		环境温度为 20 ℃ 条件下，直流配电部分蓄电池端子与负载端子之间放电回路满载时的电压降不超过 500 mV					

四、高频开关电源系统监控性能

1. 主要功能

系统应具有下列主要功能：

（1）实时监视系统工作状态；

（2）采集和存储系统运行参数；

（3）设置参数的掉电存储功能；

（4）按照局（站）监控中心的命令对被控设备进行控制；

（5）系统应具备 RS232 或 RS485/422、IP、USB 等标准通信接口，并提供与通信接口配套使用的通信线缆和各种告警信号输出端子，符合《通信局（站）电源、空调及环境集中监控管理系统 第 1 部分：系统技术要求》（YD/T 1363.1—2014）的要求；

（6）通信协议应符合 YD/T 1363.3 的要求。

2. 交流配电

交流配电部分：

（1）遥测：输入电压，输入电流（可选），输入频率（可选）；

（2）遥信：输入过压/欠压，缺相，输入过流（可选），频率过高/过低（可选），断路器/开关状态（可选）。

3. 整流模块

整流模块部分：

（1）遥测：整流模块输出电压，每个整流模块输出电流；

（2）遥信：每个整流模块工作状态（开机/关机/休眠，限流/不限流），故障/正常；

（3）遥控：开机/关机，均充/浮充/测试，休眠节能工作模式/普通工作模式。

4. 直流配电

直流配电部分：

（1）遥测：输出电压，总负载电流，主要分路电流（可选），蓄电池充、放电电流；

（2）遥信：输出电压过压/欠压，蓄电池熔丝状态，均充/浮充/测试，主要分路熔丝/开关状态（可选），蓄电池二次下电（可选）。

任务准备

进入通信设备房前穿好防护工作服和绝缘鞋。

任务实施

任务场景：通信电源机房。

任务要求：通过高频开关电源控制单元显示屏的显示，高频开关电源整体工作状态是否正常。填写检查记录表，要求记录填写真实有效、字迹

高频开关电源
监控单元查询

工整。

任务安排：采用分组实施方式，4～8人为一组。通过学生自荐或推荐的方式选出组长，负责本团队的组织协调工作，带头示范、督促、帮助其他组员完成相应工作。

实施步骤：通过操作控制单元，在控制单元的显示屏上查看以下信息，并记录在检修记录表格中。

（1）交流输入信息，包括三相电压值、三相电流值、交流电频率值。

（2）直流输出信息，包括输出电压和负载电流。

（3）各整流模块信息，包括输出电压和输出电流。

（4）电池组信息：包括电池组电压、电流、温度、剩余容量、上一次均充起止时间。

（5）其他信息：当前环境温度和湿度。

（6）历史告警数据，包括以下告警事件的开始和结束时间：交流停电、过压、欠压、缺相、频率异常；直流欠压、过压；熔丝断开、空气开关断开；整流模块故障、通信中断；防雷异常；电池组异常；温度、湿度异常等。

 任务评价

任务评价由自评（占30%）、互评（占30%）和师评（占40%）组成，请扫描二维码对评价项目、相应评价指标进行打分。

控制单元显示屏显示内容以及历史告警数据查看任务评价表

任务 4.1.3　整流模块风扇清洁

任务描述

将整流模块从高频开关电源中安全取出，并按照正确的方式进行清洁，清洁完成后将整流模块恢复到高频开关电源中。操作和清洁过程中，注意在控制电源显示屏上，观察控制单元提示的信息。

学习目标

1.贯彻"三不动、三不离"安全制度；

2. 了解城市轨道交通施工作业的请销点制度；

3. 培养设备无尘化管理意识；

4. 掌握现场施工作业与控制中心网管值班人员沟通的方式；

5. 掌握高频开关电源整流模块风扇清洁的方法；

6. 提高对设备散热和设备除尘工作的重要性的认识。

任务分析

（1）在轨道交通通信专业，整流模块风扇清洁一般是在高频开关电源不停用的条件下即负载不断电的条件下完成，所有清洁风扇前应确认高频开关电源具备整流模块热插拔功能，同时，也必须确认高频开关电源热备的整流模块运行状态正常，能随时切换至主用工作状态。

（2）风扇清洁必须在整流模块下电脱离高频开关电源的状态下完成，在将整流模块脱离高频开关电源的一段时间内，控制中心高频开关电源会提示被清洁风扇的整流模块告警。所有清洁风扇的人员应按照城市轨道交通行车设备检修管理的相关要求做好登记，在作业前后做好与控制中心通信网管室值班人员的信息沟通，双方确认好被检修的高频开关电源的工作状态。

（3）拔出和还原整理模块的过程属于带电作业，作业人员应做好作业防护，确保自身安全。清洁风扇的过程注意不要损坏整理模块。

（4）作业前后应按照任务4.1.2要求检查和确认高频开关电源工作状态，防止对负载设备供电产生影响，做到"三不动、三不离"。

知识准备

由于环境温度的变化和负载的变化，电源工作时的耗散热能，采用风扇和自然冷却相结合的方式可以更快地将热能散发出去。这种方式在增加风扇散热的同时，可以减小散热器面积，使功率元件工作在相对稳定的温度场条件下，使用寿命不会因为外部条件变换受影响。

这样不仅克服纯风扇冷却对功率元件散热调节滞后的缺点，也避免了风扇使用寿命低影响整流器的整体可靠性。尤其在机房的环境温度很不稳定的情况下，采用风冷和自冷相结合的冷却技术具有更好的冷却性能。这种方式整流器的材料成本在纯风扇冷却和自然冷却两种方式之间，质量轻，维护方便。

尤其在采用智能风冷和自冷技术时，可以让整流器在低负载工作条件下，模块温升小，模块风扇处于低速运转状态。

在高负载工作条件下，模块升温。模块升温超过 55 ℃，风扇转速随温度变化线性增长。风扇故障在位检测，风扇故障后，风扇故障限流输出，同时故障报警。由于风扇运转速度与负载大小相关，使得风扇的使用寿命比纯风冷时要长，可靠性也大大提高。

通信开关电源采用风扇和自然冷却相结合的冷却方式，既能在环境温度高的情况下，有效地降低整流器内部的工作温度，延长器件使用寿命，又能在环境温度低及负载低的情况下，整流器的风扇降低转速工作，延长风扇的使用寿命。采用散热器散热，其器件间距及爬电距离可相对较远，在高湿度的情况下，安全性能高。整流器体积较小、质量较轻，使维护工作变得轻松。

保证通信开关电源的整流器的可靠稳定工作，减少其工作温升是一项关键技术。采用智能风冷和自冷相结合技术。具有对环境适应性更强，使用寿命长，可靠稳定等技术优势。

 任务准备

（1）进入通信设备房前穿好防护工作服和绝缘鞋；

（2）现场准备毛刷和吸尘器等清洁工具，并准备好整流模块备件；

（3）通过控制单元人－机对话窗口，确认高频开关电源工作状态正常，准备的整流模块能进入正常工作状态；

（4）做好作业前登记，并与控制中心通信网管值班员做好信息沟通。

任务实施

风扇维护和更换

任务场景：通信电源机房。

任务要求：在不影响负载设备正常运行的前提下，对高频开关电源整流模块风扇进行清洁。清洁完成后，需要将高频开关电源恢复到作业前的正常工作状态。填写检查记录表，要求填写真实有效、字迹工整。

任务安排：采用分组实施方式，4～8人为一组。通过学生自荐或推荐的方式选出组长，负责本团队的组织协调工作，带头示范、督促、帮助其他组员完成相应工作。

实施步骤：

（1）通过整流模块的抓手，将整流模块从高频开关电源里拔出；

（2）拆卸整流模块防尘网，用毛刷和吸尘器将其清洁干净；

（3）用毛刷和吸尘器将风扇表面清洁干净（图4-11）；

（4）将整流模块还原至高频开关电源的整流模块插槽中，注意整流模块背面的供电和通信接口与插槽底板的插座对齐，确保整流模块供电与控制单元通信正常；

图 4-11 用毛刷清洁整流模块风扇

（5）确认清洁风扇后的整流模块工作状态正常；

（6）按照以上步骤（1）～（5）清洁其他整流模块，如遇整流模块故障无法恢复，应用备件代替原有整流模块插回高频开关电源插槽；

（7）清洁完成确认高频开关电源及其负载工作状态正常后，再次与控制中心通信网管值班人员确认作业现场设备没有异常，并进行作业销点。

 **任务评价**

任务评价由自评（占30%）、互评（占30%）和师评（占40%）组成，请扫描二维码对评价项目、相应评价指标进行打分。

整流模块风扇清洁任务评价表

任务4.1.4　各直流分路空气开关位置检查

任务描述

需要通过观察空气开关的外观，判断高频开关电源各分路负载的通电状态。

学习目标

1. 了解电工作业的危险因素并能有针对性地做好安全防护；
2. 明确空气开关在电源和供电系统的作用后，养成先断开上端空气开关，后维修下端电路的习惯；
3. 能够检查空气开关通断状态；
4. 掌握空气开关的功能和原理。

任务分析

前面三项任务主要针对高频开关电源自身运行状态进行检查或保养。电源系统负载设备的电路状态对电源系统有反馈的作用，本任务主要研究高频电源系统与负载的接口。

知识准备

空气开关又称空气断路器，是断路器的一种。它是一种只要电路中电流超过额定电流就会自动断开的开关。空气开关是低压配电网络和电力拖动系统中非常重要的一种电器，它集控制和多种保护功能于一身，除能完成接触和分断电路外，还能对电路或电气设备发生的短路、严重过载及欠电压等进行保护。

在正常情况下，过电流脱扣器的衔铁是释放着的；一旦发生严重过载或短路故障时，与主电路串联的线圈就将产生较强的电磁吸力把衔铁往下吸引而顶开锁钩，使主触点断开。欠压脱扣器的工作恰恰相反，在电压正常时，电磁吸力吸住衔铁，主触点才得以闭合。一旦电压严重下降或断电时，衔铁就被释放而使主触点断开。当电源电压恢复正常时，必须重新合闸后才能工作，实现了失压保护，空气开关组成如图 4-12 所示。

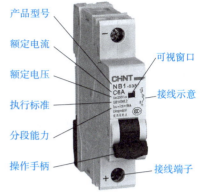

图 4-12 空气开关组成示意

 **任务准备**

进入通信设备房前穿好防护工作服和绝缘鞋。

任务实施

任务场景：通信电源机房。

任务要求：通过观察空气开关的外观，判断高频开关电源各分路负载的通电状态。填写检查记录表，要求填写真实有效、字迹工整。

任务安排：采用分组实施方式，4～8 人为一组。通过学生自荐或推荐的方式选出组长，负责本团队的组织协调工作，带头示范、督促、帮助其他组员完成相应工作。

实施步骤：

（1）检查所有分路空气开关的操作手柄是否处于上端（闭合）位置。如有空气开关手柄处于下端（断开），则应检查开空气开关下端是否接有负载（图 4-13）。如该空气开关下端接有负载，应进行如下排查：

图 4-13 高频开关电源直流配电空气开关

1）该负载是否已启用；

2）该路负载是否存在短路；

3）该路负载的额定电流和工作电流是否超过或接近该空气开关的额定电流。

（2）检查空气开关上端和下端配线是否有松动，如发现松动应予以紧固。

（3）检查空气开关标签是否完好，标签字迹是否清楚。如标签有缺失、污损或字迹不清楚应予以整改。

任务评价

任务评价由自评（占30%）、互评（占30%）和师评（占40%）组成，请扫描二维码对评价项目、相应评价指标进行打分。

各直流分路空气开关位置
检查任务评价表

任务 4.1.5　直流负载电压、电流测量

任务描述

使用数字万用表对高频开关电源各分路负载的电压进行测量，使用钳形电流表对高频开关电源各分路负载的电流进行测量。

学习目标

1. 深化从量变到质变的辩证唯物主义思想；
2. 了解电工作业的危险因素并能有针对性地做好安全防护；
3. 掌握在直流负载电压和电流的测量方法；
4. 养成工作中携带和使用测量器具的习惯；
5. 能够使用数字万用表和钳型电流表对各直流负载的电压、电流进行测量。

任务分析

电源系统控制单元一般不提供分路电压和电流的测量值。维修人员在设备检修时，需要用数字万用表和钳型电流表等仪表对分路电压和电流值进行测量。

由于用仪表操作会触碰到高频开关电源内部的电源线和接线端子，有可能造成高频开关电源网管提示告警，所有在测量整流模块电压和电流前，应做好登记并与控制中心网管值班人员做好沟通。

 知识准备

一、整流电路

整流电路主要的作用是利用二极管的单向导电性将输入的交流电源转变为脉动的直流电源，并经滤波稳压后输出到直流配电单元供负载和蓄电池使用。

整流电路工作
原理

整流电路有很多类型，具体分类可见表 4-2，常见电路如图 4-14 所示。

表 4-2　整流电路的分类

划分依据	电源相数	组成电子元器件控制特性	变压器次级绕组工作制	负载性质
基本类型	单相 三相 多相	不可控 可控 半控	半波 桥式	电阻负载 感性负载 容性负载 反电势负载

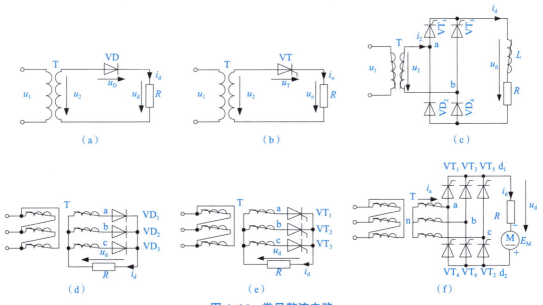

图 4-14　常见整流电路

（a）单相半波不可控整流电路；（b）单相半波可控整流电路；（c）单相桥式半控整流电路；
（d）三相半波不可控整流电路；（e）三相半波可控整流电路；（f）三相桥式可控整流电路

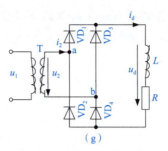

图 4-14　常见整流电路（续）

（g）单相桥式不可控整流电路

二、开关型稳压电流稳压原理

交流电经过整流，可以得到直流电。但是，由于交流电压及负载电流的变化，整流后得到的直流电压通常会造成 20% ～ 40% 的电压变化。为了得到稳定的直流电压，必须采用稳压电路来实现稳压。按照实现方法的不同，稳压电源主要分为线性稳压电源和开关型稳压电源。

1. 线性稳压电源

线性稳压电源通常包括调整管、比较放大部分（误差放大器）、反馈采样部分以及基准电压部分，它的典型原理框图如图 4-15 所示。调整管与负载串联分压（分担输入电压 U_i），因此只要将它们之间的分压比随时调节到适当值，就能保证输出电压不变。其等效示意如图 4-16 所示。

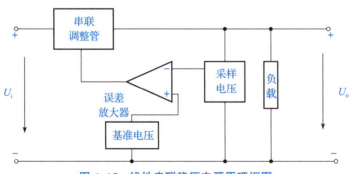

图 4-15　线性串联稳压电源原理框图

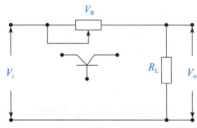

图 4-16　线性串联稳压电源示意

　　线性稳压电源的线路简单、干扰小，对输入电压和负载变化的响应非常快，稳压性能非常好。但是，线性稳压电源功率调整管始终工作在线性放大区，调整管上功率损耗很大，导致线性稳压电源效率较低，只有 20% ～ 40%，发热损耗严重，所需的散热器体积大，重量重，因而功率体积系数只有 20 ～ 30 W/dm³；另外线性电源对电网电压大范围变化的适应性较差，输出电压保持时间仅有 5 ms。因此线性电源主要用在小功率、对稳压精度要求很高的场合，如一些为通信设备内部的集成电路供电的辅助电源等。

2. 开关型稳压电源

　　线性稳压电源的动态响应非常快，稳压性能好，只可惜功率转换效率太低。要提高效率，就必须使图 4-17 中的功率调整器件处于开关工作状态，电路相应地稍加变化即成为开关型稳压电源。转变后的原理框图如图 4-18 所示。调整管作为开关而言，导通时（压降小）几乎不消耗能量，关断时漏电流很小，也几乎不消耗能量，从而大大提高了转换效率，其功率转换效率可达 80% 以上。

开关型稳压电源

　　在图 4-17 中，波动的直流电压 U_i 输入高频变换器（开关管 Q 和二极管 D），经高频变换器转变为高频（≥ 20 kHz）脉冲方波电压，该脉冲方波电压通过滤波器（电感 L 和电容 C）变成平滑的直流电压供给负载。高频变换器和输出滤波器一起构成主回路，完成能量处理任务。而稳定输出电压的任务是靠控制回路对主回路的控制作用来实现的。控制回路包括采样部分、基准电压部分、比较放大器（误差放大器）、脉冲 / 电压转换器等。

　　开关电源稳定输出电压的原理：时间比例控制（TRC）稳压原理。即改变开关的导通时间和工作周期的比例亦即改变脉冲的占空比，按 TRC 控制原理，有三种方式，即脉冲宽度调制方式、脉冲频率调制方式和混合调制方式。

　　（1）脉冲宽度调制（PWM）。PWM 方式是开关工作周期恒定，通过改变控制脉冲宽度来改变占空比的方式。

　　（2）脉冲频率调制（PFM）。PFM 方式是导通脉冲宽度恒定，通过改变开关工作频率（即工作周期）来改变占空比的方式。

　　（3）混合调制。混合调制是控制信号的宽度和工作频率均不固定，彼此都能改变的方式。它是以上两种方式的混合。

　　图 4-18 所示是开关型稳压电源示意，S 为开关管简化示意。开关以一定的时间间隔重复地接通和断开，输入电流断续地向负载端提供能量。经过储能元件（电感 L 和电容 C_2）的平滑作用，使负载得到连续而稳定的能量。

　　在负载上得到的平均电压用下式表示：

$$U_o = U_{AB} = \frac{1}{T}\int_0^T U_{AB}\mathrm{d}t = \frac{t_{on}}{T}E = \delta E \qquad (4-1)$$

式中　t_{on}——开关每次接通的时间；

T——开关通断的工作周期；

$\delta = \dfrac{t_{on}}{T}$——脉冲占空比。

由式（4-1）可知，改变开关接通时间 t_{on} 和工作周期 T 的比例，即可改变输出直流电压 U_o。这种通过改变开关接通时间 t_{on} 和工作周期 T 的比例，亦即改变脉冲的占空比，来调整输出电压的方法，称为"时间比例控制"（Time Ratio Control，TRC）。

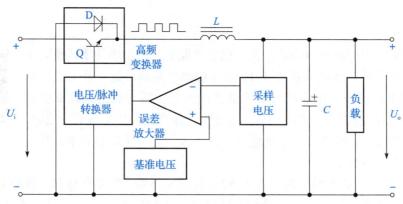

图 4-17　降压型开关电源原理图

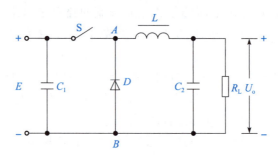

图 4-18　开关型稳压电源示意

开关电源稳定输出电压的原理可以直观理解为是通过控制滤波电容的充、放电时间来实现的。具体的稳压过程：当开关稳压电源的负载电流增大或输入电压 U_i 降低时，输出电压 U_o 轻微下降，控制回路就使高频变换器输出的脉冲方波的宽度变宽，即给电容多充点电（充电时间加长），少放点电（放电时间减短），从而使电容 C 上的电压（即输出电压）回升，起到稳定输出电压的作用。反之，当外界因素引起输出电压偏高时，控制电路使高频变换器输出脉冲方波的宽度变窄，即给电容少充点电，从而使电容 C 上的电压回落，稳定输出电压。

开关稳压电源和线性稳压电源相比，其特点是不需要工频变压器，工作频率高，所需的滤波电容、电感小，因而体积小、质量轻，动态响应速度快，功耗低、输入范围宽，可以采用有效的功率因数校正技术，使功率因数达 0.9 以上，甚至高达 0.99。但是线路复杂，电磁干扰和射频干扰大。目前轨道类通信设备直流供电系统广泛采用高频开关电

源 −48V 高精度稳压电源。通信网络侧 DC336V 或 DC240V 的高压直流电源也得到越来越多的应用。

 任务准备

（1）进入通信设备房前穿好防护工作服和绝缘鞋；
（2）现场准备数字万用表和钳型电流表。

 任务实施

任务场景：通信电源机房。

任务要求：用数字万用表测量各分路直流负载的电压；用钳型电流表测量各分路直流负载的电流。填写测量记录表，数据真实有效，字迹工整。

任务安排：采用分组实施方式，4 ～ 8 人为一组。通过学生自荐或推荐的方式选出组长，负责本团队的组织协调工作，带头示范、督促、帮助其他组员完成相应工作。

实施步骤：

（1）在高频开关电源分路输出空气开关处的面板；

（2）将数字万用表旋钮旋转至直流电压测量挡，在分路空气开关的端子上依次测量各个分路的电压值，并做好记录。

（3）将钳型电流表旋钮旋转至直流电流测量挡，各分路空气开关处的负极电源线夹入钳型电流表的活动夹钳中，读取电流值，并做好记录。

（4）恢复高频开关电源挡板，通过控制单元人 - 机接口确认高频开关电源工作状态正常，并且与网管值班人员确认高频开关电源沟通后，进行作业销点。

 任务评价

任务评价由自评（占 30%）、互评（占 30%）和师评（占 40%）组成，请扫描二维码对评价项目、相应评价指标进行打分。

直流负载电压、电流
测量任务评价表

项目 4.2 　高频开关电源小修

 项目概述

高频开关电源小修的主要工作内容包括两项重要功能的验证：一是单块主用整流模

块故障时，备用整流模块切换进入主用模式的功能验证；二是当高频开关电源交流输入停电时，蓄电池组为负载供电的功能验证。相比较高频开关电源日常保养工作内容而言，小修工作内容操作的风险性明显增高。需要学生通过学习和推演，掌握较为深入的电源系统知识，并通过知识看到风险，管控风险。

任务 4.2.1 备用整流模块切换到主用功能验证

任务描述

利用整流模块具备的热插拔功能，将主用高频开关电源的一块整流模块拔出，并在主用整流模块拔出前后观察备用整流模块的运行状态，同时，通过控制单元的显示屏观察高频开关电源的工作状态。

学习目标

1. 贯彻"三不动、三不离"安全制度；
2. 了解轨道交通施工作业的请销点制度；
3. 了解电工作业的危险因素并能有针对性地做好安全防护；
4. 加深对热备冗余概念的理解，养成城市轨道交通行业重要设备都必须有热备冗余的认知；
5. 掌握备用整流模块切换到主用功能验证的方法；
6. 了解备用整流模块切换到主用功能验证的原理；
7. 能够团队协作完成整流模块主、备切换功能验证。

任务分析

在城市轨道交通通信专业，高频开关电源整流模块，一般采取 $N+1$ 的备份方式，即每天高频开关电源根据负载功率大小，会配置 4～5 个整流模块。在这些整流模块中，由 3～4 个整流模块被设置成主用模式，实时为负载提供直流电；剩下 1 个整流模块被设置成热备状态。只要主用整流模块有故障无法继续为负载提供直流电源，备用整流模块就会接到控制单元的指令，立即输出直流电源，确保负载不断电。

关闭主用整流模块时，有可能备用整流模块或其他高频开关电源的部件出现异常，本地的高频开关电源产生告警并上传至高频开关电源网管。所以该项功能验证前，应做好登记并与控制中心网管值班人员做好沟通。同时，为防止功能验证过程中，整流模块故障无法继续工作，现场应准备整流模块备件，以及数字万用表和钳型电流表等抢修所需的工器具和仪表。

 **知识准备**

一、整流模块冗余并机

整流模块冗余并机是指在直流电源系统中采用两台或多台整流模块，并将它们并联工作。多台整流模块之间可以通过信号隔离、控制回路、导通继电器等互相联系。在整流模块冗余并机中，可以根据系统的需要使用不同的并联方式，如 $N+1$ 冗余、$N+2$ 冗余等。

二、冗余并机的作用

整流模块冗余并机的主要目的是提高系统的可靠性、稳定性和容错能力。通过多台整流模块的并联工作，可以实现以下作用：

（1）改善系统的可靠性：在整流模块冗余并机中，如果其中一台整流模块出现故障，其他整流模块可以自动接管负载，确保系统的稳定输出。这种冗余并机的方式可以有效降低系统故障率，提高系统的可靠性。

（2）提高系统的容错能力：整流模块冗余并机可以根据系统实际需要实现多种并联方式，如 $N+1$ 冗余、$N+2$ 冗余等，这些方式可以根据负载需求动态调节整流模块的输出电流，使系统保持长期稳定运行。

（3）提高系统的稳定性：整流模块冗余并机可以实现负载均衡，通过多台整流模块互相配合工作，达到输出电流稳定、纹波小的效果。

三、注意事项

使用整流模块冗余并机需要注意以下事项：

（1）整流模块需要同时配置同型号、同供应商等配套设备，确保设备之间的兼容性和稳定性。

（2）多台整流模块并联工作时，需要严格控制其输出电流的均衡，防止某台整流模块工作时间过久而导致失效。

（3）整流模块冗余并机需要进行定期检测，发现故障及时修理或更换，确保系统的稳定运行。

整流模块冗余并机是在直流电源中使用两台或多台整流模块并联工作的方法。它的作用是提高系统的可靠性、稳定性和容错能力。在使用整流模块冗余并机时，需要注意配套设备的兼容性、电流均衡以及定期检测维护等问题。

 任务准备

（1）进入通信设备房前穿好防护工作服和绝缘鞋；

（2）现场准备数字万用表、钳型电流表和整流模块备件；

（3）通过控制单元人–机对话窗口，确认高频开关电源工作状态正常，热备的整流模块能进入正常工作状态；

（4）做好作业前登记，并与控制中心通信网管值班员做好信息沟通。

任务实施

任务场景：通信电源机房。

任务要求：通过关闭一个主用整流模块的方式，验证备用整流模块切换至主用模式的功能。功能验证完成后，将整流模块全部恢复至作业前的正常工作状态。填写检修记录表，要求记录填写真实有效、字迹工整。

任务安排：采用分组实施方式，4～8人为一组。通过学生自荐或推荐的方式选出组长，负责本团队的组织协调工作，带头示范、督促、帮助其他组员完成相应工作。

实施步骤：

（1）通过整流模块交流输入空气开关断路，将一台主用的整流模块停电。

（2）通过控制单元的人-机对话接口，检查原先备用的整流模块，当前工作模式是否为主用。检查刚刚转变为主用模式的整流模块输出电压和电流是否满足供电要求。

（3）步骤（1）被关闭的整流模块的交流输入空气开关闭合，恢复所有整流模块正常供电。

（4）通过控制单元的人-机对话接口，检查并确认所有整流模块恢复到功能验证前的工作状态，检查并确认高频开关电源工作无异常。

（5）再次与控制中心通信网管值班人员确认作业现场设备没有异常，并进行作业销点。

任务评价

任务评价由自评（占30%）、互评（占30%）和师评（占40%）组成，请扫描二维码对评价项目、相应评价指标进行打分。

备用整流模块切换到主用功能验证任务评价表

任务4.2.2　市电停电时蓄电池组直接为负载供电功能验证

任务描述

切断高频开关电源的交流输入，在控制单元显示屏上观察交流输入被切断前后高频开关电源整机、各整流模块和蓄电池组的工作状态。

 学习目标

1. 养成防患于未然的安全意识；
2. 提升查阅资料、获取信息的能力；
3. 掌握直流供电系统供电方式和配电方式；
4. 掌握市电停电时蓄电池组直接为负载供电功能验证的方法；
5. 了解市电停电时蓄电池组直接为负载供电的原理；
6. 能够团队协作完成市电停电时蓄电池组直接为负载供电功能验证。

任务分析

在城市轨道交通通信专业，传输、无线、公务电话和专用电话这些与行车相关或故障影响较大的系统很多采用直流供电的方式。一旦市电停电，电源系统无须逆变器转换，可以直接让蓄电池组为系统供电。这种应急供电方式，相比较 UPS 的市电停电工作模式而言，供电效率和可靠性更高。

先关闭再开启整个高频开关电源的交流输入时，有可能整流模块或其他高频开关电源的部件出现异常，本地的高频开关电源会产生告警并上传至高频开关电源网管。所以，该项功能验证前，应做好登记并与控制中心网管值班人员做好沟通。同时，为防止功能验证过程后，有整流模块故障无法继续工作，现场应准备整流模块备件，以及数字万用表和钳型电流表等抢修所需的工器具与仪表。

知识准备

直流供电系统的配电方式可分为低阻配电方式和高阻配电方式。

1. 低阻配电方式

传统的直流供电系统中，利用汇流排把基础电源直接馈送到通信机房的直流电源架或通信设备机架，这种配电方式因汇流排电阻很小，故称为低阻配电方式。

直流配电单元

低阻配电的汇流排电阻小，相应线路损耗和线路压降小。但当某一负载发生短路事故后，可能使得直流总输出电压发生瞬间的跳变，从而影响其他负载的正常工作甚至损坏。

低阻配电及电压变化示意如图 4-19 所示。

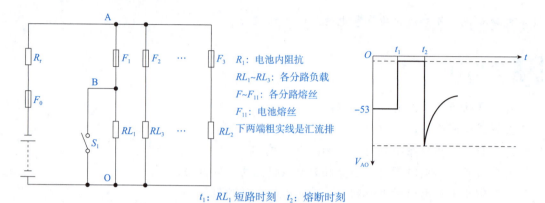

t_1：RL_1 短路时刻　　t_2：熔断时刻

图 4-19　低阻配电及电压变化示意

2. 高阻配电方式

高阻配电方式是在低阻配电系统基础上发展起来的。高阻配电选择线径较细的配电导线，相当于在各分路中接入有一定阻值的限流电阻 $R1$，一般取值为电池内阻的 $5 \sim 10$ 倍，克服了低阻配电负载发生短路事故后影响面大的缺点，达到了等效隔离的作用。

高阻配电存在的一些问题：

（1）由于回路中串联电阻会导致电池放电，放电终止电压应稍高于常规电压，不允许放到常规终止电压，否则负载电压太低。

（2）串联电阻上的损耗，一般为 $2\% \sim 4\%$。

高阻配电及电压变化示意如图 4-20 所示。

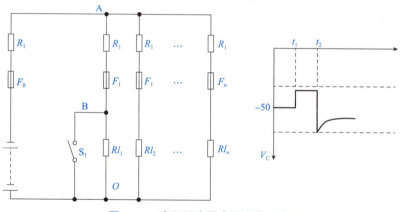

图 4-20　高阻配电及电压变化示意

📍 任务准备

（1）进入通信设备房前穿好防护工作服和绝缘鞋；

（2）现场准备数字万用表、钳型电流表和整流模块备件；

（3）通过控制单元人－机对话窗口，确认高频开关电源工作状态正常，热备的整流模块能进入正常工作状态；

（4）做好作业前登记，并与控制中心通信网管值班员做好信息沟通。

任务实施

任务场景：通信电源机房。

任务要求：

（1）通过断开高频开关电源交流输入开关，实现高频开关电源的交流电输入进行停电，从而使高频开关电源的工作模式切换到蓄电池供电的模式；

（2）在蓄电池供电模式下，对高频开关电源的工作参数进行检查；

（3）将高频开关电源恢复到市电供电的模式。

（4）填写检修记录表，要求记录真实有效，字迹工整。

任务安排：采用分组实施方式，4～8人为一组。通过学生自荐或推荐的方式选出组长，负责本团队的组织协调工作，带头示范、督促、帮助其他组员完成相应工作。

实施步骤：

（1）将整个高频开关电源的交流输入空气开关置于开路，并检查直流负载是否仍然正常工作。

（2）通过控制单元人－机对话窗口，确认整流模块是否停电，同时确认蓄电池组是否处于放电工作状态，并记录蓄电池组工作电压和电流。

（3）蓄电池放电 30 min 左右，将整个高频开关电源的交流输入空气开关置于开路，并检查直流负载是否仍然正常工作。

（4）通过控制单元人－机对话窗口，确认整流模块和蓄电池组是否恢复到功能验证前的工作状态。

任务评价

任务评价由自评（占30%）、互评（占30%）和师评（占40%）组成，请扫描二维码对评价项目、相应评价指标进行打分。

市电停电时蓄电池组
直接为负载供电功能
验证任务评价表

项目 4.3　高频开关电源故障处理

项目概述

　　故障千变万化，但万变不离其宗。本项目旨在让学员通过两项任务，初步掌握高频开关电源故障排查的方式和故障处理的方式，并希望学生借助这两项任务举一反三，掌握设备运行和故障的规律，在保证人员和设备安全的前提下，排除设备故障，维持设备正常运行。

任务 4.3.1　高频开关电源性能测试

任务描述

　　检查高频开关电源时钟同步状态、各整流模块负载不平衡度，测量并计算直流供电回路电压降。

学习目标

　　1.深化从量变到质变的辩证唯物主义思想；
　　2.养成防患于未然的安全意识；
　　3.养成细致观察各个时间段设备的运行状态的习惯；
　　4.学会通过分析设备状态参数的变化，找到设备故障的诱因；
　　5.培养设备故障预判的能力；
　　6.掌握对高频开关电源进行时间校对的方法；
　　7.掌握整流模块并机工作均分负载性能检查的方法；
　　8.掌握直流供电回路全程电压降测试的方法。

任务分析

　　（1）如果高频开关电源有时钟同步功能，需要定期检查它的控制单元时钟同步设置是否正确，以及它的控制单元时间显示是否与高频开关电源网管显示时间一致。如果高频开关电源没有时钟同步功能，则需要定期检查它的控制单元时间显示是否与标准的北京时间保持一致。

（2）负载均分性能检查是检测各整流模块的负载电流是否一致。需要在高频开关电源控制单元人 - 机对话窗口查看。

（3）计算直流供电回路电压降，需要对输电线路两端电压进行测试。

📝 知识准备

（1）高频开关电源故障可能是内、外两种因素导致的。内部因素主要由设备组成各部分和元器件的性能与产品质量决定；外部因素主要与上级电源的供电情况、负载的反馈情况及温度、湿度等环境情况有关。维修人员可以通过高频开关电源控制单元记录的每次设备异常事件的发生时间，以及异常发生前后高频开关电源的工作参数，判断异常事件与可能导致故障的因素之间的因果关系。

（2）在高频开关电源中，负载均分是指多个整流模块通过并联在一起工作，共同平均分担负载所需的电流。

（3）电压降是指由电流通过的导体或电路元器件所引起的电位减少。电力线路的电压降是因为导体存在电阻。所有导体材料都会造成线路一定的电压损耗，而这种损耗（电压降）不大于本身电压的 5% 时，一般是不会对线路的电力驱动产生后果的。

并联工作性能要求如下：

（1）系统中整流模块应能并联工作，并且能按比例均分负载：负载为 50% ～ 100% 额定输出电流时，整流模块输出额定电流不小于 30 A 的系统，其负载不平衡度应优于 ±5%，其他系统的负载不平衡度应优于 ±10%。

（2）负载为 50% ～ 100% 额定输出电流时，监控单元出现异常，各整流模块应仍能输出设定电压，且输出电流的不平衡度应优于 ±10%。

（3）当某个整流模块出现异常时，应不影响系统的正常工作，并应能显示其故障且告警，必要时该整流模块应能退出系统。

📍 任务准备

（1）进入通信设备房前穿好防护工作服和绝缘鞋；

（2）现场准备数字万用表、钳型电流表等常用工器具；

（3）通过控制单元人 - 机对话窗口，确认高频开关电源工作状态正常，热备的整流模块能进入正常工作状态。

任务实施

任务场景：通信电源机房。

任务要求：检测高频开关电源时钟同步状态、各整流模块负载不平衡度，测量并计算

直流供电回路电压降。填写检修记录表，要求记录真实有效，字迹工整。

任务安排：采用分组实施方式，4～8人为一组。通过学生自荐或推荐的方式选出组长，负责本团队的组织协调工作，带头示范、督促、帮助其他组员完成相应工作。

实施步骤：

（1）通过控制单元人–机对话窗口，读取控制单元当前时间，并与北京时间进行比对。如果高频开关电源有时钟同步功能，还需要检查控制单元的时钟源设置是否正确。

（2）通过控制单元人–机对话窗口，读取当前所有主用状态的整流模块的电流值，并确认各整流模块并联均分负载不平衡度≤±5%（图4–21）。

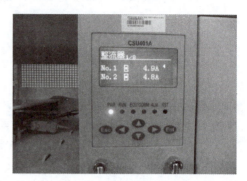

图4–21　高频开关电源控制单元人–机对话窗口

（3）用数字万用表对每一路负载进行测试，测试内容为高频开关电源直流输出空气开关端子处电压 U_1、负载设备直流输入端子处测量电压 U_2，并确保 $U_1 - U_2 \leq 3.2\ \text{V}$。

任务评价

任务评价由自评（占30%）、互评（占30%）和师评（占40%）组成，请扫描二维码对评价项目、相应评价指标进行打分。

高频开关电源性能测
试任务评价表

任务 4.3.2　不良性能部件和配线更换

任务描述

更换高频开关电源的模块或元器件，并在更换前后和过程中观察高频开关电源的工作状态。

📖 学习目标

1. 贯彻"三不动、三不离"安全制度；
2. 了解城市轨道交通施工作业的请销点制度；
3. 了解电工作业的危险因素并能有针对性地做好安全防护；
4. 掌握更换高频开关电源模块、元器件和配线的方法；
5. 了解高频开关电源中大功率器件工作原理及其作用；
6. 通过参与高频开关电源部件和配线更换的施工，熟悉城市轨道交通对行车有影响的施工的相关流程和制度。

📊 任务分析

转换开关、熔断器、断路器、接触器、防雷保护单元等元器件并非热备冗余的单元模块。一旦这些元器件发生故障，就会导致高频开关电源所有负载或部分分路负载停电。所以，更换这些元器件和配线前需要先对高频开关电源的所有负载设备进行关机，再对高频开关电源进行关机，然后在高频开关电源的上一级供电设备上，将输出至高频开关电源的空气开关断开，确保在高频开关电源停电状态下实施对上述元器件的更换。

在对高频开关电源关机前，应先对负载设备进行关机。这样做是为了保护负载设备的运行安全，防止突然停电或突然加电过程中负载设备元器件损坏。服务器、计算机等带有数据处理和数据存储功能的设备遇到突然停电，会导致数据丢失。

在确定要更换高频开关电源的元器件前，应仔细检查新元器件与原有元器件的电路参数，确保新旧元器件的电路特性一致。

📝 知识准备

一、电力电子器件分类

（一）按照开关特性不同分类

电力电子器件即电力半导体器件，根据不同的开关特性，电力电子器件可分为以下三种类型：

（1）不可控器件。通常为两端器件，能改变在器件两端间电压极性，不能控制其开通和关断，如整流二极管。

二极管是整流电路中常用元件之一，理想二极管具有导通、断开两种状态，可以作为数字开关；实际二极管导通时具有一定的电压降和内阻，可用于限幅电路或有内阻的电源。

（2）半控型器件。通常为三端器件，通过控制信号能够控制其开通，而不能控制其

关断。普通晶闸管及其派生器件属于这一类。

（3）全控型器件。通常也为三端器件，通过控制信号既可以控制其开通，也可以控制其关断，因而也称为自关断器件。如可关断晶闸管（GTO）、电力晶体管（GTR）、功率场效应管（功率 MOSFET）、绝缘栅双极晶体管（IGBT）和 MOS 控制晶闸管（MCT）等。

（二）按照控制信号不同分类

根据控制信号不同，电力电子器件还可分为以下两类：

（1）电流控制型。电力晶体管（GTR）、晶闸管（SCR）、可关断晶闸管（GTO）等。

（2）电压控制型。功率场效应管（功率 MOSFET）、绝缘栅双极晶体管（IGBT）和 MOS 控制晶闸管（MCT）等。

二、电力电子器件工作原理

以下主要介绍晶闸管（SCR）、功率场效应管（功率 MOSFET）和绝缘栅双极晶体管（IGBT）。

功率开关器件

1. 晶闸管（SCR）

晶闸管是晶体闸流管的简称，也称为可控硅。晶闸管具有硅整流器件的特性，能在高电压、大电流条件下工作，且其工作过程可以控制，被广泛应用于可控整流、交流调压、无触点电子开关、逆变及变频等电子电路中。

晶闸管实物、图形符号、结构示意图和等效电路图如图 4-22 所示，晶闸管是 PNPN 四层半导体结构，它有阳极、阴极和门极 3 个极；晶闸管可看成由 PNP 和 NPN 型两个晶体管连接而成。

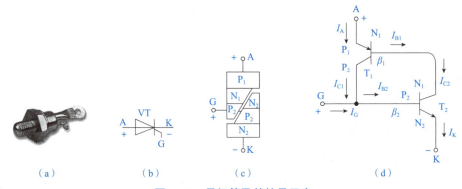

图 4-22　晶闸管及其符号示意
（a）实物图例；（b）图形符号；（c）结构示意图；（d）等效电路图

（1）晶闸管工作原理。

1）晶闸管阳极 A 与阴极 K 之间加正向电压，控制极 G 断开，两个三极管均无基极电流，晶闸管不导通。

2）在控制极 G 与阴极 K 之间加正向电压，当 I_G 到达一定数值，T_2 首先导通：$I_{B2}=I_G$，$I_{C2}=\beta_2 I_{B2}=\beta I_G$，又因为 $I_{B2}=I_{C1}$，随后 T_1 导通，I_{C1} 与 I_G 一起进入 T_2 的基极后再次放

大。该过程在极短时间内连锁循环进行，晶闸管瞬间全部饱和导通。

3）晶闸管导通后，即使控制极与外界断开，T_2 管的基极电流 $I_{B2}=I_{C1} \approx I_A$，比 I_G 大，管子维持导通。晶闸管导通后，控制极失去控制作用。

4）在导通后，要关断晶闸管：

①阳极电流 I_A 减小到某一数值以下，内部连锁状态不能维持，管子截止；

②切断阳极电源；

③在阳极和阴极之间加反向电压。

（2）晶闸管检测。可以用万用表的欧姆挡来判别管子的好坏，见表 4-3。

表 4-3　用万用表的欧姆挡来判别管子的好坏

测试点	表内电池极性	测量范围	测试结果
A—K	顺向或逆向	$R×1\,000$	高电阻（表针不动）
A—G	顺向或逆向	$R×1\,000$	高电阻（表针不动）
K—G	顺向：G "+"，K "–" 逆向：G "–"，K "+"	$R×1$ $R×1$	$10 \sim 100$ $50 \sim 500$

2. 功率场效应管（功率 MOSFET）

功率 MOSFET 是一种单极型电压控制器件，其具有两大结构特点：第一，金属栅极采用 V 形槽结构；第二，采用垂直导电沟道，是一种高效的功率开关器件。它不仅继承了 MOS 场效应管输入阻抗高（$\geqslant 108 \ \Omega$）、驱动电流小（0.1 μA 左右），以及耐压高（最高 1 200 V）、工作电流大（1.5 ~ 100 A）、输出功率高（1 ~ 250 W）、跨导的线性好、开关速度快等优良特性。正是由于它将电子管与功率晶体管的优点集于一身，因此在电压放大器（电压放大倍数可达数千倍）、功率放大器、开关电源和逆变器中获得广泛应用。

功率场效应管具有极高的输入阻抗及较大的线性放大区等，尤其是其具有负的电流温度系数，即在栅 – 源电压不变的情况下，导通电流会随管温升高而减小，故不存在由于"二次击穿"现象所引起的管子损坏现象。因此，功率场效应管的并联得到广泛应用。

3. 绝缘栅双极晶体管（IGBT）

这种器件的特点是集 MOSFET 与 GTR 的优点于一身。IGBT 驱动由栅极电压来控制开通与关断。当栅极的正向电压驱动时，MOSFET 内形成沟道，且为晶体管提供基极电流，使 IGBT 导通。当栅极的负向电压驱动时，MOSFET 内沟道消失，晶体管基极电流被切断，IGBT 即被关断。IGBT 是电压型器件，输入阻抗高，速度快，热稳定性好，通态电压低，耐压高，电流大。IGBT 关断时会出现约 1 μs 的电流拖尾现象，所以关断时间长，使工作频率受到限制。它的电流密度比 MOSFET 大，芯片面积只有 MOSFET 的 40%，但速度比 MOSFET 略低。大功率 IGBT 模块达到 1 200 ~ 1 800 A/1 800 ~ 3 300 V 的水平。速度在中等电压区域（370 ~ 600 V），可达到 150 ~ 180 kHz。

绝缘栅双极晶体管（IGBT）器件符号如图 4-23、图 4-24 所示。

NMOS管 PMOS管 P沟道 N沟道

图 4-23　功率 MOSFET 符号　　　**图 4-24　IGBT 符号**

注意，它的三个电极分别为门极 G、集电极 C、发射极 E。

📍 任务准备

（1）进入通信设备房前穿好防护工作服和绝缘鞋；

（2）现场准备数字万用表、钳型电流表和整流模块备件，以及其他更换电路元器件所需的螺钉旋具、扳手、尖嘴钳等常用工器具；

（3）通过控制单元人－机对话窗口，确认高频开关电源工作在可控制的状态，热备的整流模块能进入正常工作状态；

（4）做好作业前登记，并与控制中心通信网管值班员做好信息沟通。

🔍 任务实施

任务场景：通信电源机房。

任务要求：更换高频开关电源的模块和元器件，包括转换开关、熔断器、断路器、接触器、防雷保护单元和配线等。填写检修记录表，要求记录填写真实有效、字迹工整。

任务安排：采用分组实施方式，4～8人为一组。通过学生自荐或推荐的方式选出组长，负责本团队的组织协调工作，带头示范、督促、帮助其他组员完成相应工作。

实施步骤：

（1）负载设备关机。按照各负载设备正在处理的数据进行保存，并按照正常关机的流程对设备进行关机。在确定负载设备全部停止运行后，将高频开关电源直流输出分路开关全部置于开路状态。

（2）高频开关电源关机。关闭高频开关电源蓄电池组的电源输出空气开关，再将高频开关电源的交流输入空气开关置于开路状态。

（3）上一级电源设备分路断电。在上一级电源设备上，将该高频开关电源对应的交流分路输出开关置于开路状态，确保高频开关电源内没有任何电源输入。

（4）元器件或配线更换。按照高频开关电源作业指导书上元器件更换的流程对故障元器件进行拆卸，对新元器件进行安装（图 4-25）。

（5）高频开关电源开机。依次闭合上一级电源设备对于高频开关电源的交流输出开关、高频开关电源的交流输入空气开关、蓄电池组的电源输出空气开关。在控制单元人－机对话窗口上检查并确认高频开关电源及蓄电池组已进入正常工作的状态，并将高频开关电源及蓄电池组进入正常工作状态的信息与控制中心通信网管值班员确认。

图 4-25　高频开关电源直流配电单元电路元器件

（6）负载设备开机。先将高频开关电源的所有直流输出空气开关置于闭合状态，再按照负载设备开机的流程对负载设备进行开机，并与控制中心通信网管值班员确认负载设备的开机运行状态。

（7）销点。在确认所有电源设备和负载设备工作状态均正常后，进行作业销点。

 任务评价

任务评价由自评（占 30%）、互评（占 30%）和师评（占 40%）组成，请扫描二维码对评价项目、相应评价指标进行打分。

不良性能部件和配线更换任务评价表

 知识测试

单元 4　知识测试

单元 5

蓄电池运行与维护

单元介绍

蓄电池是世界上广泛使用的一种化学"电源"，具有电压平稳、安全可靠、价格低、适用范围广、原材料丰富和回收再生利用率高等优点。在通信机房电源系统中，蓄电池组采用全浮充工作方式。蓄电池组与整流器并联运行，蓄电池自放电引起的容量损失在全浮充过程被补足。在市电正常时蓄电池组起平滑滤波作用，在外供电中断或整流器发生故障时，由蓄电池组单独向负载供电，以确保通信负载不中断。

定期对蓄电池组进行清洁保养，控制蓄电池的工作温度、湿度在合理范围，查看蓄电池是否存在变形、漏液、裂纹等问题，对蓄电池组定期进行充放电管理，对保障蓄电池组运行的可靠性和延长蓄电池的使用寿命有重要意义。

本单元将重点学习蓄电池组相关的维护保养内容。

项目 5.1　蓄电池日常保养

项目概述

在通信电源系统中，蓄电池组是交、直流供电系统的重要组成部分。一旦交流供电中断或电源设备出现故障，就必须依靠蓄电池组向交、直流用电设备提供电能，保证交、直流用电设备的不间断供电，从而保证通信网络的正常运行。

管设备必须抓安全，安全生产重于泰山。为了响应国家提出的关于安全生产方面的诸多要求，保障作业人员人身安全及设备的稳定运行，必须提高检修作业人员安全意识，提升设备维护人员理论与实践水平，建立科学、有效的蓄电池日常巡检设备管理机制，通过设备巡检及时发现设备在运行过程中存在的安全隐患，及时有效地解决问题，防微杜渐，将隐患消灭在萌芽状态，确保设备运行正常，延长设备使用寿命，降低企业成本和能耗，提高设备安全性和稳定性，保障轨道交通行业健康发展，不断提升安全生产、防患于未然的意识。

任务 5.1.1　蓄电池物理性检查

任务描述

通过学习蓄电池基础知识，开展蓄电池物理性检查，包括清洁度、外壳、连接线、极柱、安全阀、温度等检查和测试。

学习目标

1. 提高"预防第一，安全为主，综合治理"的安全意识；
2. 具备善于发现问题的能力；
3. 了解蓄电池在电源系统中的作用及其分类；
4. 掌握蓄电池各部分结构，能描述其作用；
5. 能够看懂蓄电池铭牌，解释铭牌中的参数含义；
6. 能够根据操作指南进行蓄电池外观检查；
7. 能够操作手持式红外温度测试仪进行蓄电池温度测试。

任务分析

设备外观能很大程度上反映设备状态，是设备日常维保中重要的一个环节，通过对蓄电池外观的检查，能有效地发现性能不良或存在安全隐患的个体。

蓄电池在充放电过程中由于内部化学反应会产生气体，内部压力也会增大，如出现少量酸液从泄压口溢出，应及时清洁。极端情况安全阀失去泄压作用，可能造成电池膨胀甚至破裂。

知识准备

一、蓄电池概述

在通信电源系统中，蓄电池是交直流供电系统的重要组成部分。一旦交流供电中断或断开、关闭电源设备出现故障，就必须依靠蓄电池组向直流用电设备提供电能，保证交、直流用电设备的不间断供电，从而保证通信网络的正常运行。

（一）蓄电池的分类

目前，行业在用的蓄电池组根据结构原理可分为防酸隔爆式和阀控密封式。前一种蓄电池由于体积过大、对环境污染严重、维护工作量大等原因，逐渐被阀控密封式蓄电池代替。另外，蓄电池的类别还可以按用途、极板结构等来划分。

蓄电池的分类与作用

（1）按不同用途和外形结构可分为固定式和移动式两大类。固定式铅蓄电池按电池槽结构又可分为半密封式及密封式。

（2）按极板结构可分为涂膏式（或称涂浆式）、化成式（或称形成式）、半化成式（或称半形成式）和玻璃丝管式（或称管式）等。

（3）按电解液的不同可分为酸性蓄电池和碱性蓄电池。酸性蓄电池是以酸性水溶液作为电解质；碱性蓄电池是以碱性水溶液作为电解质。

（4）按电解液数量可将铅酸蓄电池分为贫液式和富液式。密封式电池均为贫液式；半密封式电池均为富液式。

在轨道交通通信电源系统中，通常采用的是阀控式密封铅酸蓄电池（Valve-Regulated Lead Acid Battery，VRLA），蓄电池正常使用时保持气密和液密状态。当内部气压超过预定值时，安全阀自动开启，释放气体。当内部气压降低后，安全阀自动闭合使其密封，防止外部空气进入蓄电池内部。蓄电池在使用寿命期间，正常使用情况下无须补加电解液。

固定式蓄电池如 VRLA 是全密封的，不会漏酸，而且在充放电时不会像老式铅酸蓄电池那样会有酸雾放出来而腐蚀设备、污染环境，所以，在很多领域广泛使用，如图 5-1 所示。

图 5-1　蓄电池照片

（二）蓄电池的作用

正常情况下，蓄电池与整流设备组合为直流浮充供电系统，主要起以下作用：

（1）平滑滤波：在市电正常时，虽然蓄电池不担负向通信设备供电的主要任务，但它与供电主要设备整流器并联运行，能改善整流器的供电质量。因为蓄电池内阻仅有数十毫欧，远小于通信负荷电阻，对低次谐波电流呈现极小阻抗。

（2）荷电备用（包括直流供电系统和 UPS 系统）：当市电异常或在整流器不工作的情况下，由蓄电池单独供电，担负起对全部负载供电的任务，起到备用作用。

-48 V 直流供电系统主要用一组 48 V 电池即 24 节单体串联组成（每节单体 2 V，浮充状态一般为 2.25 V 左右）；常见交流电源系统 UPS 的蓄电池每节由 6 个单体串联组成，电压为 12 V（浮充状态一般为 13.75 V 左右），如果配置 32 节电池，则电池组总电压可达384 V。

（3）启动电源：由于油机启动时间十分短促，仅为 5 ~ 8 s，因此要求蓄电池满足高速率、大电流放电的要求。油机启动电池多采用 24 V 电池组。

二、电池的规格及主要参数

（一）蓄电池型号命名

通信用阀控式铅酸蓄电池型号由三部分组成：第一部分表示串联单体数，第二部分表示电池类型和特征，第三部分表示额定容量，三部分由连接符号相连组成一个整体，即串联单体数——电池类型和特征——额定容量。表征了蓄电池主要参数及电池类型和特征。

蓄电池识别

1. 额定容量

第一部分串联单体数是指单只蓄电池内部串联的阀控式铅酸蓄电池单体的数量。阀控式铅酸蓄电池单体（cell）的额定电压由其电化学特性决定，为 2V/ 单体。

单只蓄电池额定电压 = 串联单体数 ×2V/ 单体

一般串联单体数为 1、3、6。串联单体数如果为 1，则第一部分省略，此时蓄电池额定电压为一个单体的额定电压，即为 2V。同理，单体数量为 3，则单只蓄电池额定电压为 6V；单体数量为 6，则单只蓄电池额定电压为 12V。

2. 电池类型和特征

第二部分蓄电池型号由 2 ~ 4 位的字母组成，用来表示电池类型及电池特征。

通信用蓄电池常用的字母及含义有：G 表示固定式，FM 表示阀控密封式，J 表示胶体电解液，B 表示（铅）布，Z 表示前置端子，F 表示防酸防爆式等。

3. 额定容量

第三部分额定容量是指 10 h 率的电池容量。

蓄电池的型号命名举例如图 5-2 所示。

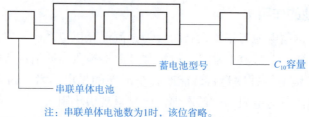

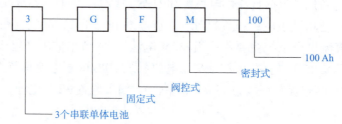

图 5-2　蓄电池型号命名示意

（二）VRLA 电池符号

C_{10}——10 h 率额定容量（Ah），数值为 $1.00C_{10}$；

C_3——3 h 率额定容量（Ah），数值为 $75C_{10}$；

C_1——1 h 率额定容量（Ah），数值为 $55C_{10}$；

C_t——当环境温度为 t 时的蓄电池实测容量（Ah），是放电电流 I（A）与放电时间 T（h）的乘积；

C_e——在基准温度（25 ℃）条件时的蓄电池容量（Ah）；

I_{10}——10 h 率放电电流（A），数值为 $1.00I_{10}$；

I_3——3 h 率放电电流（A），数值为 $2.5I_{10}$；

I_1——1 h 率放电电流（A），数值为 $5.5I_{10}$。

GFM 2 V 系列产品规格及主要参数见表 5-1。

表 5-1　GFM 2 V 系列产品规格及主要参数

型号	标称电压 /V	额定容量 /Ah			外形尺寸 /mm				质量 /kg
		C_{10}	C_3	C_1	L	b	h	H	
GFM-200	2	200	150	110	116.8	177.6	367	394	17.3
GFM-200 I	2	200	150	110	205	177	275	300	19.0
GFM-300	2	300	225	165	164.2	177.6	367	394	24.5
GFM-300 I	2	300	225	165	205	177	275	300	26.5
GFM-400	2	400	300	220	164.2	177.6	367	394	28.3
GFM-400 I	2	400	300	220	282	177	275	300	35.5
GFM-500	2	500	375	275	213.6	179.6	368	395	42.1

型号	标称电压 /V	额定容量 /Ah			外形尺寸 /mm				质量 /kg
		C_{10}	C_3	C_1	L	b	h	H	
GFM-500 I	2	500	375	275	124	206	466	512	34.5
GFM-650	2	650	487.5	357.5	261	179.6	368	395	48.8
GFM-650 I	2	650	487.5	357.5	206	166	466	512	49.0
GFM-800	2	800	600	440	309.4	180.6	368.5	395.5	56.6
GFM-800 I	2	800	600	440	210	254	466	512	61.0
GFM-1000	2	1 000	750	550	417.6	181.6	369	396	75.2
GFM-1000 I	2	1 000	750	550	210	254	466	512	74.0
GFM-2000	2	2 000	1 500	1 100	425	356.8	370	397	163.1
GFM-2000 I	2	2 000	1 500	1 100	518	210	466	512	155.0
GFM-3000	2	3 000	2 250	1 650	740	357.8	370.5	397.5	242.5
GFM-3000 I	2	3 000	2 250	1 650	782	210	466	512	230.0

GFM 6 V、12 V 系列产品规格及主要参数见表 5-2。

表 5-2　GFM 6 V、12 V 系列产品规格及主要参数

型号	标称电压 /V	额定容量 /Ah			外形尺寸 /mm				质量 /kg
		C_{10}	C_3	C_1	L	b	h	H	
3-GFM-60	6	60	45	33	205	177	275	300	19.0
3-GFM-80	6	80	60	44	205	177	275	300	23.0
3-GFM-100	6	100	75	55	205	177	275	300	27.0
6-GFM-50	12	50	37.5	27.5	357	178	189	221	28.0
6-GFM-65	12	65	49	36	357	178	189	221	33.0
6-GFM-80	12	80	60	44	357	177	275	300	46.0
6-GFM-100	12	100	75	55	400	177	275	300	54.0

三、使用条件

1. 阀控密封式蓄电池运行环境的要求

（1）运行环境一般要求：阀控密封式蓄电池（包括 UPS，以下简称阀控蓄电池）可

不专设电池室，但运行环境应满足《通信局（站）机房环境条件要求与检测方法》（YD/T 1821—2018）和以下条款要求。

（2）安装阀控蓄电池的机房，环境温度应保持在 20 ～ 30 ℃，相对湿度应保持在 20% ～ 80%，专用蓄电池室应配有通风换气装置。

（3）避免阳光对电池直射，朝阳窗户应做遮阳处理。

（4）确保电池组之间预留足够的维护空间。

（5）UPS 等使用的高电压电池组的维护通道应铺设绝缘胶垫。

2. 阀控蓄电池使用一般要求

（1）阀控蓄电池和防酸式电池禁止在一个供电系统中混合使用。

（2）不同厂家、不同容量、不同型号、不同时期的蓄电池组严禁并联在同一直流供电系统中使用。

（3）新旧程度不同的电池不应在同一直流供电系统中混合使用。

（4）阀控蓄电池和防酸式电池不应安放在无通风换气的同一房间内。

（5）具备动力及环境集中监控功能的系统，应通过该功能对电池组的总电压、电流、标示电池的单体电压、温度进行监测，并定期对蓄电池组进行检测。通过电池监测装置了解电池充放电曲线及性能，发现故障及时处理。

四、环境温度与蓄电池使用寿命关系

图 5-3 所示为高温条件下的蓄电池加速寿命老化试验曲线，虚线为外推结果。从图中可以看出，环境温度因素对蓄电池使用寿命的影响是显著的，所以，应尽量避免在高温环境下使用蓄电池。一般来说，在通常使用环境下（1 个月的总放电量在额定容量以下，温度为 5 ～ 30 ℃）蓄电池的使用寿命为 10 ～ 15 年。

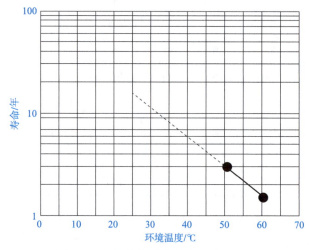

图 5-3　蓄电池加速寿命老化试验曲线

任务准备

（1）进入通信设备房前应按规定穿好防静电工作服、绝缘鞋，防止触电伤害和对电子设备的影响。

（2）工具：通信作业专用工具一套、数字万用表、手持式红外测温仪表等。

（3）材料：毛刷、抹布、尼龙扎带、标签、绝缘胶带等。

（4）资料：通信设备检修记录本。

任务实施

任务场景：通信电源机房。

任务要求：通过扫码学习，能识别蓄电池结构组成，并知晓其功能；能根据蓄电池铭牌，填写蓄电池相关参数；能参考作业指南完成蓄电池外观检查工单填写，要求记录填写真实有效、字迹工整。

任务安排：采用分组实施方式，4～8 人为一组，通过学生自荐或推荐的方式选出组长，负责本团队的组织协调工作，带头示范、督促、帮助其他组员完成相应工作。学生 2 人一组完成任务工单填写和确认。

蓄电池的结构和
工作原理

实施步骤：

一、蓄电池的结构认知

观看微课视频，查阅"知识准备"模块内容，观察图 5-4，写出蓄电池结构各部分的名称及作用。

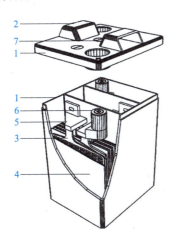

序号	名称	作用
1		
2		
3		
4		
5		
6		
7		

图 5-4 蓄电池结构

二、蓄电池的作用

查阅"知识准备"模块，蓄电池在通信电源系统中有着重要的作用，一般具体体现

在_____、_____、_____三个方面。

三、蓄电池的参数理解

根据图 5-5 所示的蓄电池铭牌，填写蓄电池参数（表 5-3）。

图 5-5　蓄电池铭牌示意

表 5-3　蓄电池参数

品牌	规格型号	标称电压	容量

四、物理性检查

参照检修指南完成蓄电池物理性检查，并完成任务工单（表 5-4）。

表 5-4　蓄电池组外观检查任务工单

检查项目	操作标准和注意事项	检查结果	备注
检查蓄电池清洁度	清洁蓄电池及蓄电池架：表面清洁，无灰尘	□正常　□异常	
检查蓄电池外壳	无膨胀、变形或损坏	□正常　□异常	
检查蓄电池极柱	无爬酸、漏液、生锈等异常情况，无灰尘	□正常　□异常	
蓄电池连接线检查	线缆紧固无松动	□正常　□异常	
蓄电池表面温度测试	环境温度无较大差距，单体蓄电池间均匀一致	□正常　□异常	
蓄电池安全阀检查	周围无酸雾、酸液逸出	□正常　□异常	

查阅资料，讨论分析蓄电池膨胀、极柱爬酸的原因。

五、蓄电池物理性检修作业指南

（1）检查蓄电池组及蓄电池架表面，要求表面清洁、无灰尘。使用毛刷、干抹布清扫表面，有条件可使用吸尘器吸去各连接处灰尘（图 5-6）。

图 5-6　清洁蓄电池组表面

（2）检查各单体电池外壳、盖有无膨胀、变形或损坏，要求外壳无膨胀、变形或破裂（图 5-7、图 5-8）。

图 5-7　检查蓄电池外壳

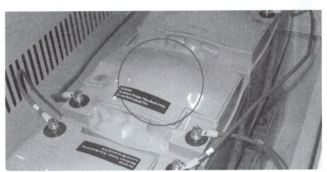

图 5-8　蓄电池膨胀示例

（3）检查单体蓄电池极柱周围是否有爬酸现象，要求无电解液渗漏或极柱周围爬酸现象，如检查到上述情况，可以用蘸肥皂水的抹布将表面的白色晶体擦净，然后用干抹布擦干（图 5-9）。

（4）佩戴绝缘手套，晃动蓄电池极耳连线，逐节检查是否存在松动，如发现有松动，须及时使用套筒扳手进行紧固，检查结束后及时将极耳绝缘帽归位，防止误触电（图 5-10）。

（5）检查安全阀，要求周围无酸雾、酸液逸出，如有上述情况，需要及时用干抹布擦净，注意不要将阀口的出气孔堵塞。

图 5-9　蓄电池爬酸清洁不及时导致
的极柱腐蚀示例

（6）使用手持式红外测温仪对单体蓄电池逐个测试表面温度，测试数值与环境温度无较大差距，单体蓄电池间均匀一致，如有异常，及时排查原因（图 5-11）。

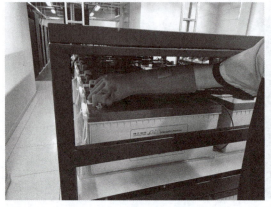

图 5-10　检查极耳连线　　　　图 5-11　红外测温仪图

任务评价

任务评价由自评（占 30%）、互评（占 30%）和师评（占 40%）组成，请扫描二维码对评价项目、相应评价指标进行打分。

蓄电池组物理性检查
任务评价表

任务 5.1.2　蓄电池组电压、内阻测试

任务描述

用万用表测量蓄电池组的电压，用内阻测试仪测量蓄电池内阻，记录测试数据，分析判断蓄电池工作状态。

学习目标

1. 提升学生团队协作、沟通交流的能力；
2. 能阐述蓄电池在不同状态的电压标准；

3. 理解蓄电池电压、内阻、容量等参数含义；

4. 会使用万用表测量蓄电池电压；

5. 会使用蓄电池内阻测试仪测量蓄电池内阻；

6. 能够根据标准判断蓄电池是否正常；

7. 养成求真务实的职业素养。

 **任务分析**

　　通过测量数据分析、判断设备运行状态是蓄电池检修维护中常用的一种方法，而蓄电池电压、内阻测量是蓄电池组日常维护中最常见的检修内容，通过测量数据与标准数据的对比，能直观反映蓄电池状态，更精确地掌握蓄电池的运行状态。本任务将学习蓄电池电压、内阻的检修方法。

知识准备

蓄电池的主要
技术参数

一、VRLA 蓄电池的容量

1. 电池容量的分类

　　电池容量是电池储存电量多少的标志，有理论容量、额定容量、实际容量之分。

　　（1）理论容量是假设活性物质全部反应放出的电量。

　　（2）额定容量是指制造电池时，规定电池在一定放电率条件下，应放出的最低限度的电量。VRLA 蓄电池规定在温度为 25 ℃环境下，以 10 h 率电流放电到终止电压所能达到的容量叫作额定容量，用符号 C_{10} 表示。10 h 率的放电电流值为 $I_{10} = C_{10}/10$。

　　（3）实际容量是指在特定的放电电流、电解液温度和放电终了电压等条件下，蓄电池实际放出的电量，它不是一个恒定的常数。VRLA 蓄电池规定的工作条件一般为 10 h 率电流放电，电池温度为 25 ℃，放电终了电压为 1.8 V。

2. 影响实际容量的因素

　　使用过程中影响容量的主要因素有放电率、放电温度、电解液浓度、终止电压和电池的新旧程度、局部放电等因素等。

3. 蓄电池环境温度与容量关系

　　蓄电池在环境温度为 20 ～ 30 ℃条件下正常使用，应能达到 C_{10} 额定容量。蓄电池放电时如果温度不是 25 ℃，其值应按以下公式换算成 25 ℃时的基准容量 C_e。

$$C_e = \frac{C_t}{1 + (K_t - 25)}$$

式中　　t——放电时的环境温度；

K——温度系数，10 h 率容量试验时，$K=0.006/℃$；30 h 率容量试验时，$K=0.008/℃$；1 h 率容量试验时，$K=0.01/℃$。

二、VRLA 蓄电池的电压

在通信局（站）电源系统中，蓄电池采用全浮充工作方式。蓄电池组与整流器并联运行，蓄电池自放电引起的容量损失在全浮充过程被补足。在市电正常时，蓄电池组起平滑滤波的作用，在市电中断或整流器发生故障时，由蓄电池单独向负载供电，以确保通信不中断，即电池组平时并不放电，负载的电池全部由整流器供给。

（1）标称电压：电池的额定电压。

（2）端电压：电池正负极两端间的电压。

（3）开路电压：电池在开路状态（静态）下的端电压。

（4）工作电压（又称负载电压）：电池接通负载后在充放电过程中显示的电压。

（5）初始电压：电池放电初始的工作电压。

（6）终止电压：电池放电时，电池下降到不宜继续放电的最低工作电压。《通信局（站）电源系统维护技术要求 第 10 部分：阀控式密封铅酸蓄电池》（YD/T 1970.10—2009）规定，2 V 蓄电池 10 h 率和 3 h 率的放电终止电压为 1.80 V，1 h 率的放电终止电压为 1.75 V。

终止电压是按实际需要确定的，小电流放电时，终止电压要定得高些；大电流放电时，终止电压要定得低些。

（7）浮充电压：浮充使用时蓄电池的电压，它是一个恒定值，在该电压下，充电量应足以补偿蓄电池由于自放电而损失的电量及氧循环的需要，保证在相对较短的时间内使放过电的蓄电池充足电量。同时，该电压的选择使蓄电池因过充电而造成的损坏达到最低程度。浮充充电与环境温度有密切关系，浮充电流随浮充电压增大而增加，随温度升高而增加。通常，浮充电压是针对环境为 25 ℃ 而言的，一般设置浮充电压为 2.23 ～ 2.27 V/ 单体（25 ℃），蓄电池组为 54 V，若环境温度自 25 ℃ 升或降 1 ℃，需要对每个电池的端电压减或增 3 ～ 4 mV 进行温度补偿调整，不同厂家的温度补偿系数不尽相同。

（8）均充电压：蓄电池在使用过程中，有时会产生密度、端电压等不均衡情况，为防止这种不均衡扩展成为故障电池，常要定期履行均衡充电。均衡充电时，蓄电池的工作电压称为均充电压。一般设置均充电压为 2.30 ～ 2.35 V/ 单体（25 ℃），蓄电池组为56.4 V。

凡遇下列情况，需要进行均衡充电：

1）浮充电压有两只以上低于 2.18 V/ 单体。

2）搁置时间超过 3 个月。

3）全浮充运行达 6 个月。

4）放电深度超过额定容量的 20%。

（9）极柱电压：两相邻的电池间连接条所连接的正负极柱间连接电压降应不大于10 mV，如图 5-12 所示。

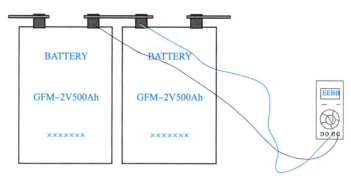

图 5-12 极柱电压测试示意

三、蓄电池电动势与端电压

铅酸蓄电池正负极平衡电极电位之差便是蓄电池的电动势，常用 E 表示，在数值上等于铅酸蓄电池达到平衡时的开路电压，额定值为 2 V。

铅酸蓄电池的端电压是指电池有电流流过时正负两极间的端电压，常用 U 表示。充电时 U 为蓄电池电动势与蓄电池内阻压降之和，放电时 U 为蓄电池电动势与蓄电池内阻压降之差，两者的关系如图 5-13 所示。

图 5-13 蓄电池充放电示意
（a）充电过程；（b）放电过程

四、VRLA 蓄电池的内阻

铅酸蓄电池内阻 r 包括由电极材料、隔膜、电解液、接线柱、电池尺寸、结构及装配因素等组成的电阻，以及电池在充、放电过程中发生的电化学反应产生的电阻。

当蓄电池充电时，电流流入电池，内阻 r 的分压与电动势方向一致，即

$$U = E + rI$$

当蓄电池放电时，电流流出电池，内阻 r 的分压与电动势方向相反，即

$$U = E - rI$$

蓄电池经过完全充电后，在 25 ℃ ±5 ℃环境中，以 $5I_{10}$ 的电流放电 20 s，精确测量记录蓄电池的端电压 U_1 和电流值 I_1（放电最长时间持续 25 s 后停止），间断 5 min 后，蓄电池以 $20I_{10}$ 的电流放电 5 s，测量记录蓄电池的端电压 U_2 和电流值 I_2。

用测定的电压 U_1、U_2 和电流 I_1、I_2 绘出 $U = F(I)$ 特性曲线，如图 5-14 所示。

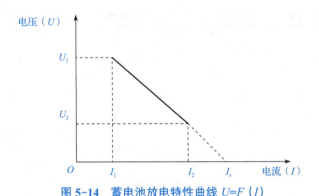

图 5-14　蓄电池放电特性曲线 $U=F(I)$

蓄电池的内阻值按以下公式计算：

$$r=(U_1-U_2)/(I_2-I_1)$$

五、蓄电池端电压的均衡性

（1）单体蓄电池和由若干个单体组成一体的组合蓄电池，各电池间的开路电压差应符合以下要求：

1）标称电压为 2 V 的蓄电池，各电池间的开路电压差不大于 20 mV；

2）标称电压为 6 V 的蓄电池，各电池间的开路电压差不大于 50 mV；

3）标称电压为 12 V 的蓄电池，各电池间的开路电压差不大于 100 mV。

（2）蓄电池进入浮充状态 24 h 后，各电池间的端电压差应符合以下要求：

1）蓄电池组由不多于 24 只 2 V 蓄电池组成时，各电池间的端电压差不大于 90 mV；

2）蓄电池组由多于 24 只 2 V 蓄电池组成时，各电池间的端电压差不大于 200 mV；

3）标称电压为 6 V 的蓄电池，各电池间的端电压差不大于 240 mV（6 V）；

4）标称电压为 12 V 的蓄电池，各电池间的端电压差不大于 480 mV（12 V）。

（3）蓄电池放电时，各电池间的端电压差应符合以下要求：

1）标称电压为 2 V 的蓄电池，各电池间的端电压差不大于 0.20 V；

2）标称电压为 6 V 的蓄电池，各电池间的端电压差不大于 0.35 V；

3）标称电压为 12 V 的蓄电池，各电池间的端电压差不大于 0.6 V。

📍 任务准备

（1）进入通信设备房前应按规定穿好防静电工作服、绝缘鞋，防止触电伤害和对电子设备的影响。

（2）工具：通信作业专用工具一套、数字万用表、内阻测试仪等。

（3）资料：通信设备检修记录本。

🔍 任务实施

工具、仪表准备：绝缘手套、数字万用表、内阻测试仪。

通过扫码学习，能使用数字万用表和蓄电池内阻测试仪测量蓄电池电压和内阻，判断电池性能好坏；能参考作业指南完成蓄电池电压、内阻测试工单填写。要求记录填写真实有效、字迹工整。

任务安排：采用分组实施方式，4～8人为一组，通过学生自荐或推荐的方式选出组长，负责本团队的组织协调工作，带头示范、督促、帮助其他组员完成相应工作。学生2人一组完成任务工单填写和确认。

蓄电池组电压、内阻测试

实施步骤：

一、写出蓄电池不同电压的含义

不同电压名称的含义是不同的，请写出以下电压名称的含义：

（1）标称电压：＿＿＿＿＿＿＿＿＿＿＿＿＿＿＿＿＿＿＿＿＿＿＿＿＿＿

（2）端电压：＿＿＿＿＿＿＿＿＿＿＿＿＿＿＿＿＿＿＿＿＿＿＿＿＿＿＿

（3）浮充电压：＿＿＿＿＿＿＿＿＿＿＿＿＿＿＿＿＿＿＿＿＿＿＿＿＿＿

（4）均充电压：＿＿＿＿＿＿＿＿＿＿＿＿＿＿＿＿＿＿＿＿＿＿＿＿＿＿

（5）极柱电压：＿＿＿＿＿＿＿＿＿＿＿＿＿＿＿＿＿＿＿＿＿＿＿＿＿＿

二、测量蓄电池组电压及内阻

参照"蓄电池电压、内阻测试检修作业指南"完成蓄电池电压及内阻测试并填写任务工单（表5-5）。

表5-5　蓄电池电压、内阻测试

电池用途：□ UPS　□高频开关电源　第＿＿＿组					
测试项目		电池电压（单位：V）、电池内阻（单位：mΩ）		蓄电池质量是否正常	备注
		电压	内阻		
单节电池	取值范围			—	
	1			□是；□否	
	2			□是；□否	
	3			□是；□否	
	4			□是；□否	
	5			□是；□否	
	6			□是；□否	
	7			□是；□否	
	8			□是；□否	
	9			□是；□否	
	…			□是；□否	
整组电池	取值范围		—	□是；□否	
	测试结果		—		
检修人：				检修时间：	

三、蓄电池端电压均衡性判断

根据蓄电池端电压均衡性标准及表5-5测量数据，完成蓄电池端电压均衡性判断。

最高端电压（V）：＿＿＿＿；最低端电压（V）：＿＿＿＿；端电压差（V）：＿＿＿＿。

蓄电池端电压是否正常：□是；□否

四、蓄电池电压、内阻测试检修作业指南

（1）用万用表的两根测试表头分别接触第一个蓄电池的正极和最后一个蓄电池的负极，测量蓄电池组的总电压，并记录测试数据；

（2）用万用表的两根测试表头分别接触单个蓄电池的正负极，逐个测量蓄电池的电压，如图5-15所示，并记录测试数据；

（3）用内阻测试仪的两根探针分别接触单个蓄电池的正负极，逐个测量蓄电池的内阻，如图5-16所示，并记录测试数据。

图5-15　万用表测试蓄电池电压示意　　　图5-16　内阻测试仪测试蓄电池内阻示意

✦ 任务评价

任务评价由自评（占30%）、互评（占30%）和师评（占40%）组成，请扫描二维码对评价项目、相应评价指标进行打分。

蓄电池组电压、内阻测试任务评价表

项目 5.2　蓄电池小修

项目概述

蓄电池是交、直流电源系统稳定、可靠运行的后备电源，作为电源系统的重要组成部分，其状态对整个电源系统至关重要。推行标准化的蓄电池维护流程，有利于及时掌握设备运行状况，对降低设备故障概率、提高设备稳定性和安全性、为企业发展降低维修成本、推动绿色可持续发展道路大有帮助。

本项目主要学习如何对高开蓄电池进行充放电维护。

任务　蓄电池充放电维护

任务描述

参照蓄电池充放电作业指导书，开展蓄电池充放电作业。

学习目标

1. 培养绿色生态、环保、可持续发展的理念；
2. 学会交流与合作，养成良好的安全作业习惯；
3. 能阐述蓄电池工作原理；
4. 了解蓄电池充放电特性；
5. 掌握蓄电池充放电维护的作业流程；
6. 能按照作业指南完成蓄电池充放电维护作业。

任务分析

蓄电池充放电维护作业是蓄电池检修中的必要手段，能全面反映蓄电池的工作状态，是维护人员必须掌握的技能。在实际操作过程中，需要时刻关注设备运行状态，防止作业不当造成人为故障，同时要求正确使用好仪器仪表，遵章守纪，严格按照作业流程作业，防止安全事故。

考虑到温度对电池的影响，一般给出的电压默认为 25 ℃环境下的电压，实际操作中要考虑到温度补偿。

📝 知识准备

一、蓄电池工作原理

阀控式密封铅酸蓄电池在充放电过程中的化学反应如下：

$$\underset{\text{放电}}{\overset{\text{充电}}{PbO_2 + 2H_2SO_4 + Pb \rightleftharpoons PbSO_4 + 2H_2O + PbSO_4}}$$

（二氧化铅）（硫酸）（海绵状铅）　（硫酸铅）　　（水）　（硫酸铅）

正极活性物质　　　　负极活性物质　　正极放电产物　　　负极放电产物

双硫酸盐理论：铅酸蓄电池在放电时，正极活性物质二氧化铅（PbO_2）和负极活性物质海绵状铅（Pb）与电解液中的硫酸（H_2SO_4）反应，均生成硫酸铅（$PbSO_4$），将化学能转化成电能向负载供电。此时，硫酸溶液的浓度降低，电池内阻增大，电池电动势降低；而在充电时，两个电极上的 $PbSO_4$ 分别恢复成原来的 PbO_2 和海绵状 Pb，而且这种转化过程是可逆的。此时硫酸溶液的浓度增大，电池内阻减小，电池电动势增高。

注意：电池在充电过程中，正极除了有 $PbSO_4$ 转变为 PbO_2 的反应以外，还有氧析出，特别是在充电后期，当电池容量充电到 80% 时，氧的析出反应更加剧烈，继续充电，不可避免会出现水的电解，使正极析出氧气，负极析出氢气，氧气和氢气的产生会使电池内部失水。

VRLA 实现了电池的密封，关键技术是实现了氧在电池内部的再复合和氧循环，以及电池内部没有流动的电解液。AGM 电池可通过采用 AGM 隔板吸收电解液和提供氧气扩散通道，与负极 H^+ 等发生反应，最终还原成水（H_2O）又回到电解液中，也即实现氧的循环，没有水的损失及氧的积蓄。

二、电池技术特性

1. 放电特性

放电容量与放电电流的关系：放电电流越小，放电容量越大；反之，放电电流越大，放电容量越小。

放电容量与温度的关系：温度降低，放电容量减少。

图 5-17 所示为 25 ℃温度下 $0.1C_{10}$（A）～ $2.5C_{10}$（A）的放电电流条件下放电至终止电压时的定电流放电特性图。从图中可以看出，10 h 率、3 h 率、1 h 率的放电特性均较为理想。

蓄电池的充放电
特性

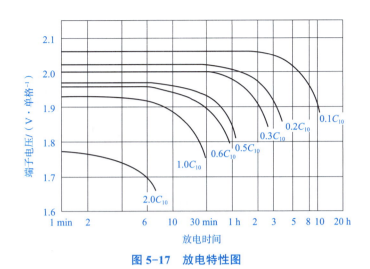

图 5-17 放电特性图

放电容量与环境温度的关系图如图 5-18 所示。

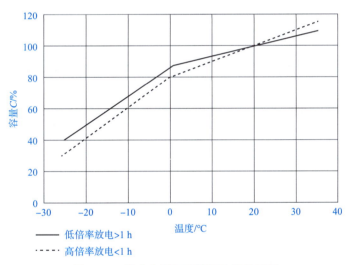

图 5-18 放电容量与环境温度的关系图

2. 充电特性

浮充充电应解决两个问题：一是补偿电池因自放电而产生的容量损失；二是避免过充造成电池寿命的缩短。

蓄电池放电后的恢复充电也可以采用浮充充电方法。图 5-19 所示是按 10 h 率额定容量 50% 及 100% 放电后的定电流 [$0.1C_{10}$（A）]、定电压（2.23 V）充电特性图。放电后的蓄电池充满电所需的时间随放电量、充电初期电流、温度而变化。如图中 100% 放电后的电池在 25 ℃ 以 $0.1C_{10}$（A）、2.23 V/ 单格进行限流恒压充电，24 h 左右可以充电至放电量 100% 以上。

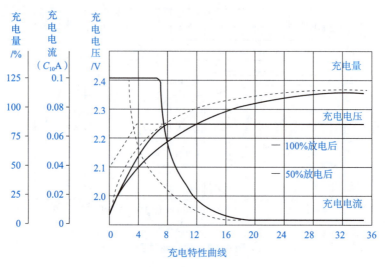

图 5-19　充电特性图

 **任务准备**

（1）进入通信设备房前应按规定穿好防静电工作服、绝缘鞋，防止触电伤害和对电子设备的影响。

（2）作业人员严禁佩戴戒指、手表等金属饰品。

（3）工具：通信作业专用工具一套、数字万用表、内阻测试仪等。

（4）资料：通信设备检修记录本、设备操作指南。

任务实施

工具、仪表准备：绝缘手套、数字万用表、内阻测试仪。

根据作业指南完成高频开关电源蓄电池组充放电作业，完成工单填写，要求记录填写真实有效、字迹工整。

任务安排：采用分组实施方式，4～8人为一组，通过学生自荐或推荐的方式选出组长，负责本团队的组织协调工作，带头示范、督促、帮助其他组员完成相应工作。学生2人一组完成任务工单填写和确认。

实施步骤：

一、蓄电池工作原理

观看微课视频，学习蓄电池原理，写出蓄电池化学反应式：

_____

充电过程是将_____能转换为_____能。

放电过程是将_____能转换为_____能。

二、高开蓄电池充放作业

参照高开蓄电池充放电作业指南完成高开蓄电池小修作业并填写任务工单（表5-6）。

表5-6　蓄电池充放电作业

蓄电池电压、内阻测试工单						
电池用途：□ UPS　□高频开关电源　第_____组					蓄电池质量 是否正常	备注
测试项目	电池电压（单位：V）、电池内阻（单位：mΩ）					
	放电前 电压	放电前 内阻	放电中 电压	充电中 电压		
记录时间	：		：	：	—	
电池编号					—	
1					□是；□否	
2					□是；□否	
3					□是；□否	
4					□是；□否	
5					□是；□否	
6					□是；□否	
7					□是；□否	
8					□是；□否	
9					□是；□否	
…					□是；□否	
整组电池　取值范围	—				□是；□否	
整组电池　测试结果	—					
检修人：					温度：_____℃ 湿度：_____%	

三、高开蓄电池充放电作业指南

（1）断开市电之前，先用万用表的两根表头分别接触第一个蓄电池的正极和最后一个蓄电池的负极，测量电池组的总电压；然后用万用表的两根表头分别接触单个蓄电池的正、负极，逐个测量蓄电池的电压，并记录数据（图5-20）。

（2）用内阻测试仪的两根探针分别对准高开蓄电池的正负极铜片，逐个测量蓄电池的内阻；并记录数据（测量过程中内阻测试仪的两根探针不能同时触碰到蓄电池架，以防止烧毁内阻测试仪保险管）（图5-21）。

注：放电前测量蓄电池数据可及时发现故障蓄电池，避免放电过程中蓄电池无法正常供电，导致负载设备退出运行。

（3）高频开关电源主路输入断电：在高开电源屏上断开交流输入1和交流输入2空开，此时高频开关电源转为蓄电池组工作，高频开关电源与交流配电屏会产生告警（图5-22）。

（4）放电后电池电压测试：断开高频开关电源上的交流输入1和交流输入2之后约1 h，先测量高频开关电源电池组电压，然后逐个测量电池电压、内阻，并记录数据 [电压、内阻测试方法同步骤（1）、（2）]。

（5）恢复高频开关电源供电：合上交流配电屏上高频开关电源上的交流输入1和交流输入2空开，合上后，待电池充电约1 h后，先测量高频开关电源电池组电压，然后逐个测量电池电压、内阻 [电压、内阻测试方法同步骤（1）、（2）]。

（6）确认设备运行正常，已恢复至作业前工作状态后结束作业。

图 5-20　高开单个蓄电池电压

图 5-21　高开单个电池内阻

图 5-22　高频开关电源

任务评价

任务评价由自评（占 30%）、互评（占 30%）和师评（占 40%）组成，请扫描二维码对评价项目、相应评价指标进行打分。

蓄电池充放电维护任务评价表

项目 5.3　蓄电池故障处理

项目概述

　　蓄电池作为后备能源往往容易被忽视，在蓄电池设备投入使用的初期及后期，蓄电池易出现故障，通过日常检修及时发现故障、解决故障，对设备的稳定运行尤为重要。同时，蓄电池属于消耗品，有一定的寿命周期。综合考虑使用条件、环境温度等因素的影响，在达到蓄电池设计使用寿命之前，对落后、故障电池予以更换，保证电源系统安全、稳定运行。

　　通信专业设备需贯彻精简细修策略，根据设备状态参数进行早期设备故障诊断，严格执行有关规章制度，加强基层班组管理与建设，推行标准化管理，在保证行车、设备和人身安全条件下，需要对落后、故障蓄电池进行更换维护，提高设备稳定性和安全性，为企业发展降低维修成本，推动绿色可持续发展道路。

任务　蓄电池组更换

任务描述

　　进行落后蓄电池、故障蓄电池的判断，完成故障蓄电池更换作业。

学习目标

　　1. 培养绿色、生态、环保、可持续发展的理念；

　　2. 领悟吃苦耐劳、精益求精等工匠精神的实质；

　　3. 增强"四不放过"责任意识；

　　4. 了解落后蓄电池、故障蓄电池的现象及判定标准；

　　5. 了解蓄电池故障的更换流程；

　　6. 了解故障处理过程中的注意事项；

　　7. 能协作完成蓄电池更换。

任务分析

蓄电池故障主要通过外观检查及充放电小修作业后的数据分析判断。检查外壳是否膨胀变形或破裂，是否有渗漏电解液或极柱周围爬酸现象。单只电池出现异常时，可进行单只更换，但应为同厂家、同型号、同批次的电池；多只出现异常时，通常说明整组电池的性能都已经严重下降，需整组更换。

知识准备

落后蓄电池、故障蓄电池的现象及判定标准见表 5-7。

节能减排之蓄电池
失效模式分析

表 5-7　落后蓄电池、故障蓄电池的现象及判定标准

序号	常见问题	处理方式
1	浮充压差大	检查设备电池参数设置是否正确。对于停电较频繁的网点参数设置，可参考将整组电池中浮充电压低于 2.18 V 的电池更换为新电池，注意新旧电池生产日期不要超过半年。如果整组中有 1/3 的电池低于 2.18 V，则需整组更换。 更换后需进行一次 100% 深度的放电，此效果比较明显
2	电池无法正常放电	检查整个回路连接情况，确保无连接条松落、腐蚀，电池极性正常。 检查电池外观是否有漏液、膨胀、破裂现象。 如上述情况无异常，则测量电池静置 30 min 后的开路电压，若有低于 2.10 V 的电池，则需要更换
3	电池安装出现反极、破裂	检查中发现电池破损和反极的必须进行更换
4	电池极柱、安全阀口出现白色晶体	经检查为假漏液的，可以用蘸取肥皂水的抹布将表面的白色晶体擦净，然后用干抹布擦干。为了便于操作也可以直接用干抹布擦净。注意不要将阀口的出气孔堵塞
5	电池漏液	对于判定为漏液的电池需要进行更换，并对腐蚀的铁架和地面进行处理
6	电池鼓肚或爆裂	膨胀严重的需立即进行更换。对于轻微鼓肚的电池可以进行如下处理（侧壁鼓肚总尺寸在 3 ～ 10 mm）： 检查电池安全阀盖片上的出气口是否被堵塞，如果被堵塞，需更换盖片或将堵塞物清理干净。在巡检时发现盖片没有出气孔，此类情况是设计或制造的原因，需立即更换带出气孔盖片。 检查回路是否有电压过低（低于 2.10 V）或反接电池。 如果上面情况都没有问题，检查回路总电压是否偏高，如果偏高，调整设备参数。如果有专用工具，可以将回路断开，然后将阀体打开一会，让内部气体泄出
7	蓄电池内阻过大	内阻变大表明蓄电池性能下降，在整个蓄电池使用周期内，内阻是缓慢增大的，如有个别蓄电池内阻明显高于同组蓄电池的，需要及时更换

📍 任务准备

（1）进入通信设备房前应按规定穿好防静电工作服、绝缘鞋，防止触电伤害和对电子设备的影响。

（2）当有雷电的时候，应严格禁止进行测量工作。

（3）工具：通信作业专用工具一套、套筒扳手一套、数字万用表、内阻测试仪等。

（4）材料：毛刷、抹布、尼龙扎带、标签、绝缘胶带等。

（5）资料：通信设备检修记录本。

📄 任务实施

工具、仪表准备：绝缘手套、套筒扳手、数字万用表、内阻测试仪。

根据作业指南完成蓄电池更换作业。

任务安排：采用分组实施方式，4～8人为一组，通过学生自荐或推荐的方式选出组长，负责本团队的组织协调工作，带头示范、督促、帮助其他组员完成相应工作。

实施步骤：

一、蓄电池更换

（1）观看微课视频，写出蓄电池五种落后模式。

（2）通过对蓄电池进行物理性检查及充放电维护任务的学习，一般出现哪几种情况需要进行蓄电池更换？何时需要对整组蓄电池进行更换？

（3）参照"蓄电池更换作业指南"完成蓄电池更换。

二、蓄电池更换作业指南

1. 开箱及检查

（1）检查：蓄电池外观无损伤。

（2）点验：配件齐全。

（3）参数检查：测量电压、内阻数据正常。

（4）参阅：安装图、注意事项。

2. 安装前注意事项

（1）小心导电材料短接蓄电池正负端子。

（2）搬运蓄电池时，不可在端子部位用力，同时避免蓄电池倒置、遭受摔掷或冲击。

（3）不准打开排气阀。

（4）操作时不能佩带戒指、项链等金属物品，安装铅酸电池时应佩戴绝缘手套。

3. 安装及接线

（1）将金属安装工具（如扳手）用绝缘胶带包裹，进行绝缘处理。

（2）先进行蓄电池之间的连接，然后将蓄电池组与充电器或负载连接。

（3）多组电池并联时，遵循先串联后并联的接线方式；为保证较好的散热条件，各列蓄电池需保持 10 mm 左右间距。

（4）连接前后，在蓄电池极柱表面敷涂适量防锈剂。

（5）蓄电池安装完毕，测量电池组总电压无误后，方可加载上电。

 任务评价

任务评价由自评（占 30%）、互评（占 30%）和师评（占 40%）组成，请扫描二维码对评价项目、相应评价指标进行打分。

蓄电池组更换任务评价表

知识测试

单元 5　知识测试

单元 6

接地和防雷系统维护

📖 单元介绍

　　我国是交通强国，轨道通信机房的安全问题有利于规范城市轨道交通运营管理，提高运营的安全性和服务质量，促进城市轨道交通行业健康发展，方便人民群众出行，保障人民群众人身安全。接地系统是通信电源系统的重要组成部分，它不仅直接影响通信的质量和电源系统的正常运行，还起到保护人身安全和设备安全的作用。

　　在通信电源设备机房中，接地技术牵涉到各个专业的通信设备、电源设备和房屋建筑防雷等方面的要求。本单元主要研究通信和电力设备接地技术问题，对于房屋建筑避雷防护等接地要求，应遵照相关专业的规定。

项目6.1　接地和防雷系统日常保养

项目概述

对于轨道通信机房和设备，接地系统是一项系统工程，要多方面预防，才能构建完整的防护体系。为了确保通信设备安全运行，提高运行质量，减少安全事故的发生，彻底消除通信机房存在的安全隐患，要对接地系统的日常安全维护工作提出更高的要求，从而确保通信的安全畅通。

任务6.1.1　机房总地线排安装固定情况检查及使用环境巡查

任务描述

机房接地作业的规范实施可以保障电气设备的正常运行，降低设备的故障率，延长设备的使用寿命。此外，机房接地还可以防止人身安全事故的发生。因此，检查机房接地规范和使用环境很有必要。

学习目标

1. 增强学生团队协作、沟通交流的能力；
2. 养成安全生产意识，按规章作业的专业素养；
3. 掌握机房总地线排安装固定标准和使用环境巡查标准；
4. 能巡查机房总地线排安装固定情况及使用环境；
5. 掌握接地系统的组成、分类与作用；
6. 了解触电基本常识。

任务分析

接地系统是通信电源系统的重要组成部分，它不仅直接影响通信的质量和电源系统的正常运行，还起到保护人身安全和设备安全的作用。机房内具有金属外壳的设备都应该做保护接地。

通信机房的接地系统包括直流接地和交流接地。直流接地包括直流工作接地、机壳屏蔽接地；交流接地包括交流工作接地、保护接地、防雷接地。

通信电源的接地包括交流零线复接地、机架保护接地和屏蔽接地、防雷接地、直流工作接地。这四种接地一定要可靠，否则不但不能起到相应的作用，还会适得其反，对人身安全、设备安全、设备的正常工作造成威胁。

知识准备

一、接地系统概述

（一）接地系统的概念

接地系统中所指的地，即大地，是一个良导体，电容量非常大，拥有吸收无限电荷的能力，并且在吸收大量电荷后仍能保持电位不变，可以作为良好的参考零电位。所谓"接地"，就是为了工作或保护的目的，将电气设备或通信设备中的接地端子，通过接地装置与大地做良好的电气连接，并将该部位的电荷注入大地，达到降低危险电压和防止电磁干扰的目的。

（二）接地系统的组成

1. 接地系统（Earthing System）

接地系统是指系统、装置和设备的接地所包含的所有电气连接和器件，包括埋在地中的接地体、接地线、与接地体相连的电缆屏蔽层及与接地体相连的设备外壳或裸露金属部分、建筑物钢筋、构架在内的复杂系统，如图6-1所示。

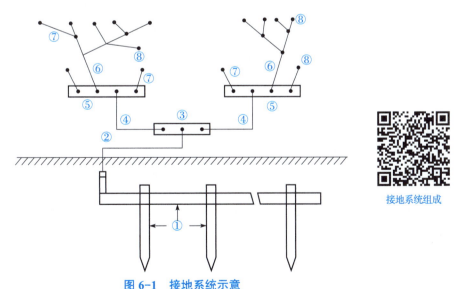

接地系统组成

图6-1 接地系统示意
①—接地体；②—接地引入线；③—总接地排；④—接地线；⑤—接地排；⑥—接地汇集线；
⑦—接地分支线；⑧—接地端子

2. 接地体（Earth Electrode）

接地体即为达到与地连接的目的，一根或一组与土壤（大地）密切接触并提供与土壤（大地）之间的电气连接的导体。接地体通常采用钢筋网、镀锌角钢、镀锌扁铁或钢管等材料。

3. 地网（Earth Grid）

由埋在地中的互相连接的裸导体构成的一组接地体称为地网，地网为电气设备或金属结构提供共同的地。

4. 接地引入线（Earthing Connection）

接地体与总接地汇集排之间相连的连接线称为接地引入线。

5. 接地装置（Earth-termination System）

接地线和接地体的总和称为接地装置。

6. 接地汇集线（Mail Earthing Conductor）

接地汇集线是指作为接地导体的条状铜排或扁钢等，在通信局（站）内通常作为接地系统的主干线，按敷设方式可分为水平接地汇集线、垂直接地汇集线、环形接地汇集线或条形接地汇集线。

7. 接地端子（Earthing Terminal）

接地线的连接端子或接地排称为接地端子。

8. 接地排（Earthing Bar）

与接地母线相连，并作为各类接地线连接端子的矩形铜排即接地排。

9. 总接地排（Main Earthing Terminal，MET）

用于将各类接地线连接到接地装置的接地排即总接排，是系统的第一级接地排。

（三）接地线布放要求

（1）接地线与设备及接地排连接时，必须加装铜接线端子，并应压（焊）接牢固。

（2）接线端子尺寸应与接地线径相吻合。接线端子与设备及接地排的接触部分应平整、紧固，并应无锈蚀和氧化。

（3）接地线应采用外护层为黄绿相间颜色标识的阻燃电缆，也可在接地线与设备及接地排相连的端头处缠（套）上带有黄绿相间标识的塑料绝缘带。

（4）通信局（站）内各类接地线应根据最大故障电流值和材料机械强度确定，宜选用截面积为 $16 \sim 95 \ \mathrm{mm}^2$ 的多股铜线。

（5）接地线两端的连接点应确保电气接触良好。

（6）接地线中严禁加装开关或熔断器。

（7）由接地汇集线引出的接地线应设明显标志。

二、接地的分类和作用

通信电源接地系统，按带电性质可分为交流接地系统和直流接地系统两大类。按用途可分为工作接地系统、保护接地系统和防雷接地系统。而防雷接地系统又可分为设备防雷和建筑防雷。合理良好的接地可以保证建筑物及电气设备免遭雷击的损害，保证供电系统的正常工作，在用电设备发生漏电时保护人身的安全等。

接地系统分类
和作用

（一）交流接地系统

1. 交流供电系统的中性点接地

在 TT 和 TN 供电系统的低压交流电网中，将三相电源中的中性点直接接到地网中，将三相电源中的中性点直接接地，如配电变压器次级线圈、交流发电机电枢绕组等中性点的接地。其作用是将三相交流负荷不平衡引起的中性线上的不平衡电流泄放于地，以及减小中性点电位的偏移，保证设备的正常运行。

接地以后的中性线称为零线。交流供电系统中的中性点接地俗称交流工作地。图 6-2 所示为交流供电系统中的中性点接地和电气设备保护接地。

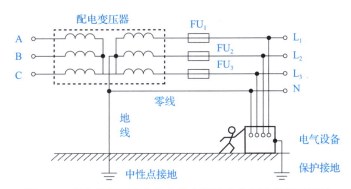

图 6-2　交流供电系统中的中性点接地和电气设备保护接地

2. 电气设备的保护接地

电气设备的保护接地是将受电设备在正常情况下与带电部分绝缘的金属外壳与接地装置做良好的电气连接，来达到防止因设备绝缘损坏而遭受触电危险的目的。

3. 接地保护方式

根据我国《低压电网系统接地形式的分类、基本技术要求和选用导则》的规定，低压电网系统接地的保护方式可分为接零系统（TN 系统）、接地系统（TT 系统）和不接地系统（IT 系统）三类。目前通信电源系统中的交流部分普遍采用 TN-S 接地保护方式。

TN-S 和 TN-C-S 系统中的 N 线必须与受电设备的外露导电部分和建筑物钢筋严格绝缘布放。

实际上，从电源直接接地点引出的 PE 线与受电设备外露导电部分相连时，通常必须进行重复接地，以防止 PE 线断开时，断点后面发生碰壳的设备有外壳带电的危险，尤其在 N 线和 PE 线合一的三相四线制电源中。此重复接地用的接地装置即保护接地，其复接方式如图 6-3 所示，显然图 6-3（b）接线方式比图 6-3（a）效果要好。

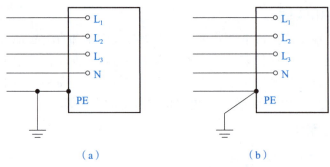

图 6-3　重复接地保护接线方式

在通信电源系统中需要进行重复接地保护的有配电变电器，油机发电机组，交、直流电动机的金属外壳，整流器、配电屏与控制屏的框架，仪表用互感器二次线圈和铁芯，交流电力电缆接线盒，金属护套，穿线钢管等。

（二）防雷接地

在通信局（站）中，通常有两种防雷接地方式，一种是为保护建筑物或天线不受雷击而专设的避雷针防雷接地装置，这是由建筑部门设计安装的；另一种是为了防止雷击产生的过电压对通信设备或电源设备的破坏或危及人身安全需安装避雷器而埋设的防雷接地装置。

（三）直流接地系统

按照性质和用途的不同，直流接地系统可分为工作接地和保护接地两种。工作接地用于保证通信设备和直流通信电源设备的正常工作；而保护接地用于保护人身和设备的安全。

1. 直流工作接地

在通信电源的直流供电系统中，为了保证通信设备的正常运行和保障通信质量而设置的电池一极接地，称为直流工作接地，如 –48 V 电源的正极接地、+24 V 电源的负极接地等。

2. 直流工作接地的作用

（1）利用大地作良好的参考零电位，保证在各通信设备间甚至各局（站）间的参考电位没有差异，从而保证通信设备的正常工作。

（2）减少用户线路对地绝缘不良时引起的通信回路间的串音。

（3）利用大地构成通信信号回路或远距离供电回路。

3. 直流保护接地

在通信系统中，将直流设备的金属外壳和电缆金属护套等接地，叫作直流保护接地。

4. 直流保护接地的作用

（1）防止直流设备绝缘损坏时发生触电危险，保证维护人员的人身安全。

（2）减小设备和线路中的电磁感应，保持一个稳定的电位，达到屏蔽的目的，减小杂音的干扰，以及防止静电的发生。

通常情况下，直流的工作接地和保护接地是合二为一的，但随着通信设备向高频、高速处理方向发展，对设备的屏蔽、防静电要求越来越高，将会要求将两者分离。

直流接地需连接的有蓄电池组的一极、通信设备的机架或总配线的铁架、通信电缆金属隔离层或通信线路保安器、通信机房防静电地面等。

至于直流电源通常采用正极接地的原因，主要是大规模集成电路所组成的通信设备的元器件的要求；也有减小由于电缆金属外壳或继电器线圈等绝缘不良，对电缆芯线、继电器线圈和其他电器造成的电蚀作用。

另外，在通信电源的接地系统中，还专门设置了用来检查、测试通信设备工作接地而埋设的辅助接地，称为测量接地。它平时与直流工作接地装置并联使用，当需要测量工作接地的接地电阻时，将其引线与地线系统脱离，这时测量接地代替工作接地运行。所以说，测量接地的要求与工作接地的要求是一样的。

（四）对地电压、接触电压、跨步电压

1. 接地的对地电压

电气设备的接地部分，如接地外壳、接地线或接地体等与大地之间的电位差，称为接地对地电压，用 U_d 表示（$U_d = I_d \times r_d$），如图 6-4 所示。

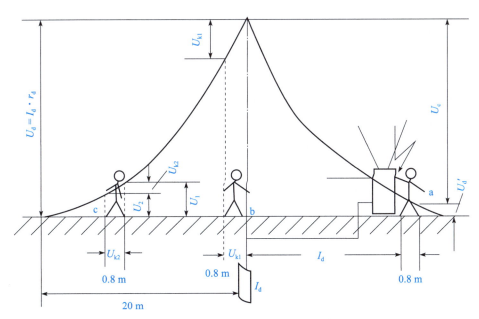

图 6-4　对地电压、接触电压和跨步电压

当有较强电流通过接地体注入大地时（如相线碰壳），电流通过接地体向周围土壤作半球形扩散，并在接地点周围地面产生一个相当大的电场，电场强度随着距离的增加迅速下降，试验资料表明，距离接地体 20 m 处，对地电压（该处与无穷远处大地的电位差）仅为最大对地电压的 2%，在工程应用上可以认为是零电位点，从接地体到零电位点之间

的区域，称为该接地装置的接地电流扩散区，若用曲线表示接地体及其周围各点的对地电压，则呈典型的双曲线形状。

2. 接触电压

在接地电阻回路上，一个人同时触及的两点间所呈现的电位差，称为接触电压。显然人所在的位置离接地体越近，接触电压越小；离接地体越远，则接触电压越大，在距离接地体约 20 m 以外的地方，接触电压最大。在图 6-4 中位于 a 处的人，当设备外壳带电而人触及机壳时，所遭受的接触电压 U_c，等于电气设备外壳的对地电压 U_d 和脚所站位置的对地电压 U_d' 之差，即 $U_c = U_d - U_d'$。

3. 跨步电压

在电场作用范围内（以接地点为圆心，以 20 m 为半径的圆周），人体如双脚分开站立，则施加于两脚的电位不同而导致两脚间存在电位差，此电位差便称为跨步电压 U_k。跨步电压的大小，随着与接地体或碰地处之间的距离而变化。距离接地体或碰地处越近，跨步电压越大，反之则小，在图 6-4 中，U_{k1} 大于 U_{k2}。

研究认为，流经人体的电流，当交流在 20 mA 以下或直流在 50 mA 以下时，对人身不发生危险。根据环境条件的不同，我国规定的安全电压值如下：在没有高度危险的建筑物中为 65 V；在高度危险的建筑物中为 36 V；在特别危险的建筑物中为 12 V。

 任务准备

1. 安全控制措施

应穿好防静电工作服、绝缘鞋，防止触电伤害和对电子设备的影响。

2. 作业前准备

（1）工具：通信作业专用工具一套、万用表、钳形电流表等。
（2）材料：毛刷、抹布、尼龙扎带、标签、绝缘胶带等。
（3）资料：通信设备检修记录本。

任务实施

任务场景：通信电源机房。

任务要求：观察机房总地线排和使用环境，熟悉接地汇集线、接地线、等电位联结、地网引线的位置及作用。检查总地线排的固定情况和使用环境，填写检查记录表，要求记录填写真实有效、字迹工整。

任务安排：采用分组实施方式，4 ～ 8 人为一组，通过学生自荐或推荐的方式选出组长，负责本团队的组织协调工作，带头示范、督促、帮助其他组员完成相应工作。学生 2 人一组完成任务工单填写和确认。

实施方法和流程：

（1）实施方法：检查接地汇集线、接地线、等电位联结、地网引线之间的连接质量（表 6-1）。

表 6-1　机房总地线排安装固定情况检查及使用环境巡查表

设备名称	编号	工作内容	检查标准	检查结果
机房总地线排及使用环境	1	检查机房总地线排安装固定情况	安装固定，线缆紧固无松动	
	2	检查总地线排表面锈蚀情况，并进行除锈	地排无锈蚀	
	3	检查总地线排附近有无积水、漏水情况，并查找水源，清除积水	附近无积水，无漏水	
	4	检查接地汇集线	连接牢固，没有脱焊、松动、锈蚀及损伤	
	5	检查等电位线	连接牢固，没有脱焊、松动、锈蚀及损伤	
	6	检查接地线	连接牢固，没有脱焊、松动、锈蚀及损伤	
	7	检查地网引线	连接牢固，没有脱焊、松动、锈蚀及损伤	

讨论：

1）地线排线缆出现松动或地排有锈蚀会造成什么影响？

2）地线排附近有积水或漏水会造成什么影响？

3）比较分析接地引入线和接地配线之间的区别。

（2）实施流程：按照表 6-1 任务工单，查看接地汇集线、接地线、等电位联结、地网引线，紧固各连接处（图 6-5）。

图 6-5　接地检查

质量标准：应连接牢固，没有脱焊、松动、锈蚀及损伤。

关键点提示：雷雨天气不可作业。

发生问题的处置：作业中如误操作应及时进行分析处理。

（3）作业中发现任何异常，立即停止作业，并进行汇报。

（4）检修完毕应进行复核，查看确认设备状态，填写检修记录本，不得涂改、伪造数据。

任务评价

任务评价由自评（占30%）、互评（占30%）和师评（占40%）组成，请扫描二维码对评价项目、相应评价指标进行打分。

机房总地线排安装固
定情况检查及使用环
境巡查评价表

任务 6.1.2 防雷网（箱）指示灯、引下线外观及连接质量情况检查

任务描述

防雷接地工程是一项重要的基础设施，它可以有效地保护建筑物、设备和人员免受雷电侵害。在雷电电流脉冲侵入时应能及时限制雷电电压和将雷电电流引导入地。在灾害发生之前，检查防雷网（箱）、引下线外观及连接质量情况非常有必要。

学习目标

1. 养成精益求精的大国工匠精神；

2. 养成安全生产意识和按规章作业的专业素养；

3. 提升动手动脑和勇于创新的积极性；

4. 掌握防雷的种类和防雷器件分类；

5. 能检查防雷网（箱）指示标记、引下线外观及连接质量。

 **任务分析**

雷电作为一种自然现象，人们对它的认知和防范在不断地提高，在通信机房设备运行维护工作中，机房的防雷接地是为了防止通信设施受到感应雷或雷电侵入波的破坏，而采取措施把雷电电流安全卸掉的接地系统，应遵照相关专业的规定设计。在日常维护中要做好防雷相关质量情况检查。

 **知识准备**

一、雷击的种类

我国将雷击种类主要分为直击雷、球雷、感应雷和雷电侵入波四种。

（1）直击雷是雷电与地面、树木、铁塔或其他建筑物等直接放电形成的，这种雷击的能量很大，雷击后一般会留下烧焦、坑洞、凸出部分被削掉等痕迹。

（2）球雷是一种紫色或灰紫色的滚动雷，它能沿地面滚动或在空中飘动，能从门窗、烟囱等孔洞缝隙窜入室内，遇到人体或物体容易发生爆炸。

（3）感应雷是指感应过压。雷击于电线或电气设备附近时，由于静电和电磁感应将在电线或电气设备上形成过电压。没听到雷声，并不意味着没有雷击。

（4）雷电侵入波是雷电发生时，雷电流经架空电线或空中金属管道等金属体产生冲击电压，冲击电压又随金属体的走向而迅速扩散，以致造成危害。

危害通信电源的雷击，大部分是雷电侵入波或感应雷。若通信电源遭遇直击雷或球雷，安装在附近的其他电气（电信）设备一般也将被损坏。

二、雷击通信电源的主要途径

（1）变压器高压侧输电线路遭遇直击雷，雷电流经变压器→380 V 供电线→…→交流屏，最后窜入通信电源。220/380 V 供电线路遭遇直击雷或感应雷，雷电流经稳压器、交流屏等窜入通信电源。

（2）雷电流通过其他交、直流负载或线路窜入通信电源。

（3）地电位升高反击通信电源。例如，为实现通信网的"防雷等电位联结"，现在的通信网接地系统绝大多数采用联合接地方式。这样，当雷电击中已经接地的进出机房的金属管道（电缆）时，很有可能造成地电位升高。这时交流供电线通信电源的交流输入端子对机壳的电压 U_p 近似等于地电位。雷电流一般在 10 kA 以上，故 U_p 一般为几万伏乃至几十万伏。显然，地电位升高将轻而易举地击穿通信电源的绝缘（图 6-6）。

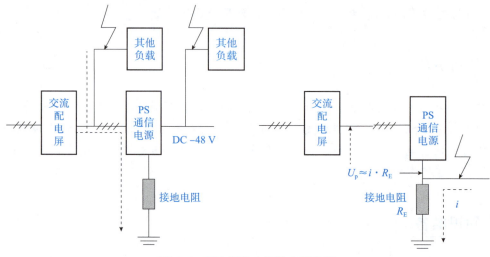

图 6-6　雷击通信电源的主要途径

三、通信电源的防雷元器件

压敏电阻和气体放电管是两种常用的防雷元器件。前者属于限压型；后者属于开关型。

1. 压敏电阻

压敏电阻属于半导体元器件，其阻抗同冲击电压和电流的幅值密切相关，在没有冲击电压或电流时其阻值很高，但随电流或电压幅值的增加其阻值会不断减少，直至短路，从而达到箝压的目的。目前用在通信电源交流配电部分的压敏电阻如下：

（1）OBO 防雷器中可插拔的 V20-C-385：最大持续工作电压为 AC 385 V，最大通流量为 40 kA，白色。

（2）Siemens 公司的 SIOV-B40 K385 和 SIOV-B40 K320：最大持续工作电压分别为 AC 385 V 和 AC 320 V，最大通流量为 40 kA，块状，蓝色。

（3）德国 DEHN 公司的 Dehnguard 385：最大持续工作电压为 AC 385 V，最大通流量 40 kA，红色。

目前用在整流模块内的压敏电阻主要是 Siemens 公司的 S20 K385、S20 K320 和 S20 K510，最大通流量为 8 kA，最大持续工作电压分别为 AC 385 V、AC 320 V 和 AC 510 V，圆片状，蓝色。

压敏电阻的响应时间一般为 25 ns。

2. 气体放电管

与压敏电阻不同，气体放电管的阻抗在没有冲击电压和电流时很高，但一旦电压幅值超过其击穿电压就突变为低值，两端电压维持在 200 V 以下。以前没有用到气体放电管，现用于新防雷方案中，其击穿电压是 DC 600 V，额定通流量为 20 kA 或 10 kA。

四、通信电源的防雷措施

新的电源防雷方案，严格依照 IEC 664、IEC 364-4-442、IEC 1312 和 IEC 1643 标准设计与安装，出厂时均为两级防雷。对个别雷害严重、动力环境防雷不完备或有其他特殊要求的用户，可以设计和安装 B 级防雷装置，构成先进的三级防雷体系。

新方案与老方案的主要区别如下：

（1）在压敏电阻和气体放电管前均串联空气开关或保险丝，能有效防止火灾的发生；

（2）不是在三根相线对地、零线对地之间直接安装压敏电阻，而是在三根相线对零线之间安装压敏电阻，在零线对地之间装气体放电管。

新方案的接线示意如图 6-7 所示。

与 OBO 防雷器类似，Dehnguard 385 也可监控，也有正常为绿、损坏变红的显示窗。Dehngap C 无报警功能，无显示窗。防雷盒上有指示灯，正常时发绿光，损坏后熄灭。防雷器或防雷盒出现故障后，必须及时维修。

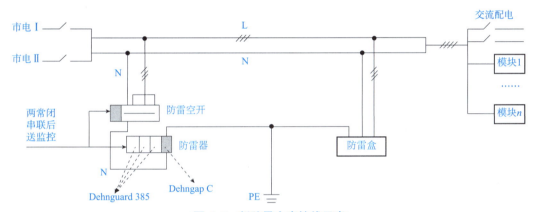

图 6-7 新防雷方案接线示意

 任务准备

一、安全控制措施

应穿好防静电工作服、绝缘鞋，防止触电伤害和对电子设备的影响。

二、作业前准备

（1）工具：通信作业专用工具一套，万用表、钳型电流表等。

（2）材料：毛刷、抹布、尼龙扎带、标签、绝缘胶带等。

（3）资料：通信设备检修记录本。

任务实施

任务场景：通信电源机房。

任务要求：观察机房防雷网（箱）、引下线外观。检查防雷网（箱）指示标记、引下线外观及连接质量，填写检查记录表，要求记录填写真实有效、字迹工整。

任务安排：采用分组实施方式，4～8人为一组，通过学生自荐或推荐的方式选出组长，负责本团队的组织协调工作，带头示范、督促、帮助其他组员完成相应工作。学生2人一组完成任务工单填写和确认。

实施方法和流程：

（1）实施方法：检查避雷网（箱）、引下线外观及连接质量（表6-2）。

表6-2　防雷网（箱）指示灯、引下线外观及连接质量情况检查表

设备名称	编号	工作内容	检查标准	检查结果
引下线	1	检查引下线外观	连接牢固，无脱焊、松动、锈蚀及损伤	
防雷箱	2	查看防雷箱指示灯是否正常	正常为绿色，异常为红色	
	3	检查雷击计数	记录雷击计数到检修记录本上	
浪涌保护器	4	使用万用表测量浪涌保护器的标称导通电压、漏电流	标称导通电压 U_n（压敏电压 U_v）容许偏差为 ±10%	
	5	查看浪涌保护器指示状态是否失效	绿色或白色为正常	
断路开关	6	断路开关状态检查	应为合路	

讨论：

1）雷电的种类有哪些？电子防雷和建筑防雷有什么不同？

2）电子防雷的等级及适用场景如何选择？

3）防雷器件的分类及工作原理是什么？

（2）实施流程：

1）检查室外防雷网（箱）、引下线外观，要求无锈蚀、断裂。

2）紧固各连接处（图6-8）。

讨论：锈蚀及损伤部位超过多少时，应予以更换？

3）查看防雷箱指示灯是否正常（图6-9）。

4）检查雷击计数，记录到检修记录本上。

质量标准：防雷箱指示灯显示正常，雷击计数不超过标准数值。

5）使用万用表测量浪涌保护器的标称导通电压、漏电流（图6-10）。

质量标准：标称导通电压 U_n（即压敏电压 U_v）容许偏差为 ±10%。

6）查看浪涌保护器指示状态是否失效，绿色或白色为正常（图6-11）。

质量标准：通常浪涌保护器指示窗正常状态为绿色或白色，异常状态为红色。

讨论：指示窗出现红色表示什么状态？该如何处理？

7）断路开关状态检查，应为合路（图6-12）。

图 6-8　紧固各连接处

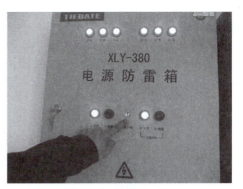

图 6-9　检查指示灯

图 6-10　测量标称导通电压、漏电流

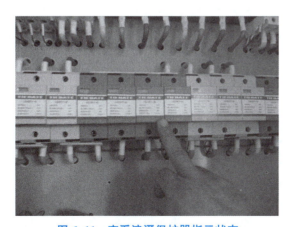

图 6-11　查看浪涌保护器指示状态

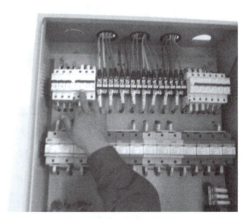

图 6-12　断路开关状态检查

关键点提示：雷雨天气不可作业。防锈处理时，不应造成雷电泄放路径的绝缘。

发生问题的处置：作业中如误操作应及时进行分析处理。

（3）作业中发现任何异常，立即停止作业，向网调进行汇报。

（4）检修完毕应进行复核，确认设备运行状态，填写检修记录表。

任务评价

任务评价由自评（占 30%）、互评（占 30%）和师评（占 40%）组成，请扫描二维码对评价项目、相应评价指标进行打分。

防雷网（箱）指示灯、引下线外观及连接质量情况评价表

任务6.1.3　总地线排和各机柜的接地电阻测试

任务描述

接地电阻大小直接体现了电气装置与"地"接触的良好程度，通过测量连接在保护接地连接端子或接地触点和零件之间的阻抗来判断接地是否符合标准要求。

学习目标

1. 掌握接地电阻和土壤电阻率的知识；
2. 能操作接地电阻仪进行接地电阻测试；
3. 掌握总地线排和各机柜的接地电阻测试方法；
4. 养成安全生产作业意识和按规章作业的职业素养。

任务分析

接地电阻就是用来衡量接地状态是否良好的一个重要参数，是电流由接地装置流入大地再经大地流向另一接地体或向远处扩散所遇到的电阻。它包括接地线和接地体本身电阻、接地体与大地之间的接触电阻，以及两接地体之间大地的电阻或接地体到无限远处的大地电阻。接地电阻大小直接体现了电气装置与"地"接触的良好程度。如果接地电阻过高，电流可能无法得到有效的分散，从而增加了电气设备或系统遭受雷击、电击等电气故障的风险。此外，接地电阻还与电气设备的绝缘性能和电磁兼容性有关。因此，测量接地电阻可以帮助检测和排除潜在的安全隐患，保证电气系统的正常运行。测量接地电阻的主要目的是确保电气设备或系统的安全性和可靠性。

接地电阻标准规范要求如下：

（1）独立的防雷保护接地电阻应小于或等于 10 Ω；

（2）独立的安全保护接地电阻应小于或等于 4 Ω；

（3）独立的交流工作接地电阻应小于或等于 4 Ω；

（4）独立的直流工作接地电阻应小于或等于 4 Ω；

（5）防静电接地电阻一般要求小于或等于 100 Ω；

（6）共用接地体（联合接地）接地电阻应小于单独接地电阻 1 Ω。

讨论：联合接地时接地电阻为什么要小于单独接地时的电阻？

知识准备

一、接地系统的电阻和土壤的电阻率

1. 接地系统的电阻

接地系统的电阻是以下几部分电阻的总和：

（1）土壤电阻；

（2）土壤和接地体之间的接触电阻；

（3）接地体本身的电阻；

（4）接地引入线、地线盘或地线汇流排，以及接地配线系统中采用的导线的电阻。

以上几部分中，起决定性作用的是接地体附近的土壤电阻。因为一般土壤的电阻都比金属大几百万倍，如取土壤的平均电阻率为 1×10^4 Ω·m，而 1 cm³ 铜在 20 ℃时的电阻为 $0.017\,5 \times 10^{-4}$ Ω，则这种土壤的电阻率较铜的电阻率大 57 亿倍。接地体的土壤电阻 R 的分布主要集中在接地体周围。

在通信局（站）的接地系统里，其他各部分的电阻都比土壤小得多，即使在接地体金属表面生锈时，它们之间的接触电阻也不大，至于其他各部分则都是用金属导体构成的，而且连接的地方又都十分可靠，所以它们的电阻更是可以忽略不计。

但在快速放电现象的过程中，如"过压接地"的情况下，构成接地系统的导体的电阻可能成为主要的因素。

如果接地电极与其周围的土壤接触得不紧密，则接触电阻可能影响接地电阻达到总值的百分之几十，而这个电阻可能在波动冲击条件下由于飞弧而减小。

2. 土壤的电阻率

衡量土壤电阻大小的物理量是土壤的电阻率，它表示电流通过 1 m³ 土壤的这一面到另一面时的电阻值，代表符号为 r，单位为 Ω·m。在实际测量中，往往只测量 1 cm³ 的土壤，所以 r 的单位也可采用 Ω·cm。

$$1 \ \Omega \cdot m = 100 \ \Omega \cdot cm$$

土壤的电阻率主要由土壤中的含水率及水本身的电阻率来决定。决定土壤电阻率的因素很多，如：

（1）土壤的类型；

（2）溶解在土壤中的水中的盐的化合物；

（3）土壤中溶解的盐的浓度；

（4）含水率（水表）；

（5）温度（土壤中水的冰冻状况）；

（6）土壤物质的颗粒大小及颗粒大小的分布；

（7）密集性和压力；

（8）电晕作用。

3. 接地体和接地导线的选择

接地体一般采用的镀锌材料如下：

（1）角钢：50 mm×50 mm×5 mm，长 2.5 m。

（2）钢管：ϕ50 mm，长 2.5 m。

（3）扁钢：（40×4）mm²。

通信直流接地导线一般采用以下材料：

（1）室外接地导线用（40×4）mm² 镀锌扁钢，并应缠以麻布条后再浸沥青或涂抹沥青两层以上。

（2）室外接地导线用（40×4）mm² 镀锌扁钢，再换接电缆引入楼内时，电缆应采用铜芯，截面不小于 50 mm²。在楼内如需换接时，可采用不小于 70 mm² 的铝芯导线。无论采用哪种材料，在相接时应采取有效措施，以防止接触不良等故障。

4. 接地电阻和土壤电阻率的测量

通信局（站）测量土壤电阻率（又称土壤电阻系数）有以下作用：

（1）在初步设计查勘时，需要测量建设地点的土壤电阻率，以便进行接地体和接地系统的设计，并安排接地极的位置。

（2）在接地装置施工以后，需要测量它的接地电阻是否符合设计要求。

（3）在日常维护工作中，也要定期地对接地体进行检查，测量它的电阻值是否正常，作为维修或改进的依据。

5. 测量接地电阻的方法

（1）利用接地电阻测量仪器的测量法；

（2）电流表 – 电压表法；

（3）电流表 – 电功率表法；

（4）电桥法；

（5）三点法。

接地电阻测量

在上述测量方法中，普遍采用前两种方法。但无论采用哪一种方法，其基本原理相同，在测量时都要敷设两组辅助接地体：一组用来测量被测接地体与零电位间的电压的，称为电压接地体；另一组用来构成流过被测接地本电流回路的，称为电流接地体。

利用电流表 – 电压表法测量接地电阻的优点：接地电阻值不受测量范围的限制，特别适用于小接地电阻值（如 0.1 Ω 以下）的测量。利用此法测得的结果也是相当准确的。

若流经被测接地体与电流辅助接地体回路间的电流为 I，电压辅助接地体与被测接地

体间的电压为 V，则被测接地体的接地电阻为

$$R_0 = \frac{V}{I}$$

为了防止土壤发生极化现象，测量时必须采用交流电源。同时，为了减少外来杂散电流对测量结果的影响，测量电流的数值不能过小，最好有较大的电流（数十安培）。测量时可以采用电压为 65 V、36 V 或 12 V 的电焊变压器，其中性点或相线均不应接地，与市电网络绝缘。

被测接地体和两组辅助接地体之间的相互位置和距离，对于测量的结果有很大的影响。

二、钳型接地电阻测试仪（钳型表）的使用

接地电阻测量步骤如下：

（1）张开钳口，确保结合面紧密配合，而且无任何灰尘、污物或异物。

（2）将旋转开关转至"Ω"功能挡，启动钳型表。

注意：现在或自我校准过程中不要将钳型表夹到导线上或张开钳口，否则校准将会中断。

低压供电系统接地的型式

（3）在启动电源后，钳型表进行自我校准，以提高准确度。等待自我校准完成，再进行测量。在自我校准过程中，显示屏上将显示 CAL7、CAL6、……、CAL2、CAL1。当自我校准完成时，钳型表发出蜂鸣声。

（4）将钳型表夹住待测电极或接地棒。

（5）从显示屏上读取 R_g（接地电阻）的值。图 6-13 所示说明了接地电阻的测量原理。

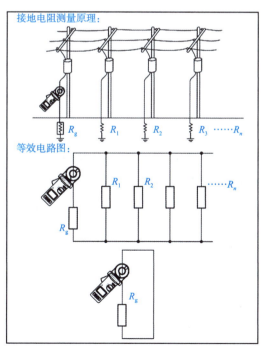

图 6-13　接地电阻测量原理

注意：

（1）如果自我校准不停止，检查钳口表面是否有灰尘或污物，然后重新启动钳型表电源。

（2）如果接地棒超过 3 A 或 30 V，钳口图标和 NOISE（噪声）字样将在显示屏上闪烁，且钳型表发出蜂鸣声。当存在噪声时，钳型表的读数无效。

（3）如果在测量过程中张开钳口组件，钳口图标将出现在显示屏上。

 ## 任务准备

一、安全控制措施

应穿好防静电工作服、绝缘鞋，防止触电伤害和对电子设备的影响。

二、作业前准备

（1）工具：通信作业专用工具一套，万用表、接地电阻仪（钳型表）等。

（2）材料：毛刷、抹布、尼龙扎带、标签、绝缘胶带等。

（3）资料：通信设备检修记录本。

钳型表如图 6-14 所示。钳型表功能内容填写见表 6-3。

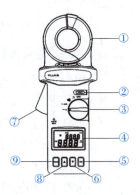

图 6-14　1630 钳型表功能

表 6-3　钳型表功能内容填写

编号	说明	编号	说明
①		⑥	
②		⑦	
③		⑧	
④		⑨	
⑤			

接地电阻是指接地系统中电流通过的路径的阻力，它的大小直接影响接地系统的性能。

（1）接地系统电阻的构成分析，影响土壤电阻率的因素；

（2）接地电阻仪知识讲解和使用方法培训；

（3）结合现场总地线排和各机柜的地线排分别进行电阻测量并做好记录。

任务实施

任务场景：通信电源机房。

任务要求：观察现场总地线排和各机柜的地线排，熟悉现场环境。接地电阻仪知识讲解和使用方法培训；结合现场接地线，分别进行电阻测量并做好记录，填写检查记录表，要求记录填写真实有效、字迹工整。

任务安排：采用分组实施方式，4～8 人为一组，通过学生自荐或推荐的方式选出组长，负责本团队的组织协调工作，带头示范、督促、帮助其他组员完成相应工作。学生 2 人一组完成任务工单填写和确认。

实施步骤：

（1）按规定进行通信电源集中检修通信雷电综合防护设施测量地网接地电阻值作业。

（2）操作方法：

1）通过接地电阻测试仪测量地网接地电阻值（表 6-4）。

表 6-4　接地电阻测量标准及结果

设备名称	编号	工作内容	检查标准	检查结果
机房总地线排	1	建筑物的地网接地电阻	≤ 1 Ω	
	2	接入铁路综合接地系统的通信机房	≤ 1 Ω	
	3	未接入铁路综合接地系统的基站、区间中继设备接地电阻值	≤ 4 Ω	
联合接地系统	4	交流配电屏	≤ 1 Ω	
	5	高频开关电源柜	≤ 1 Ω	
	6	UPS	≤ 1 Ω	
	7	防雷接地	≤ 1 Ω	

讨论：

① 接地电阻仪如何校准？

② 测试的电阻如果有异常该如何处理？

2）操作流程：使用接地电阻测试仪测量地网母线接地电阻值（图 6-15）。

图 6-15　测量地网母线接地电阻值

3）质量标准：通信机房所在建筑物的地网接地电阻应小于或等于 1 Ω，接入铁路综合接地系统的通信机房，接地电阻小于或等于 1 Ω，未接入铁路综合接地系统的基站、区间中继设备接地电阻值应小于或等于 4 Ω，与机房地网相连的铁塔接地电阻应小于或等于 1 Ω，不与机房地网相连的铁塔、电杆单独设置防雷接地体时，接地电阻值应小于或等于 10 Ω。

4）关键点提示：雷雨天气不可作业。

5）发生问题的处置：接地电阻测试值大于规定值时，应检查接地装置和土壤条件，找出变化原因，并采取有效措施进行整改。

（3）作业中发现任何异常，立即停止作业，向网调进行汇报。

（4）检修完毕应进行复核，查看确认设备运行状态，填写检修记录表。

任务评价

任务评价由自评（占 30%）、互评（占 30%）和师评（占 40%）组成，请扫描二维码对评价项目、相应评价指标进行打分。

总地线排和各机柜的接地电阻测试任务评价表

项目 6.2　接地和防雷系统小修

项目概述

根据中国铁路通信信号集团有限公司分公司通信专业设备的维修规定，全线某类通信设备或局部部件达到规定使用周期，或故障率较高、存在重大安全隐患等，经公司技术评估后无法继续使用的，对设备进行局部整治、更换的维修作业。

接地系统小修是指设备的年检，属三级维修，应将通信设备的小修纳入年度检修计划。要对设备的引入线对地绝缘进行测量。对设备主要和关键部位的部件进行分解、检查、调整，更换易损部件与零小配件；对曾发生故障的设备进行重点诊断、分析，消除故障隐患；对设备基础、箱体进行平整、调整、稳固，清理设备表面锈蚀。在进行三级维修的同时，测试通信设备的电气特性，及时填写测试记录，掌握设备的电气特性变化。对通信设备的小修应严格按照设备检修标准全面认真进行，确保检修质量，使经过小修后的设备完全符合检修标准，达到原设计的技术标准和要求。

任务 6.2.1　地线排上及各机柜的不良地线整治

任务描述

接地线断股、虚接等接地不良容易造成接地线被大电流烧毁或导致接地电阻变大，引起接地电流不良，会有触电的危险。

学习目标

1. 养成爱岗敬业、踏实肯干的奉献精神；
2. 掌握联合接地和铁路综合接地的概念和功能；
3. 掌握不良地线的现象和影响；
4. 能分析不良地线的原因，并提出改善方法；
5. 培养探究学习、分析问题、解决问题等动手能力。

任务分析

由于多个用于不同目的的接地系统，使分开接地方式不同电位所带来的不安全因素日益增多，不同接地导体间的耦合影响又难以避免，会引起相互干扰。因此通信电源的接地系统通常采用联合地线的接地方式，即将接地体通过汇流条引入通信机房的接地汇流排，防雷地，直流工作地和保护地分别用铜芯电缆连接到接地汇流排上。交流零线复接地可以接入接地汇流排入地。通信机房的接地问题一直困扰着很多设计、建设和使用单位，接地不良对通信机房的影响非常严重，例如，导致通信不稳定，莫名的中断；或者手接触时无处释放静电，导致设备损坏。在日常的维护中，必须对通信机房的接地不良引起足够的重视。

知识准备

《通信局（站）防雷与接地工程设计规范》（GB 50689—2011）中明确规定通信局（站）的接地系统必须采用联合接地的方式。大、中型通信局（站）必须采用 TN-S 或 TN-C-S 供电方式。

1. 联合接地的概念

联合接地是指将通信局（站）各类通信设备不同的接地方式，包括通信设备的工作接地、保护接地、屏蔽体接地、防静电接地、信息设备逻辑地等与建筑物金属构件及各部分防雷装置、防雷器的保护接地等连接在一起，并与建筑物防雷接地合用建筑物的基础接地体及外设接地系统的接地方式。联合接地系统结构如图 6-16 所示。

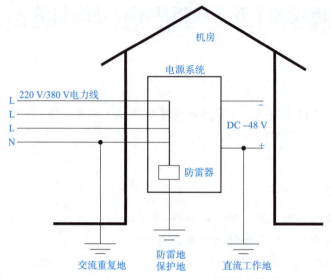

图6-16 "三地合一"接地系统结构示意

2. 联合接地系统的优点

（1）地电位均衡，同层各地线系统电位大体相等，消除危及设备的电位差。

（2）公共接地母线为全局建立了基准零电位点。当发生地电位上升时，各处的地电位一同上升，在任何时候，基本上不存在电位差。

（3）消除了地线系统的干扰。通常，依据各种不同电特性设计出多种地线系统。彼此间存在相互影响，采用一个接地系统之后，使地线系统做到了无干扰。

（4）电磁兼容性能变好。由于强电、高频及低频电都等电位，又采用分屏蔽设备及分支地线等方法，所以提高了电磁兼容性能。

联合接地分类如图6-17所示。

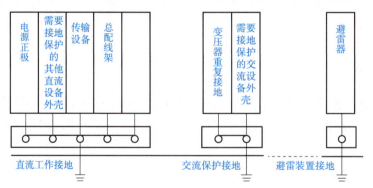

图6-17 联合接地分类

3. 铁路综合接地技术

铁路设备及设施的接地是一项复杂的系统工程，涉及的专业有信号、通信（有线、无线）、信息、电气化、电力、机械、桥梁、隧道、路基、轨道、环工、给水排水等。从接地的种类来看，主要包括建筑物的防雷接地及强弱电系统的工作接地、保护接地、屏蔽接地等。

传统的既有铁路，接地设计采用各专业的地线分别设置、相互隔离的方式，难以满足各系统设备防雷、接地及等电位连接、有效保障人身及设备安全的要求，需要采用综合接地方式提高接地性能。

综合接地系统（Integrated Earthing System）的定义为：将铁路沿线一定范围内的牵引供电回流系统、电力供电系统、信号系统、通信及其他电子信息系统、建筑物、道床、站台、桥梁、隧道、声屏障等需接地的装置，通过贯通地线连成一体的接地系统。

综合接地系统在铁路沿线形成了面积巨大的接地网，接地电阻低且沿线预设接地母排，为信号、通信、电力和电气化等专业设施和设备提供简便易行的接地条件，降低了牵引回流在铁路沿线设施中产生的电位和电位差，为人身安全和设备的可靠运行提供了保证。

（1）等电位连接。将分开的装置或多个导电物体用等电位连接导体或防雷器连接起来以减小雷电流在它们之间产生的电位差。

（2）接地电阻。为保证人身安全和设备的可靠运行，要求综合接地系统平台上任何一点的接地电阻不大于 1 Ω，满足各专业的接地电阻要求。

在合设的接地系统中，为使同层机房内形成一个等电位面，建议从每层楼的钢筋上引出一根接地扁钢，必要时与有关设备外壳相连接，有利于设备和人员的安全。

在机房内用（30×3）mm^2 等电位铜排，凿立柱主钢筋与之相连，并与交流工作接地连接，使综合地网电阻 $R \leqslant 1$ Ω，将机房内设备的直流工作接地、交流工作接地、保护接地、防静电接地、屏蔽接地及防雷接地等以最短距离连接到铜排上，做到等电位联结（图 6-18）。

图 6-18 等电位铜排

 任务准备

一、安全控制措施

（1）应穿好防静电工作服、绝缘鞋，防止触电伤害和对电子设备的影响。

（2）作业过程中应保持与驻站联络员、网管的畅通联系，发生设备状态异常时听从网管指挥。维护作业完毕后必须经网管确认正常后，方可离开。

二、作业前准备

（1）工具：通信作业专用工具一套，万用表等。

（2）材料：毛刷、抹布、尼龙扎带、标签、绝缘胶带等。

（3）资料：通信设备检修记录本。

任务实施

任务场景：通信电源机房。

任务要求：对通信机房内避雷网、引下线进行检查，填写检查记录表，要求记录填写真实有效、字迹工整。

任务安排：采用分组实施方式，4～8人为一组，通过学生自荐或推荐的方式选出组长，负责本团队的组织协调工作，带头示范、督促、帮助其他组员完成相应工作。学生2人一组完成任务工单填写和确认。

实施方法和流程：

（1）实施方法：对避雷网、引下线进行检查，发现松动、脱焊、锈蚀及损伤情况及时处理。

任务工单：通信雷电综合防护设施避雷网（带）、引下线整修作业表见表6-5。

表6-5　通信雷电综合防护设施避雷网（带）、引下线整修作业表

设备名称	编号	工作内容	检查标准	检查结果
避雷网（带）	1	检查是否出现松动、脱焊、锈蚀及损伤情况	连接牢固，无脱焊、松动、锈蚀及损伤，锈蚀及损伤部位超过截面面积三分之一时，应予以更换	
引下线	2	检查是否出现松动、脱焊、锈蚀及损伤情况	连接牢固，无脱焊、松动、锈蚀及损伤，锈蚀及损伤部位超过截面面积三分之一时，应予以更换	

讨论：

1）不良地线有哪些现象和影响？

2）不良地线有哪些整治或改善的方法？

3）联合接地有什么好处？

（2）实施流程。

1）根据前期检修结果对避雷网、引下线进行整修，更换锈蚀及损伤的避雷网、引下

线，如图 6-19 所示。

图 6-19　对避雷网带、引下线进行整修

2）关键点提示：作业过程中注意穿戴好劳动防护用品，确保人身安全。

3）发生问题的处置：作业中如误操作应及时进行分析处理。

（3）作业中发现任何异常，立即停止作业，向网调进行汇报。

（4）检修完毕应进行复核，查看确认设备运行状态，填写检修记录本。

✦ 任务评价

任务评价由自评（占 30%）、互评（占 30%）和师评（占 40%）组成，请扫描二维码对评价项目、相应评价指标进行打分。

地线排上及各机柜的不良地线整治任务评价表

任务 6.2.2　各设备引入线对地绝缘测量

📋 任务描述

通过测量接地引入线与其他设备之间的绝缘电阻来评估接地线的绝缘性能，确保公共安全和个人安全，能够消除因为短路引发火灾的可能性。同时，对于保护并延长电气设备的使用寿命也具有重要的意义。

📖 学习目标

1. 养成精益求精的大国工匠精神；

2. 提升动手、动脑和勇于创新的积极性；

3. 提升发现问题、分析问题和解决问题的能力；

4. 能掌握兆欧表的使用；

5. 能使用兆欧表测量绝缘电阻。

任务分析

测量绝缘电阻是检查电缆线路绝缘状态最简单的方法，测量绝缘电阻可以及时发现电气设备绝缘性是否存在整体受潮、整体劣化和贯穿性缺陷，确保公共安全和个人安全。本任务通过对兆欧表的学习，能对接地系统的绝缘电阻进行测量。

知识准备

绝缘电阻是表征绝缘材料绝缘性能的一个重要参数，它是在绝缘结构的两个电极之间施加的直流电压与流经该对电极的泄漏电流之比。

兆欧表俗称摇表，是用来测量大电阻和绝缘电阻的，它的计量单位是兆欧（MΩ）。兆欧表的种类有很多，但其作用大致相同。

1. 兆欧表的选用

兆欧表的电压等级应高于被测物的绝缘电压等级。所以，测量额定电压在 500 V 以下的设备或线路的绝缘电阻时，可选用 500 V 或 1 000 V 兆欧表。

测量额定电压在 500 V 以上的设备或线路的绝缘电阻时，应选用 1 000 ～ 2 500 V 的兆欧表；测量绝缘子时，应选用 2 500 ～ 5 000 V 的兆欧表。

一般情况下，测量低压电气设备绝缘电阻时可选用 0 ～ 200 MΩ 量程的兆欧表。

手摇兆欧表和电子兆欧表如图 6-20、图 6-21 所示。

图 6-20　手摇兆欧表

图 6-21　电子兆欧表

2. 绝缘电阻的测量方法

兆欧表有 3 个接线柱，上端两个较大的接线柱上分别标有"E"（接地）和"L"（线路），在较小的一个接线柱上标有"G"（保护环或屏蔽）（图 6-22）。

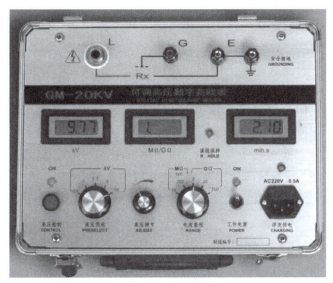

图 6-22　兆欧表显示界面

（1）线路对地的绝缘电阻。将兆欧表的 E 接线柱（接地接线柱）可靠地接地（一般连接到某一接地体上），将 L 接线柱（线路接线柱）接到被测线路上，如图 6-23 所示。

连接完成后，顺时针摇动兆欧表，转速逐渐加快，保持在约 120 r/min 后匀速摇动，当转速稳定，表的指针也稳定后，指针所指示的数值即被测物的绝缘电阻值。

在实际使用中，E、L 两个接线柱也可以任意连接，即 E 可以与被测物相连接，L 可以与接地体连接（接地），但 G 接线柱决不能接错。

（2）测量电缆的绝缘电阻。测量电缆的导电线芯与电缆外壳的绝缘电阻时，将接线柱 E 与电缆外壳相连接，将接线柱 L 与线芯连接，同时，将接线柱 G 与电缆壳、芯之间的绝缘层相连接，如图 6-24 所示。

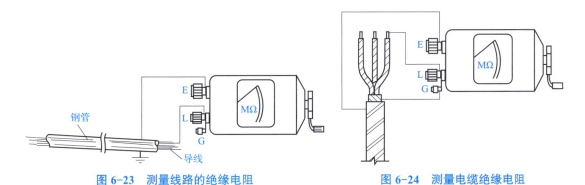

图 6-23　测量线路的绝缘电阻　　　　　　图 6-24　测量电缆绝缘电阻

3. 使用注意事项

（1）使用前应做开路和短路试验。使 L、E 两接线柱处在断开状态，摇动兆欧表，指针应指向"∞"处；将 L 和 E 两个接线柱短接，慢慢地转动，指针应指向"0"处。这两项都满足要求，说明兆欧表是好的。

（2）测量电气设备的绝缘电阻时，必须先切断电源，然后将设备进行放电，以保证人身安全和测量准确。

（3）测量时兆欧表应放在水平位置，并用力按住兆欧表，防止其在摇动中晃动，摇动的转速为 120 r/min。

（4）引接线应采用多股软线，且要有良好的绝缘性能，两根引线切忌绞接在一起，以免造成测量数据的不准确。

（5）测量完后应立即对被测物放电，在摇表的摇把未停止转动和被测物未放电前，不可用手去触及被测物的测量部分或拆除导线，以防止触电。

📍 任务准备

一、安全控制措施

（1）应穿好防静电工作服、绝缘鞋，防止触电伤害和对电子设备的影响。

（2）作业过程中应保持与驻站联络员、网管的畅通联系，发生设备异常状态时听从网管指挥。维护作业完毕后必须经网管确认正常后，方可离开。

二、作业前准备

（1）工具：通信作业专用工具一套，万用表、兆欧表等。

（2）材料：毛刷、抹布、尼龙扎带、标签、绝缘胶带等。

（3）资料：通信设备检修记录本。

 任务实施

任务场景：通信电源机房。

任务要求：观察机房整体环境，进行通信电源集中检修，检修通信雷电综合防护设施，测量地网接地电阻值，填写检查记录表，要求记录填写真实有效、字迹工整。

任务安排：采用分组实施方式，4～8 人为一组，通过学生自荐或推荐的方式选出组长，负责本团队的组织协调工作，带头示范、督促、帮助其他组员完成相应工作。学生 2 人一组，完成任务工单填写和确认。

实施方法和流程：

（1）实施方法：通过摇表（兆欧表）测量设备引入线对地绝缘电阻值。

（2）实施流程：

1）摇表（兆欧表）测量设备引入线对地绝缘电阻值（图 6-25）。

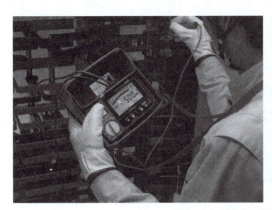

图 6-25 摇表（兆欧表）测量设备引入线对地绝缘电阻值

2）关键点提示：雷雨天气不可作业。

3）发生问题的处置：接地电阻测试值大于规定值时，应检查接地装置和土壤条件，找出变化原因，并采取有效措施进行整改。

（3）作业中发现任何异常，立即停止作业，向网调进行汇报。

（4）检修完毕应进行复核，查看确认设备运行状态，填写检修记录本。

 任务评价

任务评价由自评（占 30%）、互评（占 30%）和师评（占 40%）组成，请扫描二维码对评价项目、相应评价指标进行打分。

各设备引入线对地绝缘测量任务评价表

知识测试

单元 6 知识测试

单 元 7

动力和环境监控系统运行与维护

单元介绍

为了保证通信的畅通，提高通信质量，实行动力和环境集中监控管理已成为提高通信局（站）电源系统稳定性和可靠性，实现安全供电和集中维护管理的一个不可缺少的环节。动力和环境集中监控管理系统即动力设备、机房环境及安全监控系统（PSMS），可对分布的各个独立的电源系统及其组成设备进行遥测、遥控，实时监视，现已由单纯的电源设备监控系统扩展为包括空调系统和其他动力设备及环境、保安监控在内的智能型通信保障系统，具有实时监控运行状态、预期故障发生、迅速排除故障、记录和处理相关数据、进行综合管理等多重功能。

PSMS是网络监控人员的眼睛，是动力设备安全运行的"守护神"。它的监控对象为高压配电设备、低压配电设备、变压器、备用发电机组、不间断电源（UPS）、逆变器、整流配电设备、蓄电池组、直流－直流转换器、太阳能供电设备、风力发电设备、空调设备、防雷器件，以及电信机房和电源机房的防火、防盗、温度、湿度等环境参数。

项目 7.1　动力和环境监控系统日常保养

▣ 项目概述

　　电源系统中各设备的运行状态，能反映在电源网管上，当系统的设备发生故障时，系统网管能够及时地发出相应的告警，提醒相关人员进行处理；具备数据库功能，能够储存和查询设备的各种状态信息与故障告警信息等。

　　集中监控管理系统可自动记录监控设备的故障情况与维护人员的处理过程，便于区分责任，可提高设备的运行记录和报表的正确性，可迅速排除设备故障，提高设备的完好率，可实现计算机联网，便于管理部门及时了解系统运行情况，做出管理决策，这些都能提高通信电源系统的维护管理效率。

任务 7.1.1　监控功能验证及监测数据校对

▤ 任务描述

　　经过长时间的使用和运行，监控设备会产生各种各样的故障和问题，导致其功能的稳定性和准确性受到影响，不及时发现并排除这些问题会造成严重的安全隐患。为了避免这些问题的产生，需要定期对监控设备进行功能验证和数据校对。

▤ 学习目标

　　1. 增强学生团队协作、沟通交流的能力；
　　2. 能识别动力和环境系统监控对象及内容；
　　3. 根据掌握的知识，能进行动力和环境监控功能验证；
　　4. 能使用动力和环境监控网管软件查看监控设备的状态；
　　5. 培养爱岗敬业、认真严谨、踏实勤奋"接地气"的职业精神。

▤ 任务分析

　　监控系统应能收集各监控对象的性能数据（工作状态、运行参数等），监控中心（SC）、区域监控中心（SS）在正常情况下，应能显示其监控范围内的全部被监控对象的工作状

态、运行参数和告警等画面，对被控设备下达控制和监测命令。当通信发生中断时，监控模块应能够保存主要告警数据，在通信恢复后，具备将通信中断期间的数据上报功能。

在通信局（站）内，现场电源、空调设备及机房环境的运行参数、工作状态、告警信息是由设备监控模块（SM）、通信局（站）内监控单元（SU）进行现场实时监测的。因此，监控系统的现场监测功能验证可通过对现场物理量的监测项目的完整性和监测精度、告警功能的完全实现，以及各状态量和控制量的监测、监控项目的完整性来判定。

监控功能验证的中心思想是通过调节数据的校准系数这一"杠杆"，在环境条件不改变的情况下实现监测数据在设备上显示的值的变化。当显示的值不在门限范围内且监控检测系统工作正常时，机房现场和网管侧将有告警。有告警，监控功能验证成功；否则验证失败。

本任务通过对现场动力和环境监控系统的学习，掌握监控功能的验证方法，利用动力和环境监控网管软件对设备状态和检测数据进行校对。

填空：

（1）监控系统采用_____的结构，主要包括_____、_____、_____、_____。

（2）监控对象和内容可以分为_____和_____。

（3）"三遥"是指_____，分别对应的监控对象有_____。

（4）动力和环境监控功能验证的方法和手段主要是通过_____来判断。

知识准备

通信局（站）动力及环境集中监控管理系统（简称PSMS）是一个以通信电源监控为主，并集机房空调、机房环境、安全防范、消防等辅助监控功能为一体的集中监控系统。其功能是对监控范围内的电源系统、空调系统和系统内的各个设备及机房环境等进行遥信、遥测、遥控（俗称"三遥"，有的监控系统加遥调为"四遥"），实时监视系统和设备运行状态，记录和处理监控数据，及时检测故障并通知维护人员处理，从而实现通信局（站）的无人或少人值守，以及电源、空调的集中维护和优化管理，提高供电系统的可靠性和通信设备的安全性。

通信局（站）PSMS集中并融合了现代计算机技术、自动控制技术、通信技术、传感器技术和人机系统技术的最新成果，其目的是提高设备的维护管理质量，降低系统的维护成本，提高整体工作效率。

一、集中监控系统的基本结构

为了实现对通信电源系统的集中监控管理，被控设备必须具有监控功能及监控接口，即必须有遥测信号测试点，被测参数能够通过接口传送到主计算机，被控设备还必须具有执行遥控信号的执行部件等。集中监控系统采用逐级汇接的基本结构，一般由监控中心（SC）、区域监控中心（SS）、监控单元（SU）和监控模块（SM）构成，如图7-1所示。

PSMS 结构和组成

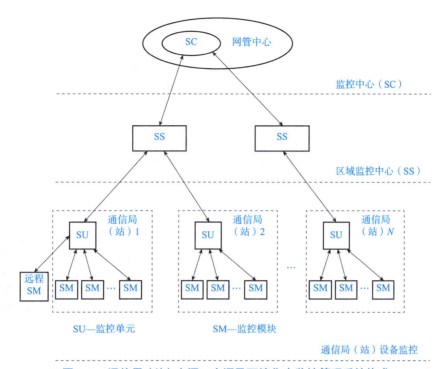

图 7-1 通信局（站）电源、空调及环境集中监控管理系统构成

1. 监控中心

监控中心（SC）是为适应集中监控、集中维护和集中管理的要求而设置的，一般为市（地、州）级的监控网络管理中心。通信局（站）动力及环境集中监控管理系统的建设可相对独立，也可以根据维护需求归属综合网管的一个组成部分。动力及环境集中监控管理系统可以在监控中心通过 D 接口完成与其他网管信息的交互，或纳入综合网管系统。

监控中心采用客户 / 服务器结构，利用 SQL 数据库对采集数据进行存储处理；监控系统包括一台 SQL 数据库服务器、数据通信机、Web/WINS 服务器、告警服务器、浏览器（中心操作台）、远程接入服务器、数据接入服务器、图像控制服务器、时隙复用设备、视频编解码器等设备。

2. 区域监控中心

区域监控中心（SS）又称监控站，是为满足本地县、区级的管理要求而设置的，负责辖区内各监控单元的管理。对于固话网络，区域监控中心的管辖范围为一个县 / 区；移动通信网络由于其组网不同于固话本地网，则相对弱化了这一级。

为了保证能实时监控所辖区内局站的并发，在各区域监控中心，处理主机采用了类 Unix 实时、多任务、多用户操作系统，以及在此平台上专门研发的动力及环境集中监控系统软件，可实现多进程并发进行，实时采集庞大数量的通信局（站）监控数据的能力。

3. 监控单元

监控单元（SU）是监控系统的最小子系统，由若干监控模块和其他辅助设备组成，监

控范围一般为一个独立的通信局（站）或大型局内一套相对独立的电源系统。个别情况可兼管其他小局（站）的设备。

监控单元一般由监控前端设备和被监控设备、机房及相应的网络设备组成，采集被监控对象的监控数据、视频图像，经处理后送到区域监控中心。

4.监控模块

监控模块（SM）是完成特定设备的数据采集功能，并提供相应监控信息的设备。一般按照监控对象类型有不同的监控模块。在一个监控系统中，一般有多个监控模块。如目前具有通信接口的各类动力设备，其控制模块具有对本设备的监控管理功能，同时可以进行对外信息交互。

二、监控对象及内容

通信局（站）通信电源、空调及环境集中监控管理系统的监控对象为高压配电设备、低压配电设备、变压器、备用发电机组、不间断电源（UPS）、逆变器、整流配电设备、蓄电池组、直流－交流转换器、太阳能供电设备、风力发电设备、空调设备、防雷元器件，以及电信机房和电源机房的防火、防盗、温度、湿度等环境参数。

监控对象和内容

被监控对象按采集数据的方式可分为智能设备和非智能设备两大类。一般将具有通信接口、可以通过该接口对设备进行监控的设备称为智能设备；而对于没有通信接口，只能通过加装变送器或传感器及数据采集设备进行监控的设备，称为非智能设备。

监控项目可分为遥信、遥测、遥控、遥调四种类型。

1.遥信

遥信是对离散状态的开关信号（如开关的接通／断开、设备的运行／停机、正常／故障等）进行数据采集，并将其反映到监控中心。其主要内容如下：

（1）是哪一路交流电在工作，是市电还是油机，它们的电压、频率是否在正常范围。

（2）直流输出是否正常，蓄电池是在浮充还是均充状态，$N+1$台整流器运行状态是否正常。

（3）电池组的运行情况是否正常，有无过放电现象。

2.遥测

遥测是对连续变化的模拟信号（如电压、电流等）进行数据采集，根据所获得的资料，及时判断所发生的情况，或者不定期测试必要的技术数据，以便分析故障。其主要内容如下：

（1）市电停电后，油机能够正常供电的时间。

（2）市电停电后，油机发电机还未启动时，蓄电池能够单独供电的时间；恢复供电后，蓄电池均充时间与设定的均充时间是否相符。

（3）正在运行的某一台整流器发生故障时，能遥测故障性质。

（4）遥测有关数据，如停电时间、故障时间和次数、油机运行时间等均能自动记录、显示和打印。

3. 遥控

遥控是由监控系统发出的离散的控制命令（如控制整流器均充/浮充、控制设备的开/关机等）进行远距离操作。遥控的主要内容如下：

（1）遥控关机。当发现某台电源设备运行不正常时，应先遥控关机，查清楚情况或修理后再开机。

（2）遥控开机。在无人值守机房中，在市电停电后，必须遥控启动油机发电机。整流器自动开机失败后，也可用手动遥控开机。

4. 遥调

遥调是由监控系统发出的调整运行参数的控制命令。

三、通信局（站）机房的集中监控对象及内容

根据通信系统的要求，通信局（站）机房的集中监控对象和监控内容见表 7-1。

表 7-1 通信局（站）机房的集中监控对象和监控内容

序号	监控对象		类型	监控内容
1	高压设备	进线柜	遥测	三相电压，三相电流，有功功率，无功功率
			遥信	开关状态，过流跳闸告警，速断跳闸告警，失压跳闸告警，接地跳闸告警（可选）
		出线柜	遥信	开关状态，过流跳闸告警，速断跳闸告警，失压跳闸告警（可选），接地跳闸告警（可选）
		母联柜	遥信	开关状态，过流跳闸告警，速断跳闸告警
		直流操作电源柜	遥测	储能电压（可选），控制电压（可选）
			遥信	开关状态，储能电压高/低，控制电压高/低，操作柜充电机故障告警
		变压器	遥测	表面温度
			遥信	过温告警、瓦斯告警
2	低压配电设备	进线柜	遥测	三相输入电压，三相输入电流，功率因数，频率
			遥信	开关状态，缺相、过压、欠压告警
			遥控	开关分合闸（可选）
		主要配电柜	遥信	开关状态
			遥控	开关分合闸（可选）
		稳压器	遥测	三相输入电压，三相输入电流；三相输出电压，三相输出电流
			遥信	稳压器工作状态（正常、故障、工作/旁路），输入过压，输入欠压，输入缺相，输入过流
		电容器柜	遥信	补偿电容工作状态

续表

序号	监控对象		类型	监控内容
3	柴油发电机组		遥测	三相输出电压，三相输出电流，输出频率/转速，水温（水冷），润滑油油压，润滑油油温，启动电池电压，输出功率，油箱液位
			遥信	工作状态（运行，停机），工作方式（自动，手动），主备用机组，自动转换开关（ATSE）状态，过压，欠压，过流，频率，转速高，水温高（水冷），皮带断裂（风冷），润滑油油压/低，润滑油油温高，启动失败，启动电池电压高/低，过载，紧急停车，市电故障，充电器故障（可选）
			遥控	开/关机，紧急停车，选择主备用机组
			遥调	输出电压、频率
4	不间断电源（UPS）		遥测	三相输入电压，直流输入电压，三相输出电压，三相输出电流，输出频率，标示蓄电池电压（可选），标示蓄电池温度（可选）
			遥信	同步/不同步状态，UPS/旁路供电，市电故障，整流器故障，逆变器故障，旁路故障，蓄电池放电电压低
5	逆变器		遥测	直流输入电压，交流输出电压，交流输出电流，输出频率
			遥信	输出电压过压/欠压，输出过流，输出频率过高/过低
6	DC-DC 转换器		遥测	输出电压，输出电流
			遥信	三相输入电压/欠压，输出过流
7	整流配电设备	交流屏	遥测	三相输入电压，三相输入电流，输入频率（可选）
			遥信	三相输入过压/次压，缺相，三相输出过流，频率过高/过低，熔丝故障、开关状态
		整流器/开关电源	遥信	输出电压，模块单体输出电流
			遥测	模块工作状态（开机/关机、限流/不限流），整流模块故障/正常；系统状态（均充/浮充/测试），系统故障/正常，监控模块故障
			遥信	开机/关机，均充/浮充，电池管理
			遥测	均充，浮充电压设置，限流设置
		直流屏	遥信	直流输出电压，总负载电流。主要分路电流，蓄电池充/放电电流
			遥测	直流输出过压/欠压，蓄电池熔丝状态、主要分路熔丝/开关故障

续表

序号	监控对象		类型	监控内容
8	蓄电池组		遥信	蓄电池组总电压，每只蓄电池电压，标示电池温度。每组充/放电电流，每组电池安时量（可选）
			遥测	蓄电池组总电压高/低，每只蓄电池电压高/低，标示电池温度高，充电电流高
9	空调设备	普通空调	遥信	主机工作电流，温度
			遥测	空调工作状态，工作模式（通风/制冷/制热/除湿）
			遥信	空调开/关机
			遥测	温度设置
		专用空调	遥信	空调主机工作电压、工作电流，送风温度，回风温度，送风湿度，回风湿度，压缩机吸气压力，压缩机排气压力，压缩机累计工作时间
			遥测	空调开/关机，电压、电流过高/低，回风温度过高/低，回风湿度过高/低，过滤器正常/增塞，风机正常/故障，压缩机正常/故障
			遥信	空调开/关机
			遥测	温度、湿度设置
		中央空调	遥信	电源电压、电流，冷冻水进、出温度，冷却水进、出温度，冷冻机工作电流，冷冻水泵工作电流，冷却水泵工作电流，回风温度，回风湿度，送风温度，送风湿度
			遥测	电源电压高/低告警，工作电流高/低告警，冷冻机、冷冻水泵、冷却水泵、冷却塔风机工作状态和故障告警，冷却水塔（水池）液位低告警，风机工作状态，故障告警，过滤器堵塞告警
			遥信	开/关冷冻机，开/关冷冻水泵，开/关冷却水泵。开/关冷却塔风机，开/关风机
10	防雷器件		遥测	故障告警
11	监控系统		遥信	线路故障，采集模块故障
12	机房环境		遥测	温度、湿度
			遥信	烟感，水浸，门禁，红外，玻璃破碎，视频监控
			遥控	开关门

 **任务准备**

一、安全控制措施

应穿好防静电工作服、绝缘鞋，防止触电伤害和对电子设备的影响。

二、作业前准备

（1）工具：通信作业专用工具一套，绝缘手套。

（2）材料：毛刷、抹布、尼龙扎带、标签、绝缘胶带等。

（3）资料：通信设备检修记录本。

任务实施

任务场景：通信电源机房。

任务要求：进行电源及环境监控设备集中检修监控监测系统监控功能验证及监测数据校对，通过网管监控终端查看各监控站点无告警，无异常信息，填写检查记录表，要求记录填写真实有效、字迹工整。作业过程中注意不要中断各监控缆线。

任务安排：采用分组实施方式，4～8人为一组，通过学生自荐或推荐的方式选出组长，负责本团队的组织协调工作，带头示范、督促、帮助其他组员完成相应工作。学生2人一组完成任务工单填写和确认。

实施步骤：监控功能验证及监测数据校对表见表7-2。

表 7-2　监控功能验证及监测数据校对表

设备名称	编号	工作内容	检查标准	检查结果
监控功能	1	交流监控功能验证	设备和网管同时出现告警	
	2	温度监控功能验证	设备和网管同时出现告警	
	3	水浸监控功能验证	设备和网管同时出现告警	
	4	烟雾监控功能验证	设备和网管同时出现告警	
	5	门禁（磁）功能验证	能正确显示门的开关状态	
	6	灯控功能验证	遥控，联动功能正常	
监测数据	7	遥测量精度校对	直流电压优于0.5%；2 V单体蓄电池电压测量误差 $|u-v| \leqslant 5$ mV；12 V单体蓄电池电压测量误差 $|u-v| \leqslant 20$ mV；温度测量误差不大于 ±1℃；在环境温度为25℃、湿度范围为30% RH～80% RH时，湿度测量误差不大于5% RH；湿度超出30%RH～80%RH时，湿度测量误差不大于10% RH；其他电量测量误差优于2%；其他非电量测量误差优于5%	

思考题：

（1）日常工作中针对网管告警的处理流程是什么？

（2）以上监控对象中哪些属于模拟量？哪些属于数字量？

一、交流监控功能验证

（1）在主界面或"运行状态"界面，同时按下"↑""↓"两个键约 3 s，进入"校准系数"界面（图 7-2）。

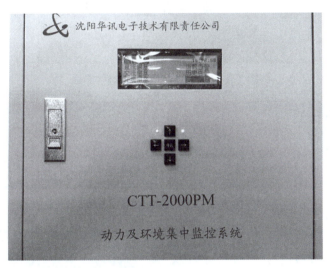

图 7-2　交流监控

（2）按"↑"键和"↓"键选择到"A 相电压"，按"←"键和"→"键调整系数大小，从而改变 A 相电压在设备上显示的值的变化（图 7-3）。

图 7-3　"校准系数"界面

（3）此时，A 相电压已超出门限范围，机房现场设备上出现告警信息。同时，网管上也出现"交流 A 电压告警"。

二、温度监控功能验证

（1）在主界面或"运行状态"界面，同时按下"↑""↓"两个键约 3 s，进入"校准系数"界面（图 7-4）。

（2）按"↑"键和"↓"键选择到"环境温度"，按"←"键和"→"键调整系数大小，从而改变环境温度在设备上显示的值的变化（图 7-5）。

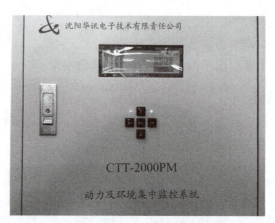

图 7-4 主界面或"运行状态"界面

图 7-5 "温度系数调整"界面

（3）此时，环境温度已超出门限范围，机房现场设备上出现告警信息。同时，网管上也出现"温度告警"（图7-6）。

三、水浸监控功能验证

（1）将水浸传感器放入空的水盆，慢慢加入水，使水位稍稍高过传感器底部的金属垫脚（图7-7）。

图 7-6 "温度告警"界面

（2）此时，机房现场设备上出现告警信息。同时，网管平台上也出现"水浸告警"（图7-8）。

图 7-7 水浸告警器加水

图 7-8 "水浸告警"界面

四、烟雾监控功能验证

（1）使用消防专用烟雾发生器对准烟雾传感器释放烟雾。

（2）此时，机房现场设备上出现告警信息。同时，网管平台上也出现"烟雾告警"（图 7-9）。

图 7-9　"烟雾告警"界面

讨论：

（1）作业中如误操作该怎么处理？

（2）作业中发现任何异常该怎么处理？

任务评价

任务评价由自评（占 30%）、互评（占 30%）和师评（占 40%）组成，请扫描二维码对评价项目、相应评价指标进行打分。

监控功能验证及监测数据校对任务评价表

任务 7.1.2　告警实时监控、分析和处理作业方法

任务描述

告警是为了及时发现问题，快速处理并恢复业务。告警信息要明确，不要误告警，因此，告警模块的灵活配置很重要，通过网管监控终端进行实时告警监控、分析和处理。

学习目标

1. 能根据告警级别的划分，进行正确的告警故障不同处理作业；

2. 能操作网管软件进行告警信息查询并进行分析；

3.能进行系统参数校对和调整；

4.培养学生网络安全意识，提升信息化职业素养。

 **任务分析**

在通信局（站）内，现场电源、空调设备及机房环境的运行参数、工作状态、告警信息是由设备监控模块、监控单元进行现场实时监测的。为了对故障信息统一管理，定义通用故障管理参数。为了支持告警级别动态定义，规定告警级别分类表管理功能。为了支持事件上报控制，规定事件前向鉴别器（EFD）管理功能。故障信息采集包括各类监控对象故障信息和监控系统自身各级软件、硬件故障信息的实时采集，告警级别分类表管理和事件上报控制等功能。

监控系统的告警功能的完全实现应包括：监控系统能正确及时产生相应的告警信号；能按已定的方式及时处理产生的告警；在监控对象的告警原因消除后，监控系统应能按已定方式消除告警；监控系统应能对告警功能全过程加以管理。本任务通过学习现场告警信息的内容，完成对告警数据的分析和处理作业。

知识准备

动力和环境系统告警参数设置见表7-3。

表 7-3　动力和环境系统告警参数设置

监控设备名称	监控项名称	标准	一般告警				重要告警				严重告警			
			高限设置		低限设置		高限设置		低限设置		高限设置		低限设置	
			门限	单位	门限	单位	门限	单位	门限	单位	门限	单位	门限	单位
机房遥测量	环境温度	5～32 ℃									35	℃	5	℃
	相对湿度	15%～85% RH	85	%RH	15	%RH								
蓄电池组（单体12 V）	蓄电池总电压	48～57.6 V					57.6	V	48	V				
蓄电池组（单体13 V）		48～57.7 V					57.6	V	48	V				
交流电压	电压380 V	304～456 V					456	V	304	V				
	电压220 V	176～264 V					264	V	176	V				
直流电压		43.2～57.6 V					57.6	V	48	V				
机房遥测量	门磁	正常（门关闭）									告警			
	红外	正常			告警									
	烟感状态	正常									告警			
	非法入侵	正常							告警					
	水浸	正常									告警			

续表

监控设备名称	监控项名称	标准	一般告警 高限设置 门限	单位	一般告警 低限设置 门限	单位	重要告警 高限设置 门限	单位	重要告警 低限设置 门限	单位	严重告警 高限设置 门限	单位	严重告警 低限设置 门限	单位
电源状态量监控	交流电一路	正常					告警（断电）							
	交流电二路	正常					告警（断电）							
监控蓄电池（开关电源和UPS）	放电	正常									告警			
	总电压	正常					告警							
	总电流	正常					告警							
开关电源	整流模块故障	正常					告警							
	直流熔丝	正常					告警							
UPS	交流输入	正常					告警							
	交流输出	正常					告警							
	蓄电池放电	正常									告警			
民用空调	电压	正常	告警											
	电流	正常	告警											
智能空调（阿尔西、盾安等）	各项	正常	告警											

 **任务准备**

（1）告警等级。

1）紧急告警（Critical）：已经或即将危及设备及通信安全，必须立即处理的告警。

2）重要告警（Major）：可能影响设备及通信安全，需要安排时间处理的告警。

3）一般告警（Warning）：向维护人员提示的信息。

（2）告警记录状态。

1）新产生（Newcome）：未消除、未确认的告警。

2）已确认（Acknowledged）：未消除，但已确认的告警。

3）未确认（Nonack）：确认前已消除的告警。

4）已清除（Cleared）：已确认并消除的告警。

故障信息显示包括告警信息显示方式和告警信息显示控制。

（3）告警信息显示方式。监控系统应提供告警信息显示界面，实时显示收集的告警；能根据告警信息，将故障定位到相关的监控对象，并显示到相应的拓扑图中。对于紧急的告警信息，可以设置告警提示，以声、光形式提示用户。

在告警显示窗口和拓扑图中应以不同颜色显示不同级别的告警，见表 7-4。

表 7-4 告警级别对应显示颜色表（推荐）

告警级别	显示颜色
紧急告警	红色
重要告警	橙色
一般告警	黄色
正常，清除	绿色

（4）告警信息显示控制。监控系统应能控制告警信息的显示和提示，根据需要设置告警显示和提示的过滤条件，只有符合条件的告警信息才显示/提示给用户；应能查询、修改、取消这些过滤条件，并应具备多条件（逻辑与、逻辑或）设置功能。

根据以上内容，结合知识准备中动力和环境系统告警参数设置表，完成表 7-5 告警级别的填写。

表 7-5 告警级别

监控设备名称	告警级别
机房温湿度	
门磁	
红外	
烟感	
UPS	
蓄电池组	
高频开关电源	

任务实施

任务场景：通信电源机房。

任务要求：通过网管监控终端进行实时告警监控、分析、处理。

注意：监控监测系统处于任何界面，均能自动提示、显示告警信息，并能查询告警的详细情况。

任务安排：采用分组实施方式，4～8人为一组，通过学生自荐或推荐的方式选出组长，负责本团队的组织协调工作，带头示范、督促、帮助其他组员完成相应工作。学生2人一组完成任务工单填写和确认。

实施步骤：

（1）通过网管对告警过滤、查询功能进行试验流程图（图 7-10）。

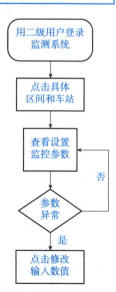

图 7-10 试验流程图

检查"监控器属性"窗口内系统参数与动力和环境系统告警参数设置表内数值进行校对。若发现设置参数有异常，则依照《通信段电源及机房环境监控系统运用维护管理实施细则》中的表一对系统门限值等配置参数校对、核实调整。如图 7-11 所示，先单击要修改的项目，输入正确的数值，再单击"设置"按钮，最后单击"关闭"按钮。

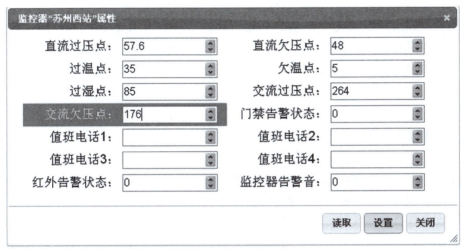

图 7-11　监控器属性

（2）整理分析全年的告警数据和重要监测数据流程图（图 7-12）。

1）登录监控监测系统（本任务用二级用户名演示），单击"查看历史报警信息"。

2）在弹出的对话框中填写"开始时间"和"结束时间"，保证时间长度为一年；选取单个告警标签或若干个告警标签，再单击"显示"。

3）此时，得到全年的告警信息。分析全年的告警信息统计记录，对多发告警的处理情况及后续效果进行分析总结。

图 7-12　监测数据流程图

 **任务评价**

任务评价由自评（占 30%）、互评（占 30%）和师评（占 40%）组成，请扫描二维码对评价项目、相应评价指标进行打分。

告警实时监控、分析和处理作业方法任务评价表

任务7.1.3 动力和环境监控系统各接口的外观和连接状况检查

任务描述

动力和环境监控系统定期检验，一般来说，可以根据现场环境，设备的使用频率、使用年限等因素进行设定，以确保其功能的准确性和稳定性。通过对动力和环境系统各接口的外观和连接状况检查，可以及时发现系统物理连接的可靠性和稳定性，保证系统的正常运行。

学习目标

1. 养成"爱岗、敬业、诚信、友善"的社会主义核心价值观；
2. 能根据动力和环境系统接口的种类，针对不同的监控终端选择合适的接口；
3. 能检查各接口外观和连通性测试；
4. 能维修或安装故障接口；
5. 掌握传感器和变送器数据采集与检测方法；
6. 了解各类监控接口传输特性。

任务分析

根据使用要求，动力及环境集中监控管理系统可以灵活地组成各种类型的网络结构，为便于监控系统各组成部分之间的互联互通，使监控系统的建设更加规范化、标准化，对网络结构不同级别之间进行了接口的定义。本任务通过对监控系统各接口的学习，完成对各接口外观和连接状况的检查。

知识准备

现场数据采集可直接测量的模拟量信号范围，有三种：直流电压：-4～+10 V；直流电流：0～20 mA；交流电压：0～2.5 V。

采集器可直接测量的开关量（数字）信号范围为：直流电压：0～30 V；交流电压：0～20 V。

现场数据采集与
检测方法

一、非智能设备和环境量的数据采集

非智能设备没有通信接口，只能通过加装变送器或传感器及数据采集设备进行监控。

变送器用于将一般的电量信号变换成采集器可以直接测量的标准电量信号，通常由隔离耦合元器件和电路变换元器件组成。现场遇到的模拟电量的量值和变化范围都较大，

如交流电压为 220 V、380 V，交流电流为 0 ～ 200 A，直流电压为 24 V、48 V，直流电流为 0 ～ 1 000 A，频率为 50 Hz 等，需要通过变送器将一般电量信号变换成标准电量信号，才能被采集器采集。常用的变送器有三相电压变送器、三相电流变送器、有功功率变送器、功率因数变送器、频率变送器、直流电压变送器等。

传感器用于将非电量信号变换成标准电量信号，通常由敏感元器件和转换元器件组成。现场遇到的非电量模拟信号有温度、湿度、液位等，现场需要测量的开关量信号有红外感应、烟感、门碰、水浸等。这些非电量模拟信号和开关量信号需要通过相应的传感器，如温度传感器、湿度传感器、液位传感器、红外探测器、感烟探测器、门磁开关、水浸传感器等转换成标准电量信号，才能被采集器采集。

对于变送器和传感器，通常并不需要了解其复杂的内部结构原理，只需要知道它的外特性就可以使用。外特性包括：是否需要供电及电源电压大小，交流电源还是直流电源；输入信号类型及范围；输出信号类型及范围。

1. 变送器

（1）三组合交流电压变送器。S3-3U-V4 三组合交流电压变送器用于测量三相电压，接线示意如图 7-13 所示。本例变送器的外特性如下：工作电源：DC 24 V；量程：0 ～ 450 V；输出：4 ～ 20 mA（输出与电源共用一对线）。为了方便，可用"0 ～ 450 VAC/4 ～ 20 mA"表示该变送器的输入输出特性。

电压变送器直接从被测端取得电压信号，变送器的输入线不能短路。为了设备安全，要求在变送器的输入端串接保险丝（100 mA）。

（2）三组合交流电流变送器。通信局（站）低压配电系统的交流电流大多为几十安或几百安，为了测量方便，先用交流电流互感器将大电流变为较小的电流。电流互感器的输出均为 0 ～ 5 A，即最大输出电流为 5 A。互感器不同，量程也不同，量程与最大输出的比值称为变比，如 200 A/5 A 或 100 A/5 A。互感器的输出电流乘以变比，就是被测电流的大小。通常，电流变送器可以测量 5 A 以下的电流值，故电流互感器的次级可以接入电流变送器。

S3-31-A2 三组合交流电流变送器如图 7-14 所示。其外特性如下：工作电源：DC 24 V；量程：0 ～ 5 A；输出：4 ～ 20 mA（输出与电源共用一对线）。

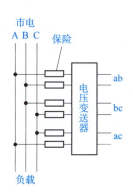

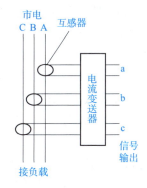

图 7-13　S3-3U-V4 三组合交流电压变送器　　**图 7-14　S3-31-A2 三组合交流电流变送器**

电流互感器的次级不能开路，否则有人身安全危险。在安装或更换电流变送器时一定要停电作业，才能确保人身安全；电流互感器连接到变送器的回路中不能接入保险丝。安装或更换其他需要接入电流互感器输出电流的变送器，也同样如此。

（3）直流电压的测量。直流电压的测量可使用直流电压变送器。如 S3-DV-Vl-Pl-O4 直流电压变送器，其输入直流电压范围为 0～30 V，输出为 4～20 mA，需要直流 24 V 电源。

（4）直流电流的测量。通信系统的直流电流通常很大，可达几百甚至上千安，一般都用分流器测量，其最大输出电压为 75 mV。不同的分流器有不同的分流器系数，如分流器系数为 1 000，表示直流电流达到 1 000 A 时，分流器两端电压达到 75 mV。直接将分流器两端的电压接入采集通道可以测量电流，但因电压信号太小（0～±75 mV），容易受到干扰产生误差，因此，常用直流电压变送器将分流器的电压信号转换成 DC 4～20 mA 工业标准电流信号，再接入采集器。设置通道参数时同样要注意分流器系数。

常见的直流电压变送器型号为 S3-DV-A3-Pl-O8，如图 7-15 所示。其外特性为：测量范围：DC -75 mV～0～75 mV；输出范围：4～12～20 mA；工作电源：DC 24 V。

图 7-15　直流电流的测量

2. 传感器

（1）温度传感器。一些物体在温度变化时改变某种特性，根据这一现象可以间接地测量温度，温度传感器就是根据这一原理设计的。TE500 AD2-1 A2 室内温度传感器是监控系统中常见的温度传感器。其外特性为：工作电源：DC 24 V；量程：0～50 ℃；输出：4～20 mA（输出与电源共用一对线），接线图如图 7-16 所示。

（2）湿度传感器。湿度一般是指相对湿度，用百分比表示，常写成 %RH。测量湿度在监控系统中常用 RH110 B02 C1 A2 温湿度传感器。

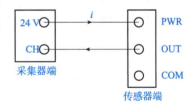

图 7-16　温度传感器的输出与测量示意

RH110 B02 C1 A2 温湿度传感器采用铂电阻作感温元件测量温度，用高分子薄膜电容式湿度传感器测量湿度。温度、湿度互相隔离，相当于两个传感器。其外特性为：工作电源：DC 24 V；输出信号：4～20 mA；湿度测量范围：0～100%RH；温度测量范围：0～50 ℃。

为使测量的结果具有代表性，温度、湿度传感器应安装在最能代表被测环境状态的地方，避免安装在空气流动不畅的死角及空调的出风口处。

（3）火灾探测器。火灾探测器可分为感烟火灾探测器、感温火灾探测器、感光（火焰）火灾探测器、可燃气体火灾探测器、复合式火灾探测器五种类型。

1）感烟火灾探测器俗称烟感，也称燃烧烟雾探测器，包括离子感烟探测器、光电式感烟探测器、红外光束火灾探测器和激光感烟探测器等。

2）感温火灾探测器有定温式、差温式和差定温结合式三类。常用的有双金属定温火灾探测器和热敏电阻定温火灾探测器。

3）感光（火焰）火灾探测器是通过检测火焰中的红外光、紫外光来探测火灾发生的探测器。

4）可燃气体火灾探测器是利用对可燃气体敏感的元器件来探测可燃气体的浓度，当可燃气体超过限度时报警。

5）复合式火灾探测器是具有以上两种功能的火灾探测器，如感烟感温探测器、感烟感光探测器等。

工程上使用最多的是离子型感烟探测器，如图 7-17 所示。离子型感烟探测器利用放射性元素产生的射线，使空气电离产生微电流来检测空气中是否有烟。离子型感烟探测器在监视状态下，其工作电流为几十微安；报警状态下，在探测器上的压降为 4～6 V，允许通过最大电流为 60～100 mA。我们可以把烟感看成一个常开接点，如图 7-18 所示，告警时闭合；图中的 R 为采集器内部的限流电阻，一般阻值为 4.7 kΩ。一个烟感有效探测范围是有限的（如 30 m²），当一个机房内装有多个烟感时，需要并联安装。

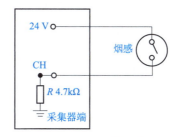

图 7-17　离子型感烟探测器　　**图 7-18　烟感的等效电路**

常见烟感型号为 JTY-2-983 K，探头上的 3 脚接电源，1 脚接采集通道。对烟感开关量进行测量时，采集器为烟感提供 24 V 电源，同时测量烟感的供电电流。当电流微弱时，采集器采集的值为低电平（0）；当烟感告警时，相当于常开接点闭合，采集器采集值为高电平（1），因此，烟感表现为高电平告警。告警发生时，位于烟感上面的指示灯将常亮。

烟感告警时具有告警保持的特点，即一旦告警，烟感两端将一直为导通状态。烟感告警或测试烟感后，一定要进行复位。复位的方法很简单，给烟感断一次电即可，如切断采集器电源后再接通。按消防的要求，烟感是不允许远程复位的，因此不会在监控中设计远程复位功能。

在使用离子型感烟探测器时应注意：只有垂直烟才能使其报警，因此烟感应装在房屋的最顶部；灰尘会使感应头的灵敏度降低，因此应注意防尘；离子型感烟探测器使用放射性元素 Cs137，应避免拆卸烟感，注意施工安全。

烟感需要定期（如每年一次）进行清洁，保证其工作的可靠性。

（4）热感式红外入侵探测器。热感式红外入侵探测器由于不需另配发射器，且可探测立体的空间，所以又称为被动式立体红外线探测器，用于探测是否有人入侵，常用的型号有 MC-760 T。

人在监视区移动时，红外传感器产生脉冲信号，并对这种脉冲信号进行计数，当脉冲数达到设定值（高灵敏度和正常灵敏度分别对应不同的脉冲数）时，红外传感器的 Alarm 端子由闭合变为断开。因此，红外传感器可以看作一个常闭接点，输出结构如图 7-19 所示。图中 Tamper 是指红外传感器内的一个按钮开关，当传感器安装完成后，该开关闭合；如果拆开传感器，则开关断开。Tamper 与 Alarm 串联后作为传感器的输出，既可以检测是否有人闯入，又可以防止有人非法拆卸传感器。

由红外传感器的工作特性可知，只要采集器向红外传感器的信号线供电（采集器内部有限流电阻），就可以测量红外传感器的状态。当红外传感器不告警时，采集器检测到电流，采集值为 1（高电平）：当红外传感器告警时，采集器检测不到电流，采集值为 0（低电平）。因此，红外传感器表现为低电平告警。当多个红外传感器接入同一采集器通道时，需要串联安装。

为了避免热感式红外入侵探测器误告警，安装时应注意以下问题：

1）探测器应尽量避免对着有强光的窗口；

2）探测器监视区域内应避免有热源；

3）探测器应避免安装在空调出风口附近、暖气片附近；

4）探测器监视区域内应避免出现小动物，如不可避免，应选用防小动物透镜或设置低灵敏度。

（5）门磁开关传感器。门磁开关又称为门碰，实际上是一个干簧管，干簧管由两个靠得很近的金属弹簧片构成，两个金属片为软磁性材料，当干簧管靠近磁场时，金属片被磁化，相互吸引而接触，当干簧管远离磁场时弹簧片失去磁性，由于弹力的作用两金属片分开，因此门碰相当于一个常闭接点（图 7-20）。多个门磁开关可串联接入采集器的同一个通道。

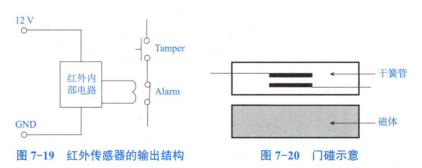

图 7-19 红外传感器的输出结构   图 7-20 门碰示意

安装门磁开关时将干簧管安装在固定的门框上，磁体安装在可动的门上，尽量使它们在门关时靠得近、门开时离得远。如果是铁门，要选择适合铁门使用的门磁开关。

（6）玻璃破碎探测器。玻璃破碎探测器一般应用于玻璃门窗的防护。它利用压电式拾音器安装在面对玻璃的位置上，由于它只对 10 ～ 15 kHz 的玻璃破碎高频声音进行有效的检测，因此对行驶车辆或风吹门窗时产生的振动信号不会产生响应。

目前，玻璃破碎报警采用了双探测技术。其特点是需要同时探测到玻璃破碎时产生的振荡和音频声响，才会产生报警信号。因而，不会受室内移动物体的影响而产生误报，增加了报警系统的可靠性，适合昼夜 24 小时防范。

（7）水浸传感器。水浸传感器基于水导电的原理，用电极探测是否有水存在，再用变送器转换成下接点输出。S3-WDT 泄漏探测器是常见的水浸传感器，它由变送器和电极两部分组成，电极安装在地面上，如图 7-21 所示一个传感器最多可带 10 个电极。

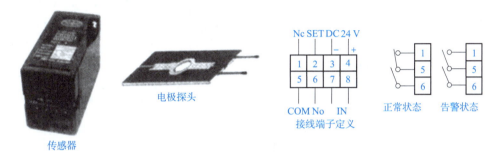

图 7-21　S3-WDT 泄漏探测器和电极

该泄漏探测器供电电源为直流 24 V，有极性。接线端子 IN 用于接入电极，没有极性。该传感器的输出为一个常开（No）和一个常闭（Nc）接点，在接入采集器时可任选一个。如果连接常闭接点，则水浸为低电平告警；如果连接常开接点，则水浸为高电平告警。

SET 为功能设置端子，当 SET 悬空时，电极探测到有水时告警；当 SET 接电源负极时，电极探测到没有水时告警。

二、智能设备的数据采集

智能设备是内部自带具有监控功能和通信接口的设备。该通信接口一般为 RS232 或 RS485/422，在监控系统接口分类中为 A 接口。

监控单元（SU）只要使用与智能设备相同的通信协议和通信接口进行连接，就可以实现对其监控。如果接口方式不同，可通过接口转换设备连接；如果协议不同，可使用协议转换器连接。

如果一个端局中有多套智能设备和数据采集器，其信号的上传下达可利用智能设备处理机进行。以下介绍智能设备的几个基础监控模块。

1. 整流模块的监控单元

整流模块的监控单元功能表现在以下两个方面：

（1）测量整流模块的运行参数，并通过 RS485 接口传送给电源系统的监控模块进行信息处理。

（2）接收监控模块发来的对整流模块的各种控制命令并具体完成。具体来说，测量的模拟量包括整流模块的输出电压和输出电流；采集的报警量有交流输入过低报警、交流输入过高报警、电压不平衡报警、模块过热报警、输出电压过低报警、输出电压过高报警、输出过流报警；对整流模块的控制包括均充、浮充控制，限流点的改变，整流模块的开启和关停及调节整流模块电压升降等。

整流模块监控单元的基本原理框图如图7-22所示。

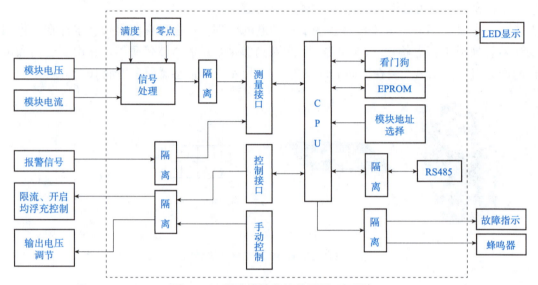

图7-22　整流模块监控单元原理框图

模拟量测量采用零点和满度自校准方式，当工作温度改变或工作时间增长引起测量电路参数改变时，仍能保证测量数据的准确性。

2. 直流配电的监控单元

直流屏监控单元的主要功能如下：

（1）测量直流屏的各种参量及故障报警信息，并给出声、光报警。

（2）通过RS485接口将其监测到的各种参量和故障报警信息传送给电源系统的监控模块，作为监控模块管理电源系统的重要依据。

直流屏监控单元原理框图如图7-23所示。直流屏监控单元测量的模拟量主要有系统输出总电流、系统输出总电压、二组电池组充放电电流。采集的报警量有各直流配电输出熔断器通断状态、二组电池熔断器通断状态、电池充电电流过大预报警、电池充电电流紧急报警、电池电压欠压预报警、电池电压欠压紧急报警、电池电压过压预报警、电池电压过压紧急报警等。

3. 交流配电的监控单元

交流监控单元除测量交流电压外，还要检测空气开关是否跳闸、防雷器是否损坏等。同时，对电网出现的如电网停电、电网电压过高、电网电压过低，给出具体指示，并发出声光报警。当电网停电时，交流监控单元还将接通照明接触器，以提供紧急照明用电。上述各种交流数据及参量通过RS485接口传送给监控模块，作为监控模块全自动管理、控制电源系统的依据之一。其工作框图如图7-24所示。

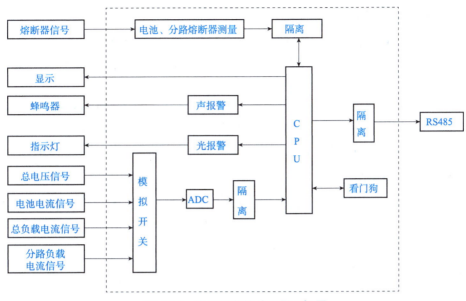

图 7-23 直流屏监控单元原理框图

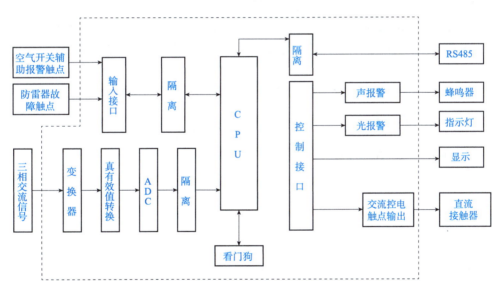

图 7-24 交流屏监控单元原理框图

交流信号转变为直流信号采用的是真有效值转换器，也就是说无论交流信号有何种畸变，最终测量的结果仍然保证是有效值的。

三、实时数据的检测

在通信局（站）内，现场电源、空调设备及机房环境的运行参数、工作状态、告警信息是由设备监控模块（SM）、通信局（站）内监控单元（SU）进行现场实时监测。因此，监控系统的现场监测能力可通过对现场物理量的监测项目的完整性和监测精度、告警功能的完全实现，以及各状态量和控制量的监测、监控项目的完整性来判定。

四、现场物理量的检测

根据对各监控对象遥测项目的要求，从测量角度可将这些项目归类为 14 个物理量，即交流电压、交流电流、交流频率、功率因数、交流功率、直流电压、直流电流、温度、湿度、转速、油压、油量、气压、安时量等。

对监控系统各物理量监测能力的测量，应尽可能采取 2 ～ 3 点不同物理量值进行测量，以体现监控系统在各物理量的标准规定变化范围之内的有效监测。但在现场实际测量中，如负载等电参数不能调节，则可改为做此参数在实际运行数值点的测量。

五、现场告警功能的检测

监控系统的告警功能的完全实现应包括监控系统能正确、及时地产生相应的告警信号；能按已定的方式及时处理产生的告警；在监控对象的告警原因消除后，监控系统应能按已定方式消除告警；监控系统应能对告警功能全过程加以管理。

从监控对象的不同，故障告警可分为门限告警和状态告警。

1. 门限告警的检测

（1）在 SU，以遥测方式来检测现场告警功能。

（2）在监测现场，选择各监控对象的 1 ～ 3 个门限告警项目。以人为改变其物理量方式或在 SS 等处改变系统内告警发生门限值和告警恢复门限值，使监控对象的数值达到告警范围之内，满足系统的告警条件。

（3）在现场及 SU 观察监控系统的告警产生、确认及其告警输出，监控系统对告警的处理应能符合标准的要求。

（4）将人为改变的物理量恢复正常，使监控对象监测数值满足系统消除告警条件。

（5）在现场及 SU 观察监控系统的告警清除，监控系统在告警恢复后的处理应能符合标准的要求。

2. 状态告警的检测

（1）在 SU，以遥信方式来检测现场告警功能。

（2）在现场，选择各监控对象的 1 ～ 3 项状态告警项目，以人为方式使监控对象的状态处于告警状态，以满足监控系统告警条件。

（3）在现场及 SU，监控系统的告警产生及告警的处理应符合标准的要求。

（4）将监控对象恢复至正常状态，监控系统的告警确认、清除和相应的处理应符合标准故障管理的要求。

六、环境告警功能的检测

监控中心机房环境告警功能的检测方法如下：

（1）烟感告警：参照现场所用的烟感传感器生产厂家提供的测试方法进行检测；

（2）温感告警：用电吹风将热风吹到温度探测头附近，使温度传感器发生告警；

（3）湿度告警：用喷雾器将水雾喷在湿度探测头上，使湿度传感器发生告警；

（4）门窗告警：进行开门、开窗户操作，使门窗传感器发生告警；

（5）水浸告警：用少量纯水滴洒在探头部位上进行检测，使水浸传感器发生告警；

（6）红外告警：系统设置为无人时，有人员进入设防区域，使红外探测器发生告警；

（7）玻璃破碎告警：参照现场所用的玻璃破碎告警装置生产厂家提供的测试方法进行检测。

监控系统对各项环境告警的处理也应符合相关标准的要求。

七、三遥功能的检测

监控系统的遥测、遥信、遥控功能必须准确、实时。其准确性由各项监控功能的检测来体现。其实时性以反应时间来衡量。反应时间应小于 30 s。

1. 遥测、遥信功能的实时性检测

遥测、遥信功能的实时性是从现场数值量或状态量的变化到监控中心界面显示的时间来衡量。其检测步骤如下：

（1）人为制造告警或改变设备工作状态；

（2）用秒表计时，并记录监控中心界面显示的全过程时间。

2. 遥控功能的实时性检测

遥控功能（包括遥调）的实时性是由监控中心发出指令到监控中心界面显示设备完成相应变化的时间来衡量。其检测步骤如下：

（1）监控中心发出控制某设备指令，同时以秒表计时；

（2）观察现场设备响应控制指令的时间，计算出从指令发出到设备响应全过程的时间。

任务准备

（1）监控模块与监控单元之间的接口定义为"前端智能设备协议"——A 接口。

PSMS 系统接口

（2）监控单元与上级管理单位之间的接口定义为"局数据接入协议"——B 接口。

（3）区域监控中心与监控中心之间，或不同监控系统之间互联的接口定义为"系统互联协议"——C 接口。

（4）监控中心与上级综合网管之间的接口定义为"告警协议"——D 接口。

监控系统的接口定义如图 7-25 所示。

以上四类接口中，A、C、D 三种接口都已经制定了详细的标准，相关内容见我国通信行标准《通信局（站）电源、空调及环境集中监控管理系统》(YD/T 1363.1～6)；B 接口暂未进行统一规范。

动力和环境集中监控系统一般为三级组网结构，即监控中心（SC）、区域监控中心（SS）和监控单元（SU）。不同网络级别之间，可以采用不同的传输方式。

监控模块（SM）与监控单元（SU）之间的通信又称为智能设备数据通信，SM 与 SU 都处于监控现场，距离较近，一般采用专用数据总线，提供异步串行通信方式。

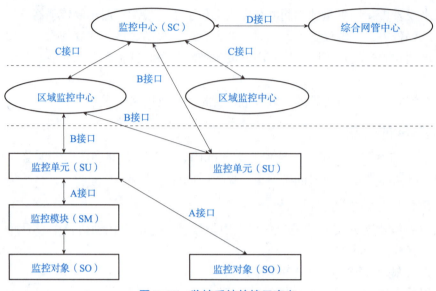

图 7-25　监控系统的接口定义

一、RS232 接口

RS232 是美国电工协会 EIA 制定的串行通信标准接口，目前广泛使用的是 RS232 C 接口，习惯上常将 RS232 C 简称为 RS232。其机械接口有 DB9、DB25 两种形式，均可分为公头（针）和母头（孔）。常用的 DB9 串行接口的管脚信号如图 7-26 所示。

监控模块和监控
单元之间的传输
方式

采用 RS232 串行连接时有以下两大类连接方式：

（1）直通线——相同信号相连，用于 DTE 与 DCE 相连；

（2）交叉线——不同信号相连，用于 DTE 与 DTE 相连。

RS232 用于组网时，只能实现点到点的通信，传输速率小于 20 kbit/s，传输距离为 15 m，工作方式为全双工方式。

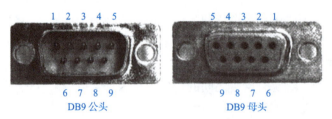

DB9 公头　　　　　　　DB9 母头

图 7-26　DB9 串行接口的管脚信号

二、RS485 串行通信接口

RS485 采用了差分平衡电气接口，只需要 DATA+（D+）、DATA-（D-）两根线。RS485 的工作方式为半双工方式，用于组网时，能够实现点到多点通信，通信距离不大于 12 m，通信速率可达 10 Mbit/s；通信距离不大于 120 m，通信速率可达 1 Mbit/s；通信距离不大于 1 200 m，通信速率可达 100 kbit/s。典型应用如图 7-27 所示。

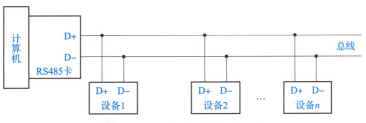

图 7-27   RS485 总线组网示意

完成 RS232 和 RS485 技术特征比较（表 7-6）。

表 7-6   RS232 和 RS485 技术特征

类型	组网方式	工作方式	电气接口	最大传输速度	最大传输距离
RS232					
RS485					

📖 任务实施

任务场景：通信电源机房。

任务要求：监控系统各接口的学习，完成对各接口外观和连接状况的检查。注意：监控监测系统处于任何界面，均能自动提示、显示告警信息，并能查询告警的详细情况。

任务安排：采用分组实施方式，4～8 人为一组，通过学生自荐或推荐的方式选出组长，负责本团队的组织协调工作，带头示范、督促、帮助其他组员完成相应工作。学生 2 人一组，完成任务工单填写和确认。

实施步骤：

一、巡检监控中心主机、音箱、显示设备

（1）查看监控检测系统中心服务器、主机运行指示灯有无告警（图 7-28）。

图 7-28   服务器与主机运行指示灯

（2）查看监控检测系统显示设备运行指示灯是否正常（图 7-29）。

（3）查看服务器、主机、显示设备、音箱表面是否有积尘（图 7-30）。

（4）查看音箱外观有无破损，与主机连接线有无松动；进行播放音试验，检测音箱声音质量是否达标（图 7-31）。

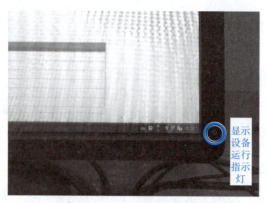

图 7-29　显示设备运行指示灯

图 7-30　检查积尘

图 7-31　检查连接线并播放音试验

　　质量标准：客户端（监控终端）设备运行正常、散热良好；能按设计要求完成对网络设备（被监控设备）的故障定位。

二、设备标签及线缆标签检查

　　（1）检查动力及环境监控系统 RTU 设备标签，背部各缆线标签是否完整（图 7-32）。

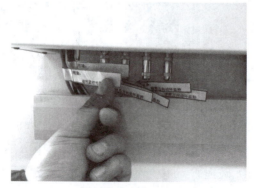

图 7-32　检查 RTU 设备、背部缆线标签

（2）检查动力及环境监控系统各传感器标签，连接缆线标签是否完整（图7-33）。

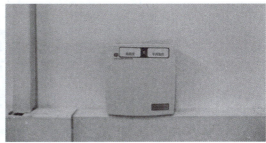

图 7-33　检查传感器及连接缆线标签

质量标准：各设备标签完整无破损，字迹清晰；缆线来去方向明确。

三、前端传感器外观及安装和连接强度检查

（1）检查温度、湿度传感器外观有无破损，安装是否牢固，连接有无松动（图7-34）。

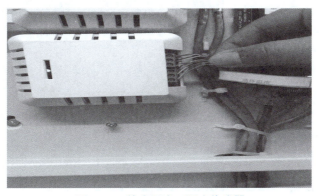

图 7-34　检查温度、湿度传感器

（2）检查烟感传感器外观有无破损，安装是否牢固，连接有无松动（图7-35）。

（3）检查门磁传感器外观有无破损，安装是否牢固，连接有无松动（图7-36）。

图 7-35　检查烟感传感器　　　　　　　　图 7-36　检查门磁传感器

（4）检查水浸传感器外观有无破损，安装是否牢固，连接有无松动（图7-37）。

质量标准：各类传感（采集）器、监控模块外观完好，安装、连接牢固，功能正常。

图 7-37　检查水浸传感器

四、电路（链路）连通性测试作业

（1）在终端系统上单击"开始"按钮，在弹出的栏目中单击"运行"按钮（图 7-38）。

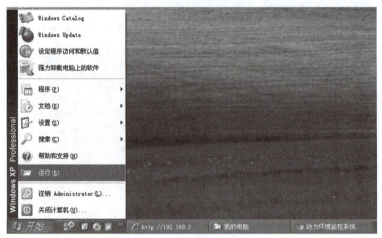

图 7-38　"开始"→"运行"

（2）在弹出的对话框中输入"cmd"，单击"确认"按钮（图 7-39）。

图 7-39　输入"cmd"并确认

（3）在弹出的窗口输入"ping 192.168.1.254–n 50"，再按 Enter 键。其中，"192.168.1.254"

为某一监控站点的 IP 地址，"-n 50"为 ping 测数据包的数量（图 7-40）。

图 7-40　ping 测数据包

（4）测试结束后，测试结果会自动显示。本次测试结果：传输平均时延≤ 1 ms，丢包率为 0%（图 7-41）。

图 7-41　测试结果

任务评价

任务评价由自评（占 30%）、互评（占 30%）和师评（占 40%）组成，请扫描二维码对评价项目、相应评价指标进行打分。

动力和环境监控系统各接口的外观连接状况检查任务评价表

项目7.2 动力和环境监控系统故障处理

项目概述

集中监控管理系统可实现实时的、全面的、每天24 h不间断的设备监控，计算机辅助故障诊断，设备运行数据自动记录和统计分析等，减少了由于维护人员的人为因素造成的设备故障，使电源系统的维护和管理质量有极大的提高。

通信机房为通信设备提供长期的运行环境，机房环境直接决定着机房内的设备能否稳定运行并工作在最佳性能状态，同时，还会对设备的寿命产生影响，从以下案例可以看出通信机房的重要性。

任务 动力和环境监控设备故障处理案例

任务描述

动力设备、机房环境及安全监控系统（PSMS）用于通信局（站）各种动力设备及环境实时监控和统一管理，保障通信系统可靠运行，降低维护成本，实现通信局（站）的无人值守。本任务结合通信机房常见的动力和环境监控设备故障，掌握故障处理方法，提升个人技能，保证设备稳定可靠运行。

学习目标

1. 提升发现问题、分析问题和解决问题的能力；
2. 培养精益求精的大国工匠精神；
3. 掌握动力和环境系统常见故障处理方法；
4. 能根据故障现象，迅速查明故障原因，克服设备故障；
5. 培养一定的创新意识，提升解决问题的能力。

任务分析

在监控系统的故障中，传输通信网络、服务器、接口机、软件的故障要占到系统故障的57.8%。这类故障往往影响面大，涉及局（站）多，排除这些故障需要两个甚至多个部门（如计算中心、网管中心、数据分局、传输中心等）的配合，用时较长。因此，减少这部分故障是提高系统性能的关键。

故障处理流程如下：

（1）故障定位：通过监控中心值班人员提供的资料，确定出现问题的大致情况，带齐所需工具器材。

（2）准备备件：向相关管理人员索要备件，填写备件申请单、领取所需备件及故障定位卡。并与监控值班人员沟通，确定在现场处理故障的时间，以便值班人员合理安排时间配合处理。

（3）现场故障处理：在故障的处理过程中，可与监控值班人员沟通，保证监控故障处理的彻底性。如有技术问题，可直接与厂家相关人员进行沟通，请厂家帮助处理故障。

（4）现场恢复：故障处理完毕后，需将现场清理干净；并对坏备件贴上故障定位卡，返还监控值班人员；填写故障处理技术单，返还监控值班人员。

知识准备

一、集中监控系统的常规操作

动力设备、机房环境及安全监控系统（PSMS）用于通信局（站）各种动力设备及环境实时监控和统一管理，保障通信系统可靠运行，降低维护成本，实现通信局（站）的无人值守。

监视器控机房操作人员应注意以下事项：

（1）监控机房的操作人员应经常保持室内环境的整齐和清洁；

（2）遵守机房管理规章制度，确保监控设备正常可靠运行；

（3）严禁与机房无关的人员进入机房，非本专业人员严禁操作和使用机房内的有关设备；

（4）不得随意修改各类管理参数；

（5）不得随意拆卸机器、设备零件；

（6）及时处理告警信息，做好运行记录。

二、集中监控系统的日常维护

PSMS 监控系统的三遥内容见表 7-7。

表 7-7 PSMS 监控系统的三遥内容

项目内容	遥信量	遥测量	遥控量
蓄电池	电池过欠压 极性反接 连接开关断	充放电安时数 各电池端电压 电池组总电压 电池组电流	充放电控制

续表

项目内容	遥信量	遥测量	遥控量
整流器	工作状态	直流输入电压、电流	复位
	均充、浮充状态	直流输出电压、电流	开机
	整流故障	主要熔断器温度	关机
	熔丝断	整流器输出电流	工作方式转换
UPS	市电故障 整流器故障 逆变器故障 UPS 供电 旁路供电 电池电压低	交流输入电压、电流 交流输出电压、电流 标示电池端电压 频率功率 直流电压	
环境	潮湿烟雾摄像 门禁红外 温度、湿度	摄像温度 湿度	门锁控制

任务准备

1.安全控制措施

应穿好防静电工作服、绝缘鞋，防止触电伤害和对电子设备的影响。

2.作业前准备

（1）工具：通信作业专用工具一套，万用表、钳形电流表等。

（2）材料：毛刷、抹布、尼龙扎带、标签、绝缘胶带等。

（3）资料：通信设备检修记录本。

任务实施

任务场景：通信电源机房。

任务要求：学习并掌握动力和环境监控系统常见故障及其处理流程。

任务安排：采用分组实施的方式，4 人一组，通过学生自荐或推荐的方式选出组长，负责代领团队成员学习和讨论，掌握动力和环境监控系统常见故障及分析处理流程。

动力和环境监控系统常见故障及处理流程：

（1）网络化监控平台设备告警。

1）是否人为设置造成告警，查看现场情况，撤销布防设置；

2）设备故障造成告警，尽快克服设备故障。

（2）网络化监控平台连接中断。

1）传输通道是否正常，检查传输设备、光电缆是否正常，保证通道畅通；

2）监控平台与传输的通信线是否损坏，重新配一根交叉线；

3）设备网口是否损坏，更换设备底板；

4）网络设置和站编号是否正确，重新设置网络参数（IP、网关、子网掩码）和站编号，设置完毕后要重启，否则设置无效。

（3）网络化监控平台无法启动。

1）短接开关是否短接，加短接开关；

2）空气开关闭合是否正常，闭合空气开关；

3）底板是否损坏，更换底板；

4）CPU 松动或损坏，加固 CPU 或更换 CPU，更换 CPU 软件版本要匹配，低版本的要进行升级和系统配置操作。

（4）输入开关量（门磁、红外、窗破、水浸）告警。

1）前端传感器接线松动，检查传感器接线，测量电压；

2）前端传感器损坏，更换相同型号传感器；

3）布线损坏，检查更换布线；

4）卡线端子松动，重新卡线；

5）卡线端子到主板模块的线松动或损坏，更换接线，重新插拔；

6）底板或开关量输入模块损坏，更换底板或开关量输入模块。

（5）模拟量（温度、湿度、烟雾）告警。

1）前端传感器接线松动，检查传感器接线，测量电压；

2）前端传感器损坏，更换相同型号传感器；

3）布线损坏，检查更换布线；

4）卡线端子松动，重新卡线处理；

5）卡线端子到主板模块的线松动或损坏，更换接线，重新插拔；

6）模拟量输入模块损坏，更换开关量输入模块。

（6）输出开关量：蜂鸣器不响或照明联动异常。

1）前端设备接线松动，检查设备接线，测量电压；

2）前端设备损坏，更换相同型号蜂鸣器；

3）布线损坏，检查更换布线；

4）卡线端子松动，重新卡线处理；

5）卡线端子到主板模块的线松动或损坏，更换接线，重新插拔；

6）模拟量输入模块损坏，更换开关量输入模块。

（7）空调无法控制。

1）红外发送器与空调距离和角度不符合要求，调整红外发送器与空调的距离和角度；

2）红外发送器损坏，更换红外发送器；

3）布线损坏，检查更换布线；

4）卡线端子松动或线序错误，重新卡线处理；

5）通用红外控制模块（空调板）损坏，更换模块，重新输入空调控制数据（参考空调数据软件操作）。

（8）空调数据采集不到。

1）空调监控箱内保险管损坏，更换保险管；

2）空调监控箱内电路板损坏，更换电路板；

3）RJ45头接触不好、损坏或线序错误，重新制作RJ45水晶头；

4）布线损坏，检查更换布线；

5）卡线端子松动或线序错误，重新卡线处理；

6）通用红外控制模块（空调板）损坏，更换模块，重新输入空调控制数据（参考空调数据软件操作）。

（9）动力设备（电源柜、UPS）数据采集不到。

1）动力设备串口没有数据输出，维修动力设备，保证串口输出数据正常；

2）DB9头损坏或接线错误，更换DB9头，重新接线；

3）布线损坏，检查更换布线；

4）卡线端子松动或线序错误，重新卡线处理；

5）卡线端子到主板模块的线松动或损坏，更换接线，重新插拔（参考CR-NMS网络化监控平台用户手册V1.30）；

6）串口接口损坏，更换底板。

（10）蓄电池监测单元测得电池组总电压数据异常。

1）电池组损坏，测量电压，确定原因；

2）保险管损坏，更换保险管；

3）布线损坏，检查更换布线；

4）卡线端子松动或线序错误，重新卡线处理；

5）卡线端子到电压传感器接线松动或损坏，更换接线，重新插拔；

6）电压传感器损坏，更换相同型号电压传感器；

7）电压传感器到电池主模块的接线松动或损坏，更换接线，重新插拔；

8）电池主模块损坏，更换电池主模块，做相应参数设置。

（11）蓄电池监测单元测得电池组总电流数据异常。

1）电池组损坏，测量电流，确定原因；

2）布线损坏，检查更换布线；

3）卡线端子松动或线序错误，重新卡线处理；

4）卡线端子到电流传感器接线松动或损坏，更换接线，重新插拔；

5）电流传感器损坏，更换相同型号电流传感器；

6）电流传感器到电池主模块的接线松动或损坏，更换接线，重新插拔；

7）电池主模块损坏，更换电池主模块，做相应参数设置。

（12）蓄电池监测单元发生电池单体监测模块第 n 节及 n 节以下连接中断或不上数。

1）电池损坏，没有电压，测量电压，确定原因；

2）连接线松动，重新更换或加固连接线；

3）电池单体监测模块第 n 节损坏或 $n-1$ 节损坏，确定损坏的单体监测模块并更换，设置地址。

（13）蓄电池监测单元发生电池单体监测模块电压、内阻、温度数据异常。

1）电池老化或损坏，更换电池；

2）节点模块与蓄电池的连接线有故障，加固或更换连接线。

（14）蓄电池监测单元发生电池单体监测模块全部不上数。

1）查看电池单体监测模块第一节是否损坏，更换第一节单体监测模块，设置地址；

2）第一节电池单体监测模块到卡线端子连接线松动或损坏，加固或更换连接线；

3）卡线端子到电池仪主模块连接线松动或损坏，更换电池仪主模块，作相应参数设置。

（15）蓄电池监测单元发生电池总电流、总电压、节点模块都不上数。电池主模块损坏，更换电池主模块，做相应参数设置。

（16）蓄电池监测单元发生电池模块报警延时过长。电池模块参数设置不合理或参数错误，按实际电池模块数量，合理设置中断深度、通信超时、通信重试次数等参数。

请根据以上故障案例分析讨论：

（1）造成蓄电池失效的原因有哪些？有哪些改进措施？

（2）造成机房动环监控数据采集失效的原因有哪些？有哪些排查手段？

🧭 任务评价

任务评价由自评（占 30%）、互评（占 30%）和师评（占 40%）组成，请扫描二维码对评价项目、相应评价指标进行打分。

动力及环境监控设备故障处理案例任务评价表

📍 知识测试

单元 7　知识测试

附录　缩略语

AC/AC：交流 – 交流变换（Alternating Current to Alternating Current），变压器

AC/DC：交流 – 直流变换（Alternating Current to Direct Current），整流器

AC：交流（Alternating Current）

ACB：空气断路器（Air Circuit Breaker）

ADC：模数转换器（Analog–to–Digital Converter ）

AFC：自动售检票系统 (Automatic Fare Collection System)

AGM：吸附玻璃纤维蓄电池（Absorbent Glass Mat）

AH：安·时（Ampere–Hour）

ATS：自动切换开关（Automatic Transfer Switch）

ATSE：自动切换装置（Automatic Transfer Switch Equipment）

BAS：楼宇自动化系统 (Building Automation System)

BMS：电池管理系统（Battery Management System）

BSC：基站控制器（Base Station Controller）

C：容量（Capacity）

CB 级：受控断开级（Controlled Breaking）

CC：恒流（Constant Current）

CPU：中央处理器（Central Processing Unit）

CT：电流互感器（Current Transformer）

CV：恒压（Constant Voltage）

DB：配电盘（Distribution Board）

DC/AC：直流 – 交流变换（Direct Current to Alternating Current），逆变器

DC/DC：直流 – 直流变换（Direct Current to Direct Current）

DC：直流（Direct Current）

DCE：数据通信设备（Data Communication Equipment）

DTE：数据终端设备（Data Terminal Equipment）

ELCB：漏电保护器（Earth Leakage Circuit Breaker）

EMC：电磁兼容性（Electromagnetic Compatibility）

EMI：电磁干扰（Electromagnetic Interference）

EMS：环境监控系统（Environmental Monitoring System）

EPO：紧急关机按钮（Emergency Power Off）

ESD：静电放电（Electrostatic Discharge）

F：熔断器（Fuse）

FAS：火灾报警系统（Fire Alarm System）

GEL：凝胶铅酸蓄电池（Gel Lead Acid）

GSM-R：铁路移动通信系统 (Global System for Mobile Communications-Railway）

GTO：门极可关断晶闸管（Gate Turn-Off Thyristor）

HMI：人机接口 (Human Machine Interface)

ICT：信息通信技术（Information and Communication Technology）

IEC：国际电工委员会（International Electrotechnical Commission）

IEEE：电气和电子工程师协会（Institute of Electrical and Electronics Engineers）

IGBT：绝缘栅双极型晶体管（Insulated Gate Bipolar Transistor）

IP：网络间互联协议（Internet Protocol）

IPM：智能功率模块（Intelligent Power Module）

kWh：千瓦时（Kilowatt-Hour）

LAN：局域网（Local Area Network）

LBS：负荷开关（Load Break Switch）

LCD：液晶显示器（Liquid Crystal Display）

LED：发光二极管（Light Emitting Diode）

$LiFePO_4$：磷酸铁锂电池（Lithium Iron Phosphate）

Li-ion：锂离子电池（Lithium-ion）

LIT：防雷隔离变压器（Lightning Isolation Transformer）

LVD：低压脱离装置（Low Voltage Disconnect）

MOSFET：金属氧化物半导体场效应晶体管（Metal-Oxide-Semiconductor Field-Effect）

MCT：MOS 控制晶闸管（MOS Controlled GTO）

MOV：压敏电阻（Metal Oxide Varistors）

MSO：移动交换局（Mobile Switch Office）

MTBF：平均故障间隔时间（Mean Time Between Failures）

MTTR：平均修复时间（Mean Time To Repair）

N：中性点（Neutral）

NMS：网络管理系统（Network Management System）

OA：办公自动化（Office Automation）

OCP：过流保护（Over Current Protection）

OTP：过温保护（Over Temperature Protection）

OVP：过电压保护（Over Voltage Protection）

P：有功功率，单位 kW（千瓦）

PCB：印刷电路板（Printed Circuit Board）

PC 级：功率回路级（Power Circuit）

PDU：电源分配单元（Power Distribution Unit）

PE：保护地（Protective Earth）

PEN：保护地和中性线合一（Protective Earth & Neutral）

PF：功率因数（Power Factor）

PFC：功率因数校正（Power Factor Correction）

PFM：脉冲频率调制（Pulse-Frequency Modulation）

PGND：保护接地（Protective Ground）

PIS：乘客信息系统（Passenger Information System）

PS：电源（Power Supply）

PSMS：动力及环境集中监控管理系统（Power and Environmental Supervisory Management System）

PSU：电源单元（Power Supply Unit）

PT：电压互感器（Potential Transformer）

PWM：脉冲宽度调制（Pulse-Width Modulation）

Q：无功功率，单位 var（乏）

RFI：射频干扰（Radio Frequency Interference）

RTU：远程终端单元（Remote Terminal Unit）

S：视在功率，单位 V·A（伏·安）、kV·A（千伏·安）

SAD：半导体放电管（Semiconductor Air Discharge tube）

SC：监控中心（Supervisory Center）

SCADA：电力数据采集与监视控制系统（SupervisoryControlAndDataAcquisition）

SCR：可控硅整流器（Silicon Controlled Rectifier）

SM：监控模块（Supervisory Module）

SMPS：开关模式电源（Switch Mode Power Supply）

SNMP：简单网络管理协议（Simple Network Management Protocol）

SO：监控对象（Supervisory Object）

SPD：防雷器或浪（电）涌保护器（Surge Protection Device）

SPWM：正弦脉宽调制（Sinusoidal Pulse Width Modulation）

SQL：结构化查询语言（Structured Query Language）

SS：区域监控中心（Supervisory Station）

STS：静态切换开关（Static Transfer Switch）

SU：监控单元（Supervisory Unit）

THD：总谐波失真（Total Harmonic Distortion）

TN-C：接零保护系统（Terra-Neutral Combined），三相四线制

TN-S：保护地和零线独立系统（Terra-Neutral Separate），三相五线制（Transistor）

TT：分别接地系统（Terra-Terra）

UPS：不间断电源（Uninterruptible Power Supply）

USB：通用串行总线（Universal Serial Bus）

VAC：交流电压（Voltage Alternating Current）

VDC：直流电压（Voltage Direct Current）

VRLA：阀控密封铅酸蓄电池（Valve-Regulated Lead Acid Battery）

参 考 文 献

［1］张雷霆，通信电源 [M].2 版 . 北京：人民邮电出版社，2011.

［2］郑毛祥 . 通信电源 [M]. 北京：中国铁道出版社，2011.

［3］中华人民共和国工业和信息化部 . YD/T 1051—2018 通信局（站）电源系统总技术要求 [S]. 北京：人民邮电出版社，2018.

［4］中国国家铁路集团有限公司工电部 . 铁路通信承载网［M］. 北京：中国铁道出版社，2022.

［5］中国铁路总公司 . 高速铁路通信技术：通信电源与防雷［M］. 北京：中国铁道出版社，2014.

［6］吴延军 , 陈百利 . 通信电源 [M]. 北京：高等教育出版社，2018.

［7］上海申通地铁集团有限公司轨道交通培训中心 . 城市轨道交通通信技术 [M]. 北京：中国铁道出版社，2012.

［8］李伟章，杨梅江 . 城市轨道交通通信 [M]. 北京：中国铁道出版社，2008.

［9］何宗华 . 城市轨道交通通信信号系统运行与维修 [M]. 北京：中国建筑工业出版社，2007.

［10］国家铁路局 . TB 10008—2015 铁路电力设计规范 [S]. 北京：中国铁道出版社，2015.

［11］国家铁路局 . TB 10006—2016 铁路通信设计规范 [S]. 北京：中国铁道出版社，2016.

［12］国家铁路局 . TB/T 2993.1—2016 铁路通信电源 第 1 部分：通信电源系统总技术要求 [S]. 北京：中国铁道出版社，2016.

［13］国家铁路局 . TB ／ T 2993.2—2016 铁路通信电源 第 3 部分：通信用不间断电源设备 [S]. 北京：中国铁道出版社，2016.

［14］国家铁路局 . TB ／ T 2993.2—2016 铁路通信电源 第 2 部分：通信用高频开关电源系统 [S]. 北京：中国铁道出版社，2016.

［15］国家铁路局 . TB/T 2993.4—2016 铁路通信电源 第 4 部分：通信用高频开关整流设备 [S]. 北京：中国铁道出版社，2016.

［16］国家铁路局 . TB/T 2993.5—2016 铁路通信电源 第 5 部分：交流配电设备 [S]. 北京：

中国铁道出版社，2016.

［17］国家铁路局. TB/T 2993.6—2016 铁路通信电源 第 6 部分：直流配电设备 [S]. 北京：中国铁道出版社，2016.

［18］中华人民共和国工业和信息化部. YD/T 1970.1—2009 通信局（站）电源系统维护技术要求 第 1 部分：总则 [S]. 北京：北京邮电大学出版社，2009.

［19］中华人民共和国工业和信息化部. YD/T 1970.2—2010 通信局（站）电源系统维护技术要求 第 2 部分：高低压变配电系统 [S]. 北京：人民邮电出版社，2010.

［20］中华人民共和国工业和信息化部. YD/T 1970.3—2010 通信局（站）电源系统维护技术要求 第 3 部分：直流系统 [S]. 北京：人民邮电出版社，2010.

［21］中华人民共和国工业和信息化部. YD/T 1970.4—2009 通信局（站）电源系统维护技术要求 第 4 部分：不间断电源（UPS）系统 [S]. 北京：北京邮电大学出版社，2009.

［22］中华人民共和国工业和信息化部. YD/T 1970.7—2015 通信局（站）电源系统维护技术要求 第 7 部分：防雷接地系统 [S]. 北京：人民邮电出版社，2015.

［23］中华人民共和国工业和信息化部. YD/T 1970.8—2020 通信局（站）电源系统维护技术要求 第 8 部分：动力环境监控系统 [S]. 北京：人民邮电出版社，2020.

［24］中华人民共和国工业和信息化部. YD/T 1970.9—2014 通信局（站）电源系统维护技术要求 第 9 部分：光伏及风力发电系统 [S]. 北京：人民邮电出版社，2014.

［25］中华人民共和国工业和信息化部. YD/T 1970.10—2009 通信局（站）电源系统维护技术要求 第 10 部分：阀控式密封铅酸蓄电池 [S]. 北京：北京邮电大学出版社，2009.

［26］中华人民共和国工业和信息化部. YD/T 799—2010 通信用阀控式密封铅酸蓄电池 [S]. 北京：人民邮电出版社，2010.

［27］中华人民共和国工业和信息化部. YD/T 585—2010 通信用配电设备 [S]. 北京：人民邮电出版社，2010.

［28］中华人民共和国工业和信息化部. YD/T 1095—2018 通信用不间断电源 UPS[S]. 北京：人民邮电出版社，2018.

［29］中华人民共和国信息产业部. YD/T 944—2007 通信电源设备的防雷技术要求和测试方法 [S]. 北京：中国通信标准化协会，2007.

［30］中华人民共和国工业和信息化部. YD/T 1058—2015 通信用高频开关电源系统 [S]. 北京：人民邮电出版社，2015.

［31］中华人民共和国国家质量监督检验检疫总局，中国国家标准化管理委员会. GB/T 23371.1—2013 电气设备用图形符号基本规则 第 1 部分：注册用图形符号的生成 [S].

北京：中国标准出版社，2013.

［32］中华人民共和国工业和信息化部. YD/T 5015—2015 通信工程制图与图形符号规定 [S].北京：人民邮电出版社，2015.

［33］中华人民共和国住房和城乡建设部. GB 50689—2011 通信局（站）防雷与接地工程设计规范 [S].北京：中国计划出版社，2011.

［34］中华人民共和国工业和信息化部. YD/T 3427—2018 通信用高倍率阀控式密封铅酸蓄电池 [S].北京：人民邮电出版社，2018.

［35］中华人民共和国工业和信息化部. YD/T 5184—2018 通信局（站）节能设计规范 [S].北京：人民邮电出版社，2018.

［36］中华人民共和国国家质量监督检验检疫总局，中国国家标准化管理委员会. GB/T 5465.2—2008 电气设备用图形符号 第 2 部分：图形符号 [S].北京：中国标准出版社，2008.

［37］国家市场监督管理总局，国家标准化管理委员会. GB/T 14048.2—2020 低压开关设备和控制设备 第 2 部分：断路器 [S].北京：中国标准出版社，2020.

［38］李正家.通信电源技术手册 [M].北京：人民邮电出版社，2009.

［39］解相吾，解文博.通信动力设备与维护 [M].北京：电子工业出版社，2012.

［40］中华人民共和国国家质量监督检验检疫总局，中国国家标准化管理委员会.GB/T 16821—2007 通信用电源设备通用试验方法 [S].北京：中国标准出版社，2007.

［41］中华人民共和国国家质量监督检验检疫总局，中国国家标准化管理委员会. GB/T 33676—2017 通信局（站）防雷装置检测技术规范 [S].北京：中国标准出版社，2017.

［42］国家市场监督管理总局，国家标准化管理委员会.GB/Z 41299—2022 通信局（站）在用防雷系统的技术要求和检测方法 [S].北京：中国标准出版社，2022.

［43］中华人民共和国国家质量监督检验检疫总局，中国国家标准化管理委员会. GB 14050—2008 系统接地的型式及安全技术要求 [S].北京：中国标准出版社，2008.

［44］李崇建.通信电源技术、标准及测量 [M].北京：北京邮电大学出版社，2007.

［45］中华人民共和国国家质量监督检验检疫总局.GB/T 7260.3—2003 不间断电源设备（UPS） 第 3 部分：确定性能的方法和试验要求 [S].北京：中国标准出版社，2003.

［46］国家铁路局.TB/T 2311—2017 铁路通信、信号、电力电子系统防雷设备 [S].北京：中国铁道出版社，2018.

［47］国家铁路局.TB 10180—2016 铁路防雷及接地工程技术规范 [S].北京：中国铁道出

版社，2016.

［48］付茂金 . 高速铁路通信信号综合防雷技术［M］. 北京：科学出版社，2014.

［49］邱传睿 . 铁路通信信号防雷技术与应用［M］. 陈建，译 . 北京：中国铁道出版社，
2016.

［50］杨世武 . 铁路信号电磁兼容技术［M］.2 版 . 北京：中国铁道出版社，2022.

［51］中华人民共和国国家质量监督检验检疫总局，中国国家标准化管理委员会 .GB/T
4025—2010 人机界面标志标识的基本和安全规则 指示器和操作器件的编码规则 [S].
北京：中国标准出版社，2010.

［52］中华人民共和国工业和信息化部 .YD/T 2378—2020 通信用 240 V 直流供电系统 [S].
北京：人民邮电出版社，2020.

［53］中华人民共和国工业和信息化部 .YD/T 3089—2016 通信用 336 V 直流供电系统 [S].
北京：人民邮电出版社，2016.

［54］中华人民共和国工业和信息化部 .YD/T 1363.1—2014 通信局（站）电源、空调
及环境集中监控管理系统 第 1 部分：系统技术要求 [S]. 北京：人民邮电出版社，
2014.

［55］中华人民共和国工业和信息化部 .YD/T 1363.5—2014 通信局（站）电源、空调及
环境集中监控管理系统 第 5 部分：门禁集中监控系统 [S]. 北京：人民邮电出版社，
2014.

［56］袁秀红 . 通信电源与动环监控 [Z]. 南京：南京铁道职业技术学院校本教材，2018.

［57］华为技术有限公司 . 通信电源技术基础 [Z]. 深圳：华为技术有限公司内部材料，2012.

［58］中国铁路总公司 .QCR13-2014 铁路通信电源设备通信用不间断电源 [S]. 北京：中国
铁路总公司，2014.

［59］中国铁路总公司 .QCR10-2014 铁路通信电源及机房环境监控系统技术条件 [S]. 北京：
中国铁路总公司，2014.

［60］中国铁路总公司 .QCR14-2014 铁路通信电源设备通信用高频开关整流电源 [S]. 北京：
中国铁路总公司，2014.

［61］上海铁路局 .SHGGD109-2013 上海铁路局供用电管理办法 [Z]. 上海：上海铁路局，
2013.

［62］上海铁路局 .SHGGD231-2016 上海铁路局高速铁路电力管理实施细则 [Z]. 上海：上海
铁路局技术规章，2016.

［63］南京地铁运营有限责任公司 .NDYJ 404909-2021•A 通信维修规程 [S]. 南京：南京地铁
运营有限责任公司企业标准，2021.

［64］南京地铁运营有限责任公司 .NDYJ 404001-2022 通信设备中大修规程 [S]. 南京：南京

地铁运营有限责任公司企业标准，2022.

［65］南京地铁运营有限责任公司 . NDYJ 404878-2022S6 号线通信电源系统作业指导 [Z]. 南京：南京地铁运营有限责任公司内部材料，2022.

［66］南京地铁运营有限责任公司 . NDY J404797-2022 3 号线通信电源作业指导书 [Z]. 南京：南京地铁运营有限责任公司内部材料，2022.

［67］南京地铁运营有限责任公司 . NDYJ 404708-2021 3 号线通信通信故障处理指南 [Z]. 南京：南京地铁运营有限责任公司内部材料，2021.

［68］南京地铁运营有限责任公司 .NDYJ 404800-2021 通号分公司电源设备深度维保作业指导书 [Z]. 南京：南京地铁运营有限责任公司内部材料，2021.